世界军事百科系列

世界经典陆战·1

SHIJIE
JINGDIAN
LUZHAN

《世界军事百科系列》编委会 编著

时代出版
时代出版传媒股份有限公司
安 徽 教 育 出 版 社

图书在版编目 (CIP) 数据

世界经典陆战·1 /《世界军事百科系列》编委会编著 .
—合肥 : 安徽教育出版社 , 2015（2019.8重印）
（世界军事百科系列）
ISBN 978-7-5336-8218-7

Ⅰ . ①世… Ⅱ . ①世… Ⅲ . ①陆地战争—战争史—世界—通俗读物
Ⅳ . ① E19-49

中国版本图书馆 CIP 数据核字 (2015) 第 320618 号

世界经典陆战·1

出 版 人：郑　可
质量总监：张丹飞
特约编辑：陈　飞
责任编辑：何换生
装帧设计：王议田

出　版：时代出版传媒股份有限公司　　安徽教育出版社
地　址：合肥市经开区繁华大道西路 398 号　　邮编：230601
网　址：http://www.ahep.com.cn
排　版：王议田
印　刷：三河市国新印装有限公司

开　本：710mm × 1010mm　　1/16
印　张：15.5
字　数：213 千字
版　次：2015 年 12 月第 1 版　2019 年 8 月第 2 次印刷
定　价：37.20 元

《世界军事百科系列》

编委会

前　言

军事是政治的延续。自从人类社会诞生以来，军事就伴随着政治而存在。

作为人类社会的伴生物，军事给人类社会的发展造成了巨大破坏，给人类带来巨大灾难，但同时它对人类社会的发展也起着某种促进作用，尤其是对科学技术发展的促进作用、对不同文明间交流的促进作用。鉴于此，我们跳出战争的视角看军事，站在历史的高度，从客观的立场来看战争，来研究世界军事，并编成了这套丛书。

丛书从广大军事迷最渴望了解的军事制度、武器装备、军事理论、军事秘闻、军事奇才、军事间谍、空战、海战、陆战等方面介绍了数千年来世界上主要大国的军事情况，系统地介绍了世界军事发展的基本脉络。

丛书共分为12册，每册各有侧重，集中突出一个主题，单独成书又不游离于整个体系之外。

军事制度是军队存在的最基本要素。《世界军事制度》系统介绍了军事组织体制、军队组织体制、军种、兵种、特种部队等内容。

武器装备是影响军事斗争结果的重要因素。《世界武器装备·1》《世界武器装备·2》和《世界武器装备·3》全面系统地介绍自古至今世界主要国家以及特色民族国家的武器装备，是广大军事爱好者了解世界武器装备发展史和当今世界主要大国武器装备概况不可多得的图书。

军事理论是军事发展的智慧结晶和行动指南。世界重大军事变革背后总少不了军事理论的影子。《世界军事名著速读》向广大读者介绍了世界上具有重大影响的军事名著的精华，让广大读者能较快了解世界军事理论的发展脉络、掌握世界著名军事理论的精要。

因军事行动有保密的需要，军事领域的秘闻也随之而生。《世界军事秘闻》向广大读者介绍军事界那些扑朔迷离的事件，告诉大家一些秘闻的真相或者和大家一起分析秘闻，展现军事领域活泼有趣的一面。

在任何时代，人才都是最为核心的财富和竞争力。在军事斗争中，军事人才的较量对斗争结果起着巨大的作用。《世界名将传奇》向广大读者介绍世界上那些顶级军事将才的智慧和军事艺术，让广大读者在了解他们军事才能的同时学习他们的聪明才智。

陆战是人类战争最古老的战争状态之一，人类社会发生过的大大小小的陆地战争不计其数。《世界经典陆战·1》和《世界经典陆战·2》精选出对人类历史发展影响深远的、具有代表性的战争，让广大读者不仅能了解这些战争，还能从这一连串的战争中看出历史发展的脉络和战争对人类社会发展的影响。

情报自古以来都是军事斗争的核心要素之一，因而在军事斗争中，“用间”变成一种常用且充满智慧的较量。《现代世界谍战》向广大读者介绍现代世界在情报战线上那些令人叫绝的充满传奇的战斗。

海战也是人类战争中古老的战争状态之一，但近现代海战发生了翻天覆地的变化，以致“谁控制了海洋谁就控制了世界”。《现代世界海战》精选第二次世界大战以来爆发的经典大海战，让广大读者能充分认识现代海战。

空战是出现比较晚的一种战争状态。但是，制空权决定着制胜权已经成为无法回避的现实。《现代世界空战》精选空战诞生以来世界上爆发的经典空战，让广大读者能充分认识现代空战。

诚然，世界军事领域内值得记载的有很多，我们在编撰这套丛书时不可能面面俱到，但我们邀请军事专家做顾问，读者系统地了解以上几个方面就可以提纲挈领，对世界军事有一个整体的了解和把握。

最后，我们诚挚地感谢为编撰此套丛书提供悉心指导的中国人民解放军装备学院教研室主任汤家玉教授，还感谢所有支持我们的人！

丛书编委会

2015年3月1日

目　录

CONTENTS

SHIJIE
JINGDIAN
LUZHAN

世界经典陆战·1

布匿战争

2000 多年前，迦太基和罗马两个奴隶制国家为了争夺西地中海的霸权发生了一场延续一个多世纪的战争。因罗马人称迦太基人为布匿人，所以这场战争被称为布匿战争。

罗马人和迦太基人之间早有接触，不过在公元前 3 世纪中期以前，他们基本上是友好相处的。公元前 6 世纪末，他们订立过一个友好条约，公元前 348 年又续订了条约，进一步调整两国之间的关系。

当时，迦太基人主要是与希腊人竞争，特别是争夺西西里，无力直接染指意大利半岛，而罗马人在当时则把主要精力放在对意大利半岛的扩张上，商业尚不发达，因而与迦太基人无论在贸易还是在殖民方面都无直接的利害冲突。

罗马人统一中意大利之后开始向南意大利扩张。这时，迦太基人还没有把罗马人看作潜在的竞争对手，仍然专注于和希腊人的争斗。

罗马人在南意大利遇到的是迦太基人的宿敌——希腊人的殖民城邦。战争爆发后，希腊人向希腊本土求援。伊庇鲁斯国王皮洛斯率军前来援助，罗马人连连失利。迦太基人看到形势紧迫，更害怕皮洛斯进军西西里，于公元前 279 年和罗马订立了互助条约，向罗马提供海军和财政援助。后来，罗马人扭转了战局，于公元前 275 年打败了皮洛斯，迫使他率领残余部队撤回希腊，继而征服了整个南意大利。

罗马统一意大利之后一跃而成为西地中海的强国，形势发生了根本的变

▲ 迦太基遗址

迦太基（该词源于腓尼基语，意为“新的城市”）坐落于非洲北海岸（今突尼斯），与罗马隔海相望。迦太基因为其强大的海军称霸西地中海，因此亦成为西地中海的贸易中心，每年均有庞大的经商收入。迦太基的钱币也成为西地中海的强势货币。迦太基拥有庞大的船队，其居民亦善于航海，所以其海路贩运奴隶、金属、奢侈品、酒和橄榄油等商业活动很兴旺。同时，其家庭手工业亦很发达，以纺织品最为著名。其内陆地带——巴格拉达斯河谷的土地十分肥沃，所以迦太基即使在北非亦有发达的农业，也出现了奴隶制庄园。它因为在三次布匿战争中均被罗马打败而灭亡。

化——西地中海的国际关系由迦太基人和希腊人的角逐变成为迦太基和罗马两强争雄。迦太基在当时已发展成为西地中海区域首屈一指的强国，所统辖的领土包括北非西部沿海地区、比利牛斯半岛南部、撒丁岛和科西嘉岛以及西西里岛西部海岸。

他们原希望在打败希腊人以后能独占整个西西里岛，认为以农业为主的罗马不会对海外发生多大兴趣。然而，正处于蒸蒸日上的罗马不以占有整个意大利为满足。它在征服意大利过程中，奴隶制发展了，工商业也发展了——这些都要求它在征服意大利之后向海外进行新的扩张。罗马继续对外扩张必然要和迦太基发生矛盾，旧日的盟友变成敌手，两个古代奴隶制国家之间爆发战争便是不可避免的。

西西里富饶而肥沃，宜于谷物生长。迦太基人为了占有它和希腊人争斗了数百年；而罗马人在征服意大利之后和西西里只隔着一条狭窄的墨萨纳海峡，近在咫尺，为之垂涎。

这样，西西里便成罗马人和迦太基人争夺的第一个目标。双方于公元前264年爆发了第一次布匿战争。

第一次布匿战争的导火线是墨萨纳争端。墨萨纳位于西西里的东北角。公元前289年，叙拉古僭主阿加托克利死后，他原先在意大利坎佩尼亚招募的雇佣军占领了墨萨纳，建立了自己的政权。那些雇佣军自称为“马墨尔提尼人”，意为战神马尔斯的人。

阿加托克利的继承人发动了对他们的战争，击溃了他们的抵抗，约在公元前265年包围了墨萨纳城。被围者处境危急，决定向外求援。一些人提议请求迦太基人保护，另一些人鉴于血缘关系，建议与罗马结盟。

在墨萨纳海峡巡逻的迦太基军队开进了城里，叙拉古军没有抵抗便撤退了。罗马在援救墨萨纳问题上因事关重大而未能迅速做出决策。一方面，罗马人不能眼看着墨萨纳落入迦太基人手中，进而控制整个西西里，封闭西地中海；但另一方面，罗马人深知迦太基有雄厚的财力和强大的军力，特别是海军的威力，出兵墨萨纳就等于立即和迦太基人开战，因而不得不虑及未来战争难以预料的结局。罗马元老院的意见有分歧，问题提交到百人团大会。最后，百人团大会做出了出兵西西里的决定。

公元前264年，罗马军渡过墨萨纳海峡，揭开了战幕。罗马军进展顺利，击溃了叙拉古军，迫使迦太基军后撤，占领了墨萨纳城，然后又沿着西西里东海岸南下，直抵叙拉古城下。叙拉古不得不和罗马结盟。

叙拉古与罗马结盟大大便利了罗马军进一步的军事行动。罗马军在西西里东南部继续推进，经过半年多围攻，于公元前 262 年夏攻下了迦太基人在西西里南岸的主要据点阿格立真坦。罗马军进城后大肆劫掠，有 2 万名俘虏被卖为奴隶。

罗马军取得初步胜利，控制了西西里东部和东南部的广大地区，但战争的胜负远未确定。因为迦太基的舰队还没有遭到攻击，在罗马没有海军的情况下，迦太基可以利用海军进行回击，封锁西西里和意大利海岸，断绝罗马军的后路，置罗马军于绝境。也正是慑于迦太基海军的威力，罗马军在西西里南岸的不少大城市继续据守着。

为了争取最后胜利，罗马人做了巨大的努力和牺牲。在希腊人的指导下，他们迅速建立了一支舰队。当然，这支舰队在机动性和作战经验方面都远不如迦太基舰队。

为了弥补自己的不足，同时发扬罗马步兵良好的战斗素质，罗马人发明了新的海战战术，即在每只船舰的舰首安装一种前端装有钩子、两侧装有栏杆的吊桥，前进时竖起，可以阻挡敌人投掷武器的攻击，接近敌人时放下，吊桥前端的钩子便像乌鸦嘴一样钩住敌舰的甲板，步兵如履平地从上面冲过去，与敌人展开短兵相接的战斗。

公元前 260 年，罗马舰队和迦太基舰队在西西里岛北面的米列海岬（在墨萨纳西边）展开了一次大海战。罗马军用桥舰第一次打败了迦太基舰队。为了庆祝这次海战的胜利，罗马广场建了一座大理石纪念柱，上面用俘获的迦太基舰首作装饰。

罗马舰队进攻科西嘉和撒丁岛，于公元前 259 年在撒丁岛附近再次打败了迦太基舰队。

迦太基人在陆上和海上失利之后，退到西西里西部，凭借那里的海军要塞固守。战争出现了相持局面。罗马人见在西西里迅速取胜是不可能的，便决定进攻迦太基本土。

公元前 256 年，执政官雷古卢斯和曼利乌斯率领由 330 只舰船组成的罗马舰队，载着 4 万名步兵，远征非洲。第一次布匿战争进入第二阶段。

罗马舰队由墨萨纳出发，在西西里南岸埃克诺穆斯海岬附近遇上了由 350 只舰船组成的迦太基舰队，展开了西方古代史上一次著名的大海战。

罗马的桥舰再次发挥了威力。罗马舰队大败迦太基舰队。迦太基损失约 100 只舰船，而罗马只损失 24 只。罗马军在迦太基东面的克卢佩亚登陆，进展顺利，屡败迦太基军，一直进抵到离迦太基城不远的地方。

迦太基人见形势危急，请求媾和。但是，自负而缺乏远见的雷古卢斯过高地估计了自己的胜利，提出了一些对方无法接受的、带污辱性的条件，结果坐失良机，使唾手可得的胜利化为泡影。迦太基迅速征集了新的雇佣军，大败罗马军。雷古卢斯本人被俘，只有 2000 人溃逃到克卢佩亚。

公元前 255 年，载着残余军队的罗马舰队在返回途中又遭遇风暴袭击，几乎全部覆没。

罗马人重建了舰队，于公元前 251 年攻下了西西里北岸的主要城市帕诺尔穆斯，把迦太基人挤到西西里西部的利里拜乌姆和德瑞帕努姆。

公元前 247 年，西西里的迦太基军改由年轻的哈米尔卡尔指挥。他在西西里陆上向罗马军展开了反击，同时从海上骚扰意大利，使迦太基人在西西里的处境有所改善。不过，罗马人在重建了被风暴摧毁的舰队后，展开了新的攻势，最终占领了迦太基人在西西里的最后据点利里拜乌姆和德瑞帕努姆，公元前 241 年又在西西里西部埃伽特斯群岛附近的海战中打败了迦太基舰队。

连续 23 年的战争已经使迦太基精疲力尽。迦太基王只好授权哈米尔卡尔与罗马谈判媾和。这时，罗马也感到财匮力乏，便与迦太基签订了和约。和约规定迦太基向罗马割让西西里及其与意大利之间的其他岛屿，十年内向罗马赔款 3200 他连特（迦太基的货币单位）。这样，第一次布匿战争以罗马的胜利而告结束——西西里成为罗马的第一个行省。

公元前 238 年，罗马又乘迦太基雇佣兵和奴隶起义的机会，占领了科西嘉岛和撒丁岛，后把它们变成罗马的行省。

第一次布匿战争并没有彻底解决罗马和迦太基之间的矛盾。罗马虽然扩大了势力范围，得到了巨额的战争赔款，但还没有掌握对西地中海的控制权，而且迦太基并不甘心失败——它虽然战败，但它的经济政治力量并没有被摧毁。它利用它所拥有的广大殖民地的丰富资源，轻易地偿付战争赔款，迅速从战争灾难中恢复过来。因此，必然会爆发新的战争。

迦太基在第一次布匿战争结束之后不久即开始为新的战争做准备。它在平定了国内的雇佣兵和奴隶起义以后，于公元前 237 年派主战派代表、曾经在西西里担任过迦太基军司令的哈米尔卡尔率军去西班牙，恢复和扩大在那里的地盘，以弥补在上次战争中的损失，并为未来的战争准备进攻基地。

公元前 228 年，哈米尔卡尔在一次作战中阵亡。他的女婿哈斯德路巴尔成为继承人。哈斯德路巴尔进一步拓展了迦太基人在西班牙的领土，在西班牙的东南海岸建立新迦太基城（今西班牙卡塔赫纳），成为迦太基在西班牙的主要据点，附近巨大的银矿又为迦太基提供了丰富的财政来源。罗马对哈斯德路巴尔在西班牙的成就感到不安，但由于意大利北部的高卢人正准备南犯，形势十分紧张，无力去西班牙抗争，因而便于公元前 226 年派了一个使团到西班牙去，要求迦太基人不要越过希伯鲁斯河。

哈斯德路巴尔乐于答应这样的要求，因为这等于罗马人承认他们在西班牙既得的势力范围。

公元前 221 年，哈斯德路巴尔被人杀死后，哈米尔卡尔的长子、年仅 25 岁的汉尼拔成为继承人。

汉尼拔是古代伟大的军事家之一，也是一位出色的政治家和外交家。他矢志与罗马为敌。汉尼拔掌权后，继续前任们的政策，几乎征服了希伯鲁斯河以西的整个地区，完成了战争准备。

第二次布匿战争的导火线是萨贡杜姆事件。萨贡杜姆在公元前 226 年与罗马结了盟，是希伯鲁斯河以西唯一没有被迦太基人征服的城市。

为了挑起事端，汉尼拔于公元前 219 年春围攻萨贡杜姆。萨贡杜姆没有得到罗马的及时支援，坚守 8 个月后陷落了。在萨贡杜姆陷落之后，罗马于公元前 218 年春派以费边为首的使团去迦太基交涉。迦太基人拒绝了罗马人的要求。这样，第二次布匿战争便开始了。

由于第二次布匿战争的整个进程始终和汉尼拔的行动，特别是和他远征意大利的行动联系在一起，因而又称这次战争为汉尼拔战争。

罗马人对于这场新的战争也有准备。他们的计划是由两位执政官兵分两路：一路以西西里为基地，进军非洲，打击迦太基本土；一路进军西班牙，钳制汉尼拔的军队。但在战争开始后，罗马人的进军计划却因他们自己行动迟缓和汉尼拔进军的大胆神速而被打乱了。汉尼拔的计划是以西班牙为基地，避开罗马人的海上优势，由陆路进军，翻越阿尔卑斯山，出人意料地出现在意大利，寄希望于他在意大利的军事胜利会促使受制于罗马的意大利同盟解体，从而打败罗马。

公元前 218 年春，汉尼拔率领由 9 万步兵、12000 骑兵和几十头战象组成的军队从新迦太基城出发，开始对意大利大规模军事远征。部队顺着西班牙东部向东北方向行进，渡过希伯鲁斯河，穿过比利牛斯山，然后沿着高卢南部海岸继续前进。

罗马人由于对汉尼拔的进军意图认识不足，拖延了出征西班牙的时间，当普·科尔涅利乌斯·斯奇比奥率军从海路到达罗丹河口时，汉尼拔已经进抵那里，并且迅速渡过了河，然后溯河北上，躲过了罗马军的拦截。

斯奇比奥悟出了汉尼拔的进军意图，便派他的弟弟格·斯奇比奥率领军队继续去西班牙，自己则率一部分军队迅速上船，赶回意大利。

这时，汉尼拔经过长途跋涉，于 9 月初到达阿尔卑斯山麓。他不顾严寒和饥饿的折磨，坚韧地在已开始被冰雪覆盖、人迹罕至的狭窄山道中前进。当他走出阿尔卑斯山的时候，身边只剩下 2 万步兵和 6000 骑兵，战象几乎都死掉了。

汉尼拔进到山南高卢以后，让疲惫不堪的部队休息了一下，对兵员和给养做了补充，准备迎接即将开始的和罗马军的战斗。

罗马元老院采纳了斯奇比奥的意见，立即派他率军去波河流域，准备在那里阻击从阿尔卑斯山下来的汉尼拔，同时命令另一位执政官率领准备进攻非洲的部队也由西西里开来意大利，与斯奇比奥会合。

在波河支流提基努斯河和特雷比亚河流域，罗马军在汉尼拔的打击下接

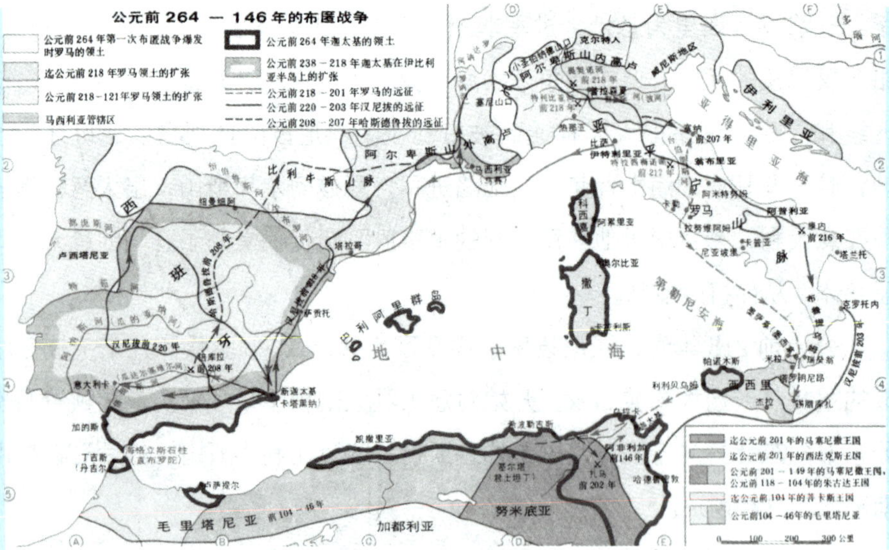

▲ 布匿战争作战图

布匿战争是在古罗马和古迦太基之间的3次战争，名字来自当时罗马对迦太基的称呼Punici。公元前3世纪开始，两国为争夺地中海沿岸霸权发生了3次战争：第一次布匿战争（公元前264年—公元前241年），主要是在地中海上的海战。开始在西西里岛交战，接着罗马进攻迦太基本土，迦太基被打败。第二次布匿战争（公元前218年—公元前201年），迦太基主帅汉尼拔率6万大军穿过阿尔卑斯山，入侵罗马。罗马则出兵迦太基本土，汉尼拔回军驰援，迦太基战败，丧失全部海外领地，交出舰船，并向罗马赔款。第三次布匿战争（公元前149年—公元前146年），这是一场罗马以强凌弱的侵略战争。罗马主动进攻，长期围困迦太基城，最后迦太基战败惨遭屠城，领土成为罗马的一个省份——阿非利加行省。布匿战争的结果是迦太基被灭，迦太基城也被夷为平地，罗马争得了地中海西部的霸权。

连失利。高卢人发动了反对罗马的起义，整个山南高卢倒向汉尼拔一边。汉尼拔的第一步计划实现了。

在这种情况下，罗马只好改为保卫中意大利，阻止汉尼拔继续南进，于是便派两位执政官分东西两路进行拦截。汉尼拔选择了穿过伊达拉里亚的近路，采用迂回战术，绕过了罗马军的营地，用 4 天 3 夜的时间涉过了被认为无法通过的阿尔努斯河下游的沼泽地，出人意外地出现在罗马军的后面，在特拉西美诺湖北岸一处三面环山、一面临源的谷地打败了贸然追赶上来的罗马军。

特拉西美诺湖之战是第二次布匿战争中的重要战役，在这次战役中，罗马损失惨重，15 万人阵亡，数千人被俘。

汉尼拔踏上了通向罗马的大道，罗马人紧张起来，采取了紧急措施：一方面加强城防；另一方面任命费边为独裁官，统一指挥军事行动。然而，汉尼拔并没有直接向罗马进军，因为他知道，以他现有的兵力无论是采用急袭的方法，还是采用围攻的方法，都不可能拿下罗马，因此按照原先的设想，在意大利土地上纵横驰骋，蹂躏意大利土地，打击罗马的抵抗力量，同时采用区别对待的手法以图瓦解意大利同盟，孤立罗马。

这样，他在特拉西美诺湖取得胜利以后，没有立即挥军南下进攻罗马，而是向东穿过翁布里亚，进入皮凯努姆，到达亚得里亚海岸，在那里补足给养以后再向南前进，进入阿普里亚。

费边就任独裁官后认真分析了敌我形势。他看到汉尼拔的军队，特别是汉尼拔的骑兵战斗力强，罗马军难以直接抵御，但是汉尼拔是孤军深入，后援困难，急于求胜，而罗马军虽然屡遭失败，但在本土作战，人员和给养补充都比较容易，时间、地理对它有利，因而决定采用拖延战略。

费边率领 4 个军团在阿普里亚和汉尼拔接触上了，虽然汉尼拔一再向他挑战，但他总是避免和汉尼拔发生大的冲突，驻守时扎营于汉尼拔的骑兵不便活动的山区，行进时尾随在汉尼拔军的后面，伺机进行骚扰。

费边的拖延战略在当时是比较可行的，但也包含着很大的风险。罗马的威力在很大程度上依赖于意大利同盟城市对其人力、物力的支援。汉尼拔蹂躏意大利土地可能引起同盟城市和广大农民对罗马的不满，从而倒向汉尼拔。在罗马，人们对费边拖延和汉尼拔决战引起了越来越强烈的不满，称他为“孔克塔托尔”，意为“迟疑不决的人”。

费边的骑兵长官米努基乌斯·卢福斯便是激烈反对他的战略的人之一，并利用他暂时不在军队的机会向汉尼拔出击，取得了一次小小的胜利。这更增加了人们对费边的不满。但是，不久米努基乌斯中了汉尼拔的埋伏，由于费边及时赶来救援才免于全军覆没。

公元前 219 年末，费边 6 个月的独裁官任期届满。统帅权交给新当选的执政官。这时要求与汉尼拔决战的舆论越来越强烈。公元前 216 年夏，在南意大利康奈附近的原野上发生了一场西方古代史上著名的大战役——康奈战役。

双方投入的兵力是：罗马 8 万步兵，6000 骑兵；汉尼拔 4 万步兵，1 万骑兵。从力量对比看，总的兵力汉尼拔比罗马弱，但他却占有骑兵优势。双方沿奥菲都斯河列阵，罗马阵线中心的部位是密集的重装步兵，骑兵配置在两翼，目的是以强大的步兵猛攻敌方的阵线；汉尼拔则把步兵排成半月形，正面对着敌人，骑兵放在两侧。

战斗开始后，罗马步兵向敌人阵线的中心部位发起强攻。敌人的中心部位开始后缩，罗马军继续向前逼近，结果阵线越拉越长，队伍越陷越深。这时，汉尼拔的两翼步兵发起了攻击，骑兵也向罗马骑兵冲杀过来。在打垮罗马骑兵后，他们便包抄到罗马步兵后面，立即形成了对罗马步兵的包围圈。罗马军惊慌起来，阵线开始混乱，士兵越挤越紧，密集得使敌人枪无虚发，石无虚投。结果，罗马军大部分阵亡，万余人被俘，幸存者甚少，汉尼拔的军队仅损失 6000 人。后来，康奈成为包围并全歼敌人大会战的同义语。

康奈惨败对罗马是个重大的打击。前线瓦解了，罗马又做了汉尼拔直扑罗马城的准备，17 岁以上的青年都应召入伍，此外还由国家出钱赎买奴隶，组成了两个军团。可是，这次汉尼拔还是没有向罗马进军，因为他知道罗马的力量还没有从根本上被摧毁。

不过，他在康奈的胜利确实引起了对他非常有利的巨大反响，南意大利的大部分城市都投到他这边，甚至中意大利有些城市也发生了转向。公元前 216 年秋，坎佩尼亚的最大城市卡普亚背离罗马——这是汉尼拔在分化意大利同盟方面的一个重大胜利。

在意大利境外，在康奈战役胜利的影响下，汉尼拔运用灵活的外交手腕，争得了马其顿王腓力五世的结盟。叙拉古也背离了罗马，使罗马几乎失去西西里全岛。

当时的形势对罗马人来说是严峻的。他们总结了失败的教训，重又回到费边的战略上去，谨慎行动，避免和汉尼拔发生大决战，努力保卫余留地区，支持继续忠于罗马的城市，惩罚倒向汉尼拔的城市，破坏汉尼拔的补给，消耗他的有生力量。

在当时，中部意大利仍然基本上忠于罗马，随时为罗马提供充足的人力、物力补充，这是罗马得以稳住阵脚的关键因素。

此外，罗马的一支军队在西班牙阻挠了汉尼拔从那里及时得到补给。

西西里的叙拉古也在公元前 213 年被罗马攻陷。而迦太基政府对汉尼拔心怀疑忌，一直没有给他什么真正的支援；汉尼拔瓦解意大利同盟的愿望未能实现，他在人力、物力得不到及时补充的情况下，孤军深入的弱点越来越明显地暴露出来，处境变得越来越困难。

公元前 212 年，罗马军开始转守为攻，围攻卡普亚。汉尼拔率军前来救援，但两次都未能解围。他为了引开围攻卡普亚的罗马军，只好施用调虎离山计，率军北上向罗马挺进。

罗马紧闭城门，准备坚守，同时继续对卡普亚的围困。汉尼拔自知力薄，攻不下罗马，便在罗马郊外驻扎了一段时间，撤回到坎佩尼亚，而后又撤到南意大利。卡普亚不得不向罗马投降。

以后，罗马又攻占了一些坎佩尼亚城市。公元前209年，罗马军攻占意大利南部的最大城市塔林敦，给了汉尼拔又一个沉重的打击。

汉尼拔在意大利的处境虽然每况愈下，但他对战局并未绝望，寄希望于留在西班牙的两个弟弟支援。

公元前208年，他的大弟弟哈斯德路巴尔甩开了罗马军的追击，率领援军离开西班牙，基本上沿着汉尼拔翻越阿尔卑斯山的路线进军意大利，但在翁布里亚境内的墨塔尔鲁斯河畔被罗马军击溃，哈斯德路巴尔本人战死。汉尼拔断绝了从西班牙得到支援的希望，只好退到意大利南端的布鲁提伊。

罗马为了在另一条战线上打击迦太基人，于公元前210年末派普·斯奇比奥去西班牙。

斯奇比奥于公元前209年攻克新迦太基城；在哈斯德路巴尔离开西班牙之后，又于公元前207年打败汉尼拔的另一个弟弟玛戈，从而结束了迦太基在西班牙的统治。

公元前204年春，罗马军在斯奇比奥的率领下，从西西里的利里拜乌姆出发，进攻非洲。罗马军在迦太基北边的乌提卡附近登陆，得到东努米底亚首领玛西尼萨的支援，连连取得胜利。迦太基形势危急，只好召汉尼拔回国救援。汉尼拔不得不承认他进军意大利的计划破产，含恨撤离转战15年、没有遭受过一次重大损失的战场。

公元前202年，斯奇比奥和汉尼拔在扎玛（位于迦太基南边）会战，双方步兵势均力敌，但玛西尼萨的骑兵对罗马军的支持起了决定作用。汉尼拔有生以来第一次被打败。迦太基被迫向罗马求和，于第二年签订了和约。

和约规定迦太基只能保留非洲本部的土地，不经罗马允许不得和邻国作战，除保留10只舰船防止海盗袭击外，必须交出全部舰只和战象。

此外，迦太基还得交出100名名门子弟作人质，50年内向罗马赔款1万他连特（货币单位）。罗马再度战胜迦太基，成为西地中海地区最强大的国家。

两次布匿战争摧毁了迦太基的军事力量，但它的经济力量并没有被摧毁。在失去海外殖民地的情况下，它注意发展农业，依靠非洲本土的资源。迅速从战争创伤中复苏过来，重新成为一座繁荣的城市，同时商业也兴旺起来，不仅和当地部落建立起频繁的贸易往来，而且和埃及、本都等国家和地区重新建立起了广泛的商业联系。

罗马在第二次布匿战争之后，立即利用东地中海各希腊化国家之间的矛盾，走上了向东方扩张的道路，先后征服了马其顿、希腊、叙利亚等，把东地中海沿岸广大地区纳入了自己的版图，建立了对整个地中海四周广大地区的统治权。

迦太基的迅速复苏引起了罗马的忌恨和不安，特别是引起了在前两次战争之后新兴起来的、与对外贸易有密切关系的罗马骑士阶层和一部分新贵的不满——他们不能允许迦太基妨碍他们在海外的利益，不希望看到迦太基又成为他们在贸易方面的竞争对手。

老加图是这一派人物的代表。他是一位大农场主，和商业阶层也有广泛的联系。公元前 153 年，他率领一个使团去非洲，调解迦太基人和玛西尼萨之间的纠纷，看到迦太基的繁荣景象，回来后每次在元老院发表演说时，最后总要加上一句："我认为迦太基是必须摧毁的！"

主战派在罗马占了上风，战争借口是不难找到的。东努米底亚首领玛西尼萨在罗马的支持下野心勃勃，企图吞并迦太基的领土，经常和迦太基发生纠纷。

公元前 150 年，他又向迦太基寻衅。迦太基忍无可忍，被迫进行抵抗，结果虽然被打败，然而罗马却从中找到了挑起新战争的口实。罗马宣称迦太基违背了公元前 201 年和约，于公元前 149 年对迦太基宣战。

第三次布匿战争完全是强者对弱者的欺凌，罗马派出由 8 万步兵、4000 骑兵、600 艘舰船组成的军队在两位执政官率领下攻打迦太基。迦太基人害怕了，他们向罗马求和，罗马元老院接受了迦太基的投降要求，责令他们交出 300 名人质，并履行罗马执政官发出的一切指令。

执政官要求迦太基人交出一切武器和军用物品。迦太基人不折不扣地履行了这些条件。然后，执政官又命令迦太基人摧毁城市，在距海不近于 15 千米的内地另建新的居民点。

迦太基人被激怒了，他们杀死了主张向罗马投降的元老，决心保卫城市。全城居民日夜赶造武器，修筑工事，贮存粮食，妇女们甚至剪下自己的头发搓绳索。当罗马军来到城下的时候，城市已经牢固地设防。

罗马军包围了迦太基城，但是城里有充足的粮食储备，城外有部分野战军策应，海岸也没有完全被封锁住。迦太基人坚持斗争。罗马军连续围攻了两年，没有能拿下城市。

公元前 147 年，非洲征服者老斯奇比奥的养孙斯奇比奥·埃弥利阿努斯（后来通称小斯奇比奥）当选为执政官，率领援军来到非洲。他整顿了军纪，对迦太基实行严密的海陆包围，断绝了迦太基同外界的联系。于是，迦太基城里发生了饥馑和瘟疫。

公元前 146 年春，罗马军对迦太基城发起了最后攻击，从一处防守薄弱的地方进入了城里。迦太基人进行殊死抵抗，巷战进行了 6 天 6 夜，最后迦太基人退到卫城，放火烧了里面的神庙，与之同归于尽。

根据罗马元老院的命令，5 万被俘的迦太基人全部被卖为奴隶，城市被付之一炬，大火一直烧了 15 天，然后被夷为平地，用犁耕出沟来，禁止人在那里居住。那些在战争中站在迦太基一边的其他非洲城市也遭到同样的命运。

这样，第三次布匿战争以迦太基的被彻底摧毁而告终。从此，迦太基领土成为罗马阿非利加行省的一部分。

延续一个多世纪的布匿战争以迦太基的最后覆灭而告结束。连同战争期间对东方的扩张成果，罗马基本上实现了称霸地中海的愿望。

马其顿战争

第二次布匿战争初期，汉尼拔（公元前 247 年—公元前 183 年）统率的迦太基大军所向披靡，罗马军连战皆败。一直想扩展疆土的马其顿国王腓力五世（公元前 238 年—公元前 179 年）乘机与迦太基结盟，并于公元前 215 年对罗马宣战。

马其顿军在东部不断取胜并准备进军意大利时，罗马强大的舰队驶入亚得里亚海。拥有强大陆军的腓力五世却因海军力量不足，缺少船只而无法渡海作战。双方交战数年未分胜负。

于是，罗马利用希腊内部的矛盾展开外交活动，并于公元前 212 年取得埃托利亚同盟的支持，在马其顿周围组成了一个反腓力五世的希腊同盟。由于反马其顿的声势浩大，腓力五世不敢贸然远征意大利。

公元前 206 年，马其顿和埃托利亚同盟的希腊城邦实现和解。被第二次布匿战争拖得精疲力竭的罗马亦不得不于公元前 205 年同马其顿缔结和约，并接受对其不利的停战条件。

公元前 203 年，腓力五世的舰队在爱琴海展开攻势。第五次叙利亚战争爆发后，腓力五世与叙利亚的塞琉西国王安条克三世（公元前 242 年—公元前 187 年）发生冲突。爱琴海四周的希腊城邦因不堪马其顿的袭扰，遂联合反对腓力五世。公元前 201 年，腓力五世的舰队被罗德岛和帕加马联合舰队打败。

此时，罗马已战胜迦太基，正企图乘势向东扩张，遂以保卫希腊为借口

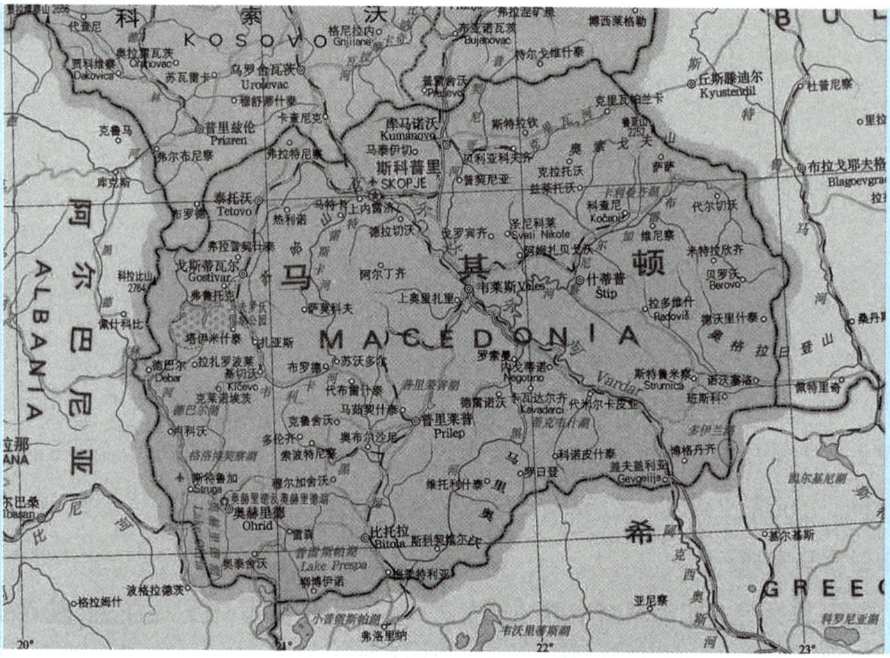

▲ 马其顿地图

马其顿地区位于欧洲巴尔干半岛中南部地区，西临阿尔巴尼亚山地，东接罗多彼山地，北靠歇亚山脉，东南临爱琴海。面积约 25713 平方千米。地处巴尔干核心，南下地中海的门户，一直为重要的贸易和军事通道。古代马其顿帝国在此兴起，其后先后隶属于罗马帝国和奥斯曼帝国。1913 年巴尔干战争后分属于南斯拉夫、希腊和保加利亚三国。区内主要城市有萨洛尼卡、斯科普里。腓力五世在位期间为建立马其顿的霸权而长期不断地卷入东地中海的战争，最后于公元前 197 年在库诺斯克法莱的决定性战役中被击败。他晚年努力巩固马其顿王国，整理财政，迁移人口，开发矿藏，并发行中央和地方货币。

向马其顿宣战。罗马首先与希腊城邦联合组成反马其顿同盟，并争取叙利亚保持中立。

公元前 200 年，罗马执政官弗拉米尼努斯（约公元前 227 年—公元前 174 年）率 2 个罗马军团渡过亚得里亚海，到达希腊西部。与此同时，罗马展开外交活动，征得了埃托利亚同盟和亚该亚同盟的支持。

公元前 197 年，腓力五世率军迎战。两军在库诺斯克法莱遭遇。罗马及同盟国军约 2 万人，马其顿军 2.5 万人。时逢大雾，马其顿方阵不能发挥威力，遂被罗马军团击溃。

翌年缔结和约，马其顿被迫从希腊全部撤出，并向罗马赔偿巨款。和约还规定：马其顿只能保持军队5000人和5艘战船；未经罗马许可，不得与邻国交战。罗马遂宣称自己是希腊各城邦的解救者，俨然以这些国家的保护人自居。

公元前179年，腓力五世去世，其子佩尔修斯（约公元前212年—约公元前165年）继位。随后，佩尔修斯在色雷斯和伊利里亚地区不断扩充势力，并谋求对希腊的控制权，遂引起罗马人不满。当佩尔修斯去德尔斐时，整个希腊为之惊慌。

公元前172年，帕加马国王欧迈尼斯二世（卒于约公元前169年）吁请罗马出兵。

当年，罗马的先头部队在亚得里亚海东岸伊利里亚境内登陆，并占领了一些据点。公元前171年，罗马又派出两个军团渡海远征。

佩尔修斯率军迎战。两军在皮尼奥斯河畔拉里萨遭遇，罗马军首战受挫，损失步兵2000人和骑兵2000人。

接着，罗马军队又连吃败仗，不得不于公元前170年、公元前169年和公元前168年三易主将。最后，在罗马执政官和将军保鲁斯（约公元前229年—公元前160年）指挥下，罗马军才恢复元气，扭转了战局。

公元前168年，执政官埃米利乌斯·鲍路斯率罗马主力部队步兵14000人、骑兵1200人挺进希腊。佩尔修率马其顿军3万余人撤向彼得那。罗马军跟踪而至。6月22日，双方在彼得那决战。

公元前188年的和约，罗马的初衷是希望从此使希腊分裂，并使欧洲保持权力平衡，可是不久双方就因和约就产生裂痕。首先，欧米尼斯与比西尼亚国王普鲁西亚斯交恶，接着又与马其顿的腓力五世发生争吵。罗马人认为，欧米尼斯企图扩展自己的权力，就决心援助他的兄弟阿塔罗斯以阻止他膨胀。其次，吕西亚人反抗罗得岛的统治，而罗得岛的海上势力扩张也使罗马认为它对爱琴海地区是一种经常性的威胁。其三，阿托利亚人之间又不断发生争执，由于斯巴达勉强加入亚该亚同盟，更是经常成为引起摩擦的因素。一旦发生纠纷，这些国家又经常到罗马去告状，罗马履次派遣大使或是代表团加以调查，但结果却少有成就。

腓力五世本来就从未放弃重获霸权的希望，认为罗马的势力已经衰落，开始藐视它的权威，在公元前187年（或公元前186年）占领了色雷斯海岸城市埃努斯和马罗尼亚（即今伊诺斯和马罗尼亚）。此举足以威胁赫勒斯滂通往亚洲的最近通路——所以欧米尼斯感到惊慌。

公元前185年，罗马派代表团去调查并提出报告，裁决要求腓力五世撤出他留在埃努斯、马罗尼亚和色萨利等地的驻军。这使腓力五世极其愤怒，说他的运气不见得就完了，但因为他对战争并无准备，所以只好忍怒撤兵。不久，为了争取时间，他派幼子德米特里到罗马去向元老院诉苦。

德米特里在罗马并非生客，他曾以人质身份在那里住过几年。罗马人对他表示极热烈的欢迎，待以殊礼，目的是想分化马其顿王族。弗拉米尼努斯甚至向他献媚说罗马不久将拥立他为王。当他回到马其顿时，因为带回了最有利的答复，所以受到人民的热烈欢迎。人民认为由于腓力五世的挑拨，马其顿与罗马之间已经走到战争边缘，因为德米特里的斡旋才重获和平。这使他的哥哥佩修斯极为妒忌。

公元前181年，佩修斯伪造了一封假信，说是弗拉米尼努斯寄来的，威胁他父亲，最终毒死了德米特里。

不久，腓力五世就识破了这个阴谋，知道自己受骗了。他受到良心谴责，加上他的左右宠臣也纷纷投靠佩修斯，结果在两年内就不明不白地死在安菲波利斯。

公元前179年，佩修斯继承王位，虽然他决定继续父亲敌视罗马的政策，但他的第一步却是要求与罗马续订同盟条约。罗马同意之后，他就设法增强对色雷斯（最大的人力来源）的控制。同时，他也想解决土地问题——

这是许多年来希腊境内祸乱的根源。

平民主义已十分猖獗，主要是因为罗马使希腊各国之间不再能够发生佣兵性质的战争。过去这些贫穷的非法之徒尚有当兵的路可走，现在只好做土匪，抢劫富人财产。富人为了自保只好寻求罗马的保护。

佩修斯对一切“革命”分子都准备加以收买。他不仅在马其顿颁布赦令，使破产者可以获利，而且发出普遍号召，欢迎一切由于政治或债务等理由逃亡在外的希腊人回到马其顿，并允诺完全恢复其过去的地位和财产。这是个非常高明的手段，因为这几乎使每个希腊城市和国家中，不管对马其顿是友是敌，都存在一支反罗马的“第五纵队”。所谓“社会革命”在希腊北部早已蠢蠢欲动，现在就引出燎原之火。蒙森说，所有“国家社会”党派都向佩修斯要求援助。

这种如火如荼的局面使罗马元老院很恐慌，立即派代表团到马其顿进行调查，但只得到了马其顿的冷眼。在公元前 172 年，欧米尼斯到罗马去，在罗马元老院陈诉佩修斯的侵略意图。当时，罗得岛的大使也在座。他起来攻击欧米尼斯，说他在亚洲采取的政策与佩修斯在希腊的很相似。罗马未加理会，但并非完全忘记——罗马元老院对欧米尼斯还是待以殊礼。欧米尼斯获得这次外交胜利回国。在德尔斐，他顺便去祭奠阿波罗。佩修斯雇用刺客在那里企图谋杀他。

这就是触发第三次马其顿战争的借口。

公元前 172 年年初，司法官西西里乌斯被派往伊利库姆，在阿波罗尼亚（即今波利那）——建立了亚德里亚海东岸的桥头阵地。

如果佩修斯采取果敢行动，那么罗马将要遭遇危机局面，因为与第二次马其顿战争相比，佩修斯的实力远在其父之上。蒙森说：“无论从哪方面来看，马其顿的势力都已加倍。汉尼拔当年拥有的力量与之相比也是小巫见大巫，可他却能够摇动罗马的根基。”佩修斯国库里的金钱足以供养他现有的军队和 1 万雇佣兵 10 年。他储存的粮食也能支持同样长时间，各种装备可供其 3

倍兵力使用。他集中的野战军共为步兵 39000 人，骑兵 4000 人。如果他知道罗马尚无准备而首先发动勇敢进攻，很可能就使希腊全境发生反罗马革命。可是，他缺乏他父亲的勇气，采取了单纯防御战略，坐伺敌人进攻。

佩修斯的陆军为马其顿开国英雄腓力一世所建立，亚历山大及其继承者发展得已完全不同。骑兵只占次要地位，而重装步兵方阵已成为决定性部分——这种回到重装步兵决战思想的主要原因可能是马其顿地形多山。

可是，到公元前 2 世纪，方阵的机动能力更为减低，因为现在改为 16 列，每人都携带 6 米长的长矛。前 5 列和最后 1 列由有充分训练的士兵组成，中间夹着训练不充分的人员，他们的任务就是推动前面的人前进。队形是如此密集，所以他们只能向前。在正面，每个长矛兵都有其右首战友的盾牌掩护。战斗中，这样一个方阵很像慢慢前行的活要塞，前 5 列长矛都伸出到正面前方。若在平地，其正面简直无法被攻击，可是在崎岖地区则很容易溃裂，因为这种长矛要用两手才能挥动，所以只要秩序一乱，方阵就极易被比较机动的罗马军团击败。除正规重装步兵以外，马其顿军中还有 5000 名轻装步兵，实际上还是重装步兵。在彼得那会战中，他们构成卢卡皮德的方阵。

直到公元前 171 年仲夏，罗马军在执政官克拉苏指挥下才从布林底西渡海到了阿波罗尼亚。全军包括两个由执政官率领的正规军团，每个军团为 6000 步兵和 300 骑兵，另有联军的 16000 名步兵和 600 名骑兵。为了与罗马合作，欧米尼斯的陆军和舰队同时动员备战。

克拉苏在伊利库姆留下了一支强大兵力以阻止马其顿军从西面来攻，然后率领其余部队从阿波罗尼亚，翻过山脉前进到色萨利的拉利萨。他向拉利萨进攻时，在卡里西努斯小山附近与佩修斯遭遇。结果，罗马军大败，损失步兵 2000 名，骑兵被杀和被俘各 200 名。于是，他撤过佩留斯河（即今萨拉布里亚河，流经潭蓓谷地）。

本应趁战胜的余威尽量扩张战果，可是佩修斯却坚持防御战略。他不仅放弃了一切唤起希腊人反抗和发动游击战的设想——他的敌人对此毫无准备；反之，他却派使节到罗马去讨论和平条件——这个建议立即被拒绝，因为罗马绝不可能刚刚失败就考虑议和，所以他得到的答复是，唯一可以考虑的就是无条件投降。

尽管在外交上表现得很勇敢，可是在战役中，罗马陆军表现的纪律之坏却是前所未有。失败使他们组织破坏，抢劫使他们士气消沉。他们用最可耻的行动虐待友好的人民，而对同盟军，则把他们当作被征服的敌人看待。如果当时指挥马其顿军的人不是佩修斯而是腓力五世，毫无疑问克拉苏指挥的全军都将覆灭，而罗马也会失去希腊全境。

公元前 170 年，克拉苏的位置由曼西努斯顶替。他再次企图进攻色萨利，但和前任一样也被击退。接着在公元前 169 年又换了菲利普斯任统帅，他也是个无能之辈。

他经过潭蓓西面的拉帕索斯隘路翻越奥林波斯山。当他经过隘路到了赫拉克勒乌姆时，菲利普斯才发现部队缺乏补给。又是由于佩修斯怯弱无能，罗马军才幸免于毁灭。佩修斯一看到敌人进入马其顿境内，马上以为一切都完了。

在恐怖中，佩修斯逃到彼得那，下令烧毁船只，把一切财物沉入水中。前进 4 天之后，舰队已经无法接济，菲利普斯被迫撤退。佩修斯又恢复正常，从彼得那向南前进，在迪乌姆以南占领伊尔皮乌斯河边的阵地，那里可以进行坚强防御。菲利普斯只好放弃进攻。（注：这是马其顿的伊尔皮乌斯河，不要与色萨利的伊尔皮乌斯河混为一谈。）

若非佩修斯贪吝误事，毫无疑问可以设法把菲利普斯诱出营地，在开阔地将其彻底击败。他如能这样做，就可以把他父亲在塞诺斯西法莱一战中丧失的一切都完全收回来。罗马的威望将全部崩溃，希腊可以摆脱罗马，埃及将落到安条克四世手里——他于公元前 175 年继承叙利亚王位，在公元前 162 年就准备侵入埃及。这是一个大试验场，可以决定罗马在希腊、小亚细亚和埃及的势力究竟是继续存在还是被毁灭。

最后，在人民压力之下，罗马元老院知道绝不可再把战争重任交给那些不称职的执政官，因为他们不过以打仗来发财而已。结果，他们再次选举保卢斯为执政，并把公元前 168 年的战役指导权完全交付给他。保卢斯的父亲也曾担任执政，战死在坎尼，他属于老贵族世家，且为阿非利加·西庇阿的至亲，在西班牙和利古里亚都立有许多战功。他接受任命时已 60 岁，据其与同时的波里比阿记载，在当时，他是少数能够拒绝金钱诱惑的罗马人之一。

他的第一步就是要求元老院指派代表团去调查希腊局势，并很聪明地要求人选应由他决定。他选了 3 个人，其中一个是阿赫诺巴布斯，曾在马格尼西亚获得过胜利。只要看当时这些代表负责调查问题内容就可以知道罗马当局对希腊的情况是如何缺乏了解。

这些问题内容如下：陆军和舰队的要求如何？马其顿的兵力状况如何？在罗马和敌人手中各有多少盟国？罗马军是在平原还是山地宿营？哪些同盟国可以信赖，哪些不可信赖？需要哪些补给物资，哪些可以用车载运，哪些可以用船载运？最后，在陆海战役中已经获得哪些成就？

这些代表接受任命后两天之内就出发了。他们走后不久，元老们就开始不耐烦，强迫保卢斯告诉他们他的计划。保卢斯回答说必须等代表团回来他才能说。

阿赫诺巴布斯等 3 人回来后，报告说："罗马和马其顿的营地隔着伊尔皮乌斯河相对峙。佩修斯无进攻意图，而菲利普斯的兵力也不能胜任进攻。他的部队闲散无事，粮食只够几天之用。在伊利库姆，克劳迪乌斯指挥的部队情况颇为紧急，但若能增强他的实力，佩修斯就会陷入两面夹攻。舰队的情况糟透了，许多水兵病死，其他的纷纷逃亡，留下的人员缺衣少饷。最后，欧米尼斯的忠诚也颇有疑问。"

这些猜疑似乎颇有根据，因为佩修斯在伊尔皮乌斯河占领稳固阵地后，又开始计划破坏罗马的同盟关系，其中包括伊利库姆的简修斯，欧米尼斯和罗得岛人等。

同时，他也与一个叫克隆狄库斯的凯尔特酋长谈判。这位酋长愿出 1 万匹高卢马和许多步兵由他雇佣。但是除了罗得岛人，其余谈判都因为价格谈不拢而搁浅。

佩修斯许给简修斯 300 塔兰特（货币单位），诱使他结盟。他拘禁两个罗马使节，结果却发现佩修斯的诺言未能兑现。佩修斯与欧米尼斯纠缠了许久。最后，欧米尼斯发现自己不是佩修斯的对手，于是谈判破裂。但是，佩修斯最大的错误还是他不应欺骗克隆狄库斯。正如李维所说，如果他真的收买了凯尔特骑兵，它可以从皮尔哈比亚隘路——在坎布尼亚和品都斯山脉之东，以及欧罗布斯河以北地区，进入色萨利。若色萨利被骚扰，罗马军就必须为自己的安全考虑，因为这会使他们进退两难。色萨利是罗马的补给来源，一旦丧失罗马军将无法生存，而马其顿军又挡在他们前面。

代表团报告之后，保卢斯又获得授权，可以亲自选择他所辖两个军团中的保民官（即中级干部），总兵力为 14000 名由罗马公民和拉丁同盟供给的步兵和 1200 名骑兵。另外还有两个军团，每个军团步兵 5000 人和骑兵 200 人，由加卢斯率领增援伊利库姆。

部署就绪，保卢斯走出元老院，到人民大会致辞。据李维记载，致辞过程相当有趣，可以证明直到这时，战争规划大部分受到纸上谈兵的战略家影响——他们提出许多建议、计划和批评，足以使战场上的指挥官无所适从。

保卢斯说：“在每个圈子甚至在每个桌子上，都有人正领兵参加马其顿战争。他们知道哪里应该扎营，哪里应由部队占领，应在何时何地进入马其顿，补给工作应该如何组织，物资应该如何运输，何时应与敌交战，何时应坚守不出。而且他们不仅决定了什么是最好的办法，而若采取其他办法，他们就要‘提审’执政官，好像他们是审判官一样。”

接着，他说明他并不是说指挥官不应接受忠告，只要提出意见的人的确精通战争艺术，或是亲自在战场上打过仗，那么他都愿意一律欢迎。他最后的结论是："所以，如果有人认为他对我将指导的战争有资格提出意见，而且这些意见是对公众有利的，那么希望他不要拒绝帮助国家，并且希望他随我一同去马其顿。我愿供给他一条船、一匹马和一顶帐幕，甚至旅费，但如果他们认为这太麻烦，宁愿享受城市生活而不想尝试战争酸苦，就请他不要在陆地上操舵。这个城市本身已有许多谈资，他们可以尽量高谈阔论，而我们只限于营帐内的会议。"

公元前 168 年春，保卢斯起程前往希腊。他一路走得很快，离开布林底西后 5 天就到了德尔斐。他在那里祭神之后，4 天就到了伊尔皮乌斯河军中。同时，加卢斯司法官也起程前往伊利库姆。他到达以后，30 天战争才开始，而罗马城却早已宣布战争结束，简修斯和他全家都为罗马人俘获。

保卢斯一到就发现军中正闹水荒。他立即命令掘井。依据李维记载，因为看到山脉那样高，想到一定有地下水，尤其地面又没有溪流，更可以证实这点。果然把地面沙土挖开之后，泉水开始涌出，好像有如神助。这件事使主将的声誉和影响在士兵心目中大为提高。

其次，他命令一切工作都应有秩序，不准喧哗吵闹。他禁止哨兵携带武器——因为他们的目的不是为了战斗，对前哨的组织采取轮流换班的办法。他做这做那，整肃军中士气，不久全军就没有一个游手好闲之徒了。

使部队开始工作之后，他又召集军官们开会，目的是要他们开动脑筋，而不仅是听取他们的意见。有人主张进行正面攻击；另外又有人主张用舰队作侧面迂回。对第一个建议，他立即加以驳斥，因为马其顿军在伊尔皮乌斯河的正面拥有特强工事，并备有许多战争机器——投石机等。他认为第二案比较有利，听完了军官们的意见后，不作任何结论散会，然后秘密拟订自己的计划。

他的战略是这样的：在正面牵制着佩修斯。用舰队威胁他的北面交通线以分散他的注意力；另外派遣一支强力纵队，向西越过奥林波斯山南坡，取道佩修姆和佩特拉前往迪乌姆，从这里可以直达马其顿营地后方。因为对这

▲ 马其顿战争中的马其顿军

马其顿战争指古罗马共和国和马其顿王国之间3次战争，最终以罗马控制马其顿王国而告终。第一次战争（公元前214—公元前205），马其顿的腓力五世取得胜利。第二次战争（公元前200—公元前196）中，罗马大获全胜，消灭了腓力五世的海军。罗马又发动了第三次战争（公元前171—公元前168），腓力五世之子佩尔修斯战败，最后在彼得那会战中马其顿全面失败。此后马其顿成为罗马的一个行省。到公元前2世纪40年代，整个地中海地区大体上已经处于罗马势力的控制之下，除西班牙外，战火在大部分地区已经熄灭了。

里地形不熟，没有把握，所以在下决心前，他找到两个熟悉地形的皮尔哈比亚商人，亲自询问有关通往皮尔哈比亚的隘路情形。他们说隘路并不难走，不过他们听说已有国王的军队占领。保卢斯就请这两个商人当向导，命令司法官屋大维努斯把全部舰队集中在希拉克兰，并准备1000人10天的补给。其次，他命令纳斯卡——阿非利加·西庇阿的女婿，和他自己的儿子费边，共同率领一支精兵，共步兵8000人和骑兵200人向希拉克兰进发。

使敌人以为他们要在那里上船，准备从海上迂回马其顿阵地。他只把计划暗中告诉纳斯卡一人。他把两个向导交给他，并指示他用夜行军方式由希拉克兰向西，于第3天四更时候占领佩修姆，再继续向迪乌姆以北进发。他又告诉纳斯卡，为了吸引佩修斯的注意力，他自己将率领其余部队进攻马其顿前哨阵地。

纳斯卡出发后，第二天拂晓，保卢斯就向设在伊尔皮乌斯河道中央的敌军前哨阵地发动了第一次牵制性攻击。马其顿王在一边，罗马执政官在另一边，都在观战。远距离作战对马其顿军较为有利，因为他们可以投掷石头，但一到近距离交战，罗马军却比较坚定，因为他们的防御较好，每个人都有盾牌。

差不多到中午时分，保卢斯发出收兵信号。这一天的战斗就如此结束了。第二天又同样演出。

第三天，保卢斯不再进攻，而另派一个纵队沿河岸向下游走，好像准备在河口上渡河一样。很明显，这是为了吸引马其顿人的注意力，使其忽视纳斯卡的迂回运动。

纳斯卡利用黑夜掩护从希拉克兰向西进发。不幸的是，在行军途中，有个克里特士兵逃走了。他跑到马其顿营地，把正在进行的情况告诉了佩修斯。

似乎两位商人向导的情报也不完全可靠，因为这时隘路并未设防。但是，佩修斯一听说纳斯卡正在行军，立即派了1万雇佣兵和2000马其顿兵，由米罗率领去阻塞通路。依照普鲁塔克在《保卢斯传》中所说："纳斯卡在山地中与米罗碰上，经过一番激烈战斗，把他击溃。佩修斯听说米罗战败，生怕受到前后夹攻，立即溜出这个陷阱，向彼得那方向退去。他现在的位置，是在卡提利尼的南面平原上，颇适合其方阵运动，周边有两条小河包围，即阿森和劳卡斯河，它们虽然已经接近干涸，但仍可使罗马人感到相当困难。马其顿军一撤退，保卢斯就知道了，于是也马上前进，毫无困难地与纳斯卡在迪乌姆以北会合。从那里他们继续向卡提利尼推进，发现马其顿军已在该镇西南严阵以待。”

纳斯卡害怕佩修斯再度乘着黑夜逃走，主张立即进攻，但保卢斯却更有经验，没有接受。他的部队在行军中已用尽气力，如今又是仲夏，而他还没有设防营地可供作战基地使用，此时冒险会战实在愚蠢。为了平息部下的不满，他向他们训话：“营地对胜利者是个住所，而对失败者则为避难所。曾有许多军队当战状不利时就被迫逃到防波堤的后面，不久它们又驶出来，终于击败了胜利者。这种军事性居留地对每个军人而言，就是他的第二故乡。营垒的围墙正和城市的城墙一样，帐幕就是他的家。”

为什么在如此有利的环境中，佩修斯仍然不向敌人挑战呢？唯一原因是保卢斯把他的部队屯扎在阿罗克拉斯山上，这是个小山，高约 122 米，在劳卡斯溪的西边，而溪流又紧靠马其顿营地西侧流过。这是不适宜方阵进攻的地形——我们绝对不要忽视，这种方阵是专门为了在平原上使用的，即使是一点小障碍也足以使其行列解体。正因为这个原因，亚历山大几乎从不使用方阵进行突击。可是他死之后，这个教训已为人忘记，而且方阵的组织变得越来越笨重。

罗马人建筑营地时，保民官加卢斯向士兵们宣布：“明日夜间会有月食发生，时间是自第二时到第四时。”为了安抚士兵们的恐惧，他解释说这纯粹是自然现象，并且说明了理由。到月食真正发生时，罗马士兵认为加卢斯真的具有识破天机的智慧；反之马其顿部队在心理上产生了极大恐慌，认为这是王国灭亡民族毁灭的预兆！马其顿营地叫嚣喧哗，直到月亮复圆才停止。

正因为这次月食，是在公元前 186 年 6 月 21 日至 22 日夜间，所以第二天发生的彼得那会战才有正确日期可考。

依照李维和普鲁塔克记载，两军营地都要在劳卡斯河中汲水，而每年这时，河水几乎干得见底。为了保护汲水队，罗马在西岸摆了两个支队步兵和两个中队的骑兵。另外有三个支队步兵和两个中队的骑兵用以监视马其顿营地。我们可以假设马其顿方面一定也做了类似部署。由于双方有许多人已互相面对，所以按照当时的惯例，似乎有种君子协定，彼此都不干扰对方汲水。

月食后那天下午，大约第九时左右（15点），有一匹罗马方面的马脱缰冲向对岸，后面有3个人跟着追，此时河水深度刚刚没胫。同时，马其顿方面有两名色雷斯士兵想去捉这匹马，结果被打死一个。

于是，这队色雷斯兵——约800人，可能是马其顿军前哨——就被激怒，开始干扰河中的汲水行为。罗马方面当然不甘示弱，立即对抗，双方发生小战。

喧闹声把保卢斯引出帐外。他知道一旦打起来，要召回自己的部队既不容易又不安全，所以最好是利用士兵的锐气把这个偶发事件变成胜利的机会。于是，他率领全军出营。同时，已经赶去参加小战的纳斯卡回来报告说：佩修斯也领军出营，正在布阵。

很不幸，叙述彼得那会战的波里比阿史书，除了断简残篇外，这一段记载已经全部遗失。而李维的记载又不清楚。在普鲁塔克的《保卢斯传》中引述了纳斯卡的一个报告，从中可以看出佩修斯部队的前进次序大致如下："首先前进的是色雷斯步兵，照纳斯卡的说法，他们的外表是很可怕的。士兵身材都很高大，穿着夏装，在白色衣服和闪闪发光的胫甲防盾下显出黑色皮肤。他们右肩背着沉重的战斧。在色雷斯人后面是雇佣兵，他们的装备五花八门，各自不同，帕尼亚人也混在他们中间。第三部分是卢卡皮德方阵——这是马其顿的青年精兵，他们的鲜红军衣和甲胄发出鲜明夺目的光彩。他们摆好队形之后，接着就是重装步兵摆出的查尔卡斯皮德斯方阵，携着青铜盾牌，从背后的营地中涌出。他们喊声动地，盔甲鲜明。

"虽然实际战斗序列已不可考，但由于方阵必然位于中央，所以马其顿的战斗序列可能是这样的：色雷斯人在右，接着是轻装步兵方阵，再接着即为重装步兵方阵，雇佣兵居左。骑兵则可能位于两翼或一翼上。罗马军的战斗序列也没有确实记载。但我们也可假设两个罗马军团居于中央，拉丁盟军在右，希腊盟军在左，骑兵位于两翼或一翼上。据说还有部分战象，最初控制在后方，后来照我们看，是加入了罗马右翼方面作战。”

佩修斯的攻击速度快得出人意料，因为李维记载：那些第一批被杀的人倒下的地点距罗马营地只有 250 步远。如果这种说法是正确的，又假设克罗马耶尔和魏思两人所著的《古代战争图解》一书所描述的会战计划没错，那么马其顿全军就应该已经渡过劳卡斯河，向阿罗克拉斯山麓前进。

看到方阵前面伸出的长矛有如刺猬一般，连保卢斯都不免有点惊恐，因为他也没见过这样可怕的场面。可是，他表面还能故作镇静，他的头部和全身都没有保护，开始摆列他的战线。如果这种说法确实可靠，那么就足以证明他已受到奇袭，在毫无准备的状态下为敌所乘。换句话说，是佩修斯而不是他获得了战争的主动权。

罗马方面的最初反攻由皮里格尼亚人的部队开始。他们可能处在罗马战线右端，因为他们无法攻入敌人用长矛组成的墙壁，他们的指挥官萨维努斯抓住一面军旗投到敌军中间。这样引起一场混战，最后皮里格尼亚的部队还是被击溃了，漫无秩序地向阿罗克拉斯山上逃走。这似乎又带着全线都向后退。于是，罗马全军都想退回山坡。如果真相的确如此，很明显，只要地形适于方阵作战，罗马人就完全不是这个钢铁刺猬的对手。接着，因为地形渐渐变得对方阵不利，于是其正面就开始弯折破裂，最终出现了缺口。一方面由于地形高低不平，另一方面由于正面的长度太宽，所以，企图占领高地的士兵虽然不愿意但必须与占领低地的部队分隔开来。

这对罗马人而言是太幸运了，因为佩修斯不是亚历山大，他似乎对亚历山大的战术毫无了解。在这个紧急关头，他不应把方阵向山坡上推进，而应该挥动全部骑兵和轻装部队向已经动摇的敌人追击，并在他们掩护之下重新整理方阵正面。

亚历山大在阿贝拉之战获胜的原因，就是由于他发现波斯军正面的空洞，马上就乘虚而入。在彼得那现在也发生了同样情形，不同的是，除了一个大空洞之外，还有相当数量的小空洞。

普鲁塔克对这次会战的记载，清楚说明罗马人是如何利用这些小空洞的。他说：保卢斯把兵力分开，命令他们迅速钻入敌方的一切裂缝缺口中，并立即展开近距离战斗。于是，进行的就不仅是一个单独会战，而变成许多独立和连续的战斗。保卢斯把这个命令传达给他的军官，军官们又转达给士兵，不久他们就绞在敌人阵线之内。他们从侧面和后方攻击敌人。这是敌人的盾牌保护不了的。这样一来，方阵的力量和优点全部丧失，结果就完全被击溃了。

李维的记载虽混乱，但说明除了这些小空洞以外，在马其顿军的中央部分左方与左翼右方之间，还出现了另一个大空洞。其成因可能是由于追击皮里格尼亚部队，马其顿左翼已经上前了，而中央部分尚在与罗马的两个主力军团交战，当然就落后了。

以下又是李维的记载：当保卢斯命令各支队化整为零楔入那些小型空洞后，他又亲率两个军团中的一个冲入马其顿雇佣兵与方阵之间的大缺口中。这样就切断了敌军阵线，他背对雇佣兵，面向重装步兵方阵。同时，阿尔比拉斯也率领第二个军团向轻装步兵方阵攻击。战象和联军的骑兵就趋前攻击已经被孤立的马其顿雇佣兵；但未获成功，接着拉丁联军也向前进攻，才迫使敌军左翼退出战场。

此时，中央方面，保卢斯的军团已经冲散了马其顿重装步兵方阵，胜利的确实原因不太清楚。

看到会战已经失败，佩修斯就率领几千骑兵逃回皮拉，再退到安菲波利斯。会战后的屠杀颇为惊人。依照李维记载，马其顿军被杀 2 万人，被俘 6000 人；在追击中又被俘获 5000 人，追击距离达 26 千米。罗马方面的损失据说在 100 人以上，大部分为皮里格尼亚人，负伤人数较多。

获胜之后，罗马元老院决心把所有有问题的国家，无论敌友，都一劳永逸地解决掉，使他们永远丧失叛变能力。马其顿的国号被取消，重新组成 4

个联邦式的共和同盟，每个同盟都禁止与其他同盟通婚，不准在国外置产。所有王国都被解除武装，把一切小康阶层以上的人，包括所有官吏在内都送往意大利，过着俘虏生活。在希腊各城市中都开始追诉审问“叛逆”，因为到处都可以找到马其顿人和曾经在佩修斯军中服役的人，这些人都一律被清算。伊利库姆也受到同样的待遇。伊庇鲁斯也一样，虽然违反他的本意，可是保卢斯还是命令洗劫了 70 个城镇，把 15 万伊庇鲁斯人卖为奴隶。

敌人既已肃清，罗马就开始毁灭同盟国。在战争中，亚该亚同盟的一切行为都无懈可击，虽然如此，1 万名领袖分子，包括历史学家波里比阿在内都被发配到意大利，不经审问在那里关了 17 年之久。欧米尼斯被迫交出他在色雷斯的一切属地。罗得岛人也受到相似待遇，所有大陆上的领土均被剥夺——这是马格尼西亚一战之后罗马分给他们的。商业也受到有系统的破坏，这使罗马可以垄断东地中海的贸易。

这样，罗马变成世界性的强权和帝国，仅仅没有使用帝国的名称而已。

公元前 151 年—公元前 146 年，由于罗马炮制的 4 个自治共和国之间不断争斗，在马其顿引起一片混乱。马其顿人对罗马的统治日益不满。公元前 152 年，一个觊觎王位者安德里斯库斯试图重建马其顿王国。他自称为佩修斯之子，自立为王，并募集了一支军队，公开反叛罗马。罗马遂派梅特卢斯（卒于公元前 115 年）任马其顿军政长官。梅特卢斯率领罗马军很快便将马其顿新军歼灭。但不久又有 2 人冒称佩修斯之子，接连举兵反抗罗马的统治。梅特卢斯用了 2 年时间才将叛乱平息。4 个共和国不复存在，罗马吞并马其顿并将其作为罗马帝国的第一个行省。

同盟者战争

自从罗马征服意大利并对意大利实行“分而治之”以来，在200年漫长岁月里，通过罗马政治、法律的影响，经济文化的交流，意大利各民族逐渐拉丁化、罗马化。然而，在社会地位上，意大利人和罗马人却俨然是两个等级。罗马人名义上称意大利人为同盟者，实际上把他们当作属民，而不当作平等的公民。意大利同盟者用生命和鲜血帮助罗马开疆拓土，可他们却分不到1犹格（罗马的面积单位）的“公有地”。他们不得参与罗马的政治生活，罗马公民大会对他们关闭“神圣的栅栏”；至于罗马的各级官职，他们更是无权问津。他们享受不到政治平等，相反，却遭到罗马人的歧视和压迫。在罗马官员的横暴势力面前，他们甚至没有基本的人身保障。

意大利同盟者认为，这一切不平等待遇的根源就在于他们没有罗马公民权。当罗马还是一个蕞尔小邦时，意大利各邦的居民自然不会对罗马的公民权投以青睐，那时的罗马出于自己的需要经常将它的公民权惠赠友人。

随着罗马的崛起及其征服意大利，作为同盟者的意大利各城邦实际上降到了隶属地位，罗马公民权比这些城邦的公民权显示出优越性，有些意大利人开始谋求罗马公民权，而罗马人则变得吝啬起来。

罗马成为整个地中海的主人以后，罗马公民权更带来巨大的物质利益，意大利人中对罗马公民权的要求日益普遍和迫切，但罗马人却把公民权看作自己的禁脔，拒绝和别人分享。

意大利人为获得罗马公民权采取了种种手段。最初，他们利用“迁移

▲ 意大利风光

意大利古时称过“艾诺利亚”“艾斯佩利亚”“威大利亚”，后因语言变化，称“意大利亚”，意为“小牛生长的乐园”。罗马共和国延伸到意大利南部，在公元前241年的第二次迦太基战争后，将西西里纳入自己的版图。公元前202年，罗马击败了迦太基，将西班牙和希腊纳入版图。在凯撒的统治下，罗马征服了高卢和埃及。在凯撒被刺杀以后，凯撒的养子屋大维击败了对手马克·安东尼和埃及女王克娄巴特拉，于公元前27年建立了罗马帝国，并被尊为奥古斯都·凯撒。

权”偷偷移居罗马城内，在罗马公民普查时混进公民名册。贿赂也成为意大利人谋取公民权常用的办法。意大利人还将自己的孩子卖给罗马人，以使他们成为罗马公民。

早在公元前286年，罗马监察官就发现了为数不少于1.2万的“非法”移民。这些人被全部赶出罗马。在公元前187年、公元前177年、公元前172年、公元前168年各普查年份，罗马当局多次采取措施对外来移民加以限制。

公元前126年，罗马人颁布《潘努斯法》，从罗马城驱逐所有意大利移民。这种保守排外的政策激起了意大利人的不满。他们开始转向公开地和直接地向罗马人要求公民权。

罗马统治集团中个别有远见的民主派领袖看到了问题的潜在危险性，主张向意大利人授予公民权。于是，同盟者争取公民权的斗争便与罗马的民主运动发生了联系。

公元前125年，执政官福尔维乌斯·弗拉库斯首次提出向同盟者授予公民权的议案。由于保守势力的反对，议案没有通过。这件事在同盟者中引起义愤。弗列盖列城爆发了起义。起义被罗马当局残酷镇压下去。

公元前122年，著名民主派领袖、保民官盖乌斯·格拉古又提出公民权议案。大批同盟者涌入罗马城，支持盖乌斯议案，但被执政官法尼乌斯驱逐。议案再次被否决。盖乌斯失败罹难与公民权问题不无关联。

公元前100年，保民官萨杜尔尼努斯与军事领袖马略结盟，强行通过了共同拟订的土地法案，该法案计划将阿非利加和那旁高卢等行省的公有地分给马略老兵，包括服役的意大利同盟者。鉴于只有罗马公民才有权分配公有地，这一措施就等于把罗马公民权授予这些意大利人。

但是，萨杜尔尼努斯运动的失败使同盟者的幻想再次成为泡影。公元前95年，苛刻严厉的《李锡尼穆西乌斯法》剥夺了一些意大利人已“非法”获取的公民权，并再次将罗马城内的意大利人统统驱逐出去。

罗马民主派领袖的相继失败和遇难，使同盟者在心理上受到创伤，但他们对罗马当局仍然抱有一线希望。不久，他们果然在罗马贵族中找到一个新的同情者——保民官李维·德鲁苏，并与他建立了秘密的联系。

公元前91年，德鲁苏提出一个试图调和各方利益的议案：将司法权归还元老院，同时在元老院增加300名骑士出身的成员；向贫穷公民廉价售粮并分配坎佩尼亚和西西里剩余的公有地；授予意大利同盟者以罗马公民权。然而事与愿违，德鲁苏的全面妥协议案招致罗马社会的普遍反对，甚至他的亲属也对他的政策充满敌意。

这一年秋天，就在议案即将付诸表决的日子里，德鲁苏被无名刺客暗杀。这样，意大利同盟者通过合法途径获得罗马公民权的最后希望也就随着德鲁苏之死而一同被埋葬了。

同盟者绝望地拿起武器。以马尔西人为核心，皮凯努姆人、皮里根尼人、维斯提尼人，玛鲁西尼人、萨姆尼持人、卢卡尼亚人和阿普里亚人等组成了秘密反罗马联盟。他们互相交换人质，并商定同时发动起义。西罗成为联盟的灵魂。起义的准备在悄悄地进行。

政治的意大利恰像自然的意大利，炽烈的岩浆在平静的地表下翻流奔突。一个偶然事件的火花提前引爆了同盟者战争。

公元前 91 年底，罗马大法官塞尔维利乌斯获悉皮凯努姆的同盟者城市阿斯库鲁姆正和邻近城市交换人质，遂赶到那里，向集会的市民发表了威胁性训话，激起了市民的公愤，当场被打死。城市长官尤达西略命令关闭城门，将住在城内的罗马人统统处死。阿斯库鲁姆起义的火焰迅即蔓延到邻近地区。

马尔西人带头向罗马宣战，参加反罗马联盟的各城市、公社纷纷响应，除了伊达拉里亚人和翁布里亚人外，几乎所有意大利同盟者都卷入了起义。即使在这样的时刻，同盟者还是向罗马派去使团，提出最后呼吁。但是，罗马元老院拒绝听取用剑强逼的要求。勒令同盟者放下武器。于是，同盟者战争正式开始。

同盟者既然已向罗马宣战，便不再乞求罗马国家的公民权，自己组织起一个新的联盟共和国。新国家定都于起义地区的心脏——皮里根尼人的城市科芬尼乌姆，命名为“意大利”。这个新国家的公民权授予所有起义公社的成员。国家按照罗马的模式组织：由选自各起义公社的 500 名成员组成元老院，作为国家的领导核心；在起义领袖中选出两名执政官和 12 名大法官，授予他们军事、行政和司法的权力；全意大利人民大会也预定在首都召集。萨伯利安各族通用的奥斯坎语与拉丁语共同成为新国家的官方语言。铸造并发行了全意大利通用的硬币，上面铸有“意大利”字样，一些硬币上带有寓意深刻的图案：一头代表意大利的公牛用它强劲的角将罗马的象征——母狼掀翻在地，并将它踩在蹄下。

起义者的军队有10万之众，无论是统帅的指挥才能，还是士兵的素质及武器装备，都不次于罗马军。同盟者长期作为辅助部队随同罗马军团征战，对罗马军事熟谙深知。

起义在意大利本土爆发，其中心距离罗马相当近，构成对罗马的严重威胁。然而，战争的进行对起义者和罗马人双方来说都很困难。起义地区非常广大，而许多效忠罗马的要塞据点（主要是军事殖民地）则散布其间；因此，在战略上，起义者不得不将对罗马要塞的围攻战与各自领土的保卫战结合起来，罗马人则被迫同时与遍布各地的起义者作战。

由于多种原因，起义者没有集中兵力进攻罗马，而罗马人也难以一举扑灭没有明确主力的起义军。整个说来，这是一场散漫的战争，分解成敌对双方各个军团在同一时间、不同地区时而单独、时而联合的一系列战斗。

从军事观点看，主要有两个战区：北方战区，自皮凯努姆和阿布鲁滋河至坎佩尼亚北界，大都是操拉丁语的地区。意大利方面的统帅是昆图斯·西罗，罗马军则由茹提略·卢普斯统率，两人都是各自国家的执政官。南方战区，包括坎佩尼亚、萨姆尼乌姆、卢卡尼亚和阿普里亚。萨姆尼特人巴比乌斯·穆提鲁斯作为意大利执政官任起义军统帅，罗马统帅为执政官路西乌斯·恺撒。统帅之下配有副将，负责特定地区的战争。罗马的两位执政官同时出征，一些著名的罗马将领（诸如盖约·马略、庞培·斯特拉波和苏拉等）担任副将，表明形势的严重性。

战争的第一年，公元前90年，起义者在南北两个战区都占据了明显的优势。他们重点围攻境内罗马人的要塞，并在许多地方突破了罗马人的防线。在南方战区，起义军将领斯卡托指挥的军队大败路西乌斯麾下的罗马军，占领位于坎佩尼亚到萨姆尼乌姆军事大道上的重镇维那弗伦。

起义者的这一胜利导致另一个罗马要塞爱塞尔尼亚投降。在卢卡尼亚活动的起义军将领拉姆彭尼乌斯重创罗马将领普布利乌斯·克拉苏，罗马要塞格罗门敦落入起义者手中。意大利执政官巴比乌斯·穆提鲁斯击败罗马将领波波那，率领萨姆尼特军队进入坎佩尼亚、诺拉、庞贝等城市。许多倒戈的罗马士兵和解放的奴隶加入了起义军行列。

在北方战区，起义军将领尤达西略和拉夫伦等联合击败罗马将领庞培·斯特拉波指挥的独立军团，将他围困在费尔姆。这使得北方战区的起义军能够把一部分兵力抽出来，投入南方战区。尤达西略率领皮凯努姆军突入阿普里亚，卡努辛、维努西亚等城市倒向起义者。

就在这一年 6 月，罗马人遭到一次最惨重的失败：执政官卢普斯的军队在渡过托林那河时，受到骁将斯卡托指挥的起义军的猛烈袭击，执政官本人和他的 8000 名士兵被杀死。当卢普斯和其他许多贵族的尸体运回罗马时，引起全城的恐怖。罗马元老院下令以后阵亡者应就地安葬，以免生存者目睹惨状而不愿从军作战。

卢普斯死后，罗马北方军由马略和西彼俄分别指挥。西彼俄被起义领袖西罗用诈降计诱到一个设伏地点，兵败身亡。意大利公牛在创伤累累的罗马母狼身上又刺了重重的一角。

意大利同盟者的一连串胜利，使得仍然忠于罗马的伊达拉里亚人和翁布里亚人动摇起来，其中个别公社归附了起义者，大多数则正犹豫彷徨。起义的同盟者还派出使节，向已对罗马采取敌对行动的小亚细亚的本都国王米特拉达特斯六世寻求援助。罗马面临着整个意大利起来造反和意大利人与本都国王对它内外夹击的可怕局面。

罗马元老院意识到事态的严重性，宣布处于紧急状态。为了提供战争必需的至少 18 个军团的军队，罗马当局广泛采用了马略军事改革创建的募兵制，不仅雇用众多的被军饷和劫掠机会吸引来的流氓无产者，而且将大批的蛮族人（主要是高卢人、努米底亚人和毛里塔尼亚人）编入军队，投入各个战场；甚至破例招募了释放奴隶，部署在库麦至罗马的沿海一带。在继续加强军事镇压的同时，罗马元老院迫于形势，开始采取让步政策。

公元前 90 年年底，执政官路西乌斯·尤利乌斯·恺撒受命提出一个议案，建议向所有迄今仍忠于罗马的意大利同盟者授予公民权。议案通过后成为《尤利乌斯法》，向全意大利公布。

这一法令有效地制止了起义的进一步扩展。利用这个恩惠，罗马元老院使那些忠顺的人更加忠顺了，使那些动摇的人坚定了，使敌人缓和下来了，因为有了取得同样待遇的希望。伊达拉里亚人和翁布里亚人率先取得了罗马公民权。

公元前 89 年初，罗马又颁布了由两位保民官提出的《普劳提乌斯·帕皮利乌斯法》，宣布：凡在 60 天内放下武器，向罗马长官登记申请的同盟者，均可得到罗马公民权。这一心理战攻势促成起义军阵营瓦解。

随着战争第二年（公元前 89 年）的开始，战场上的局势急转直下。罗马在招抚投降者的同时，对顽强抵抗的起义者进行更残酷的镇压。得到补充的罗马军调整了战线，在南北两个战区都发动了攻势，夺取了战争的主动权。在北方战区，尚不知道伊达拉里亚人和翁布里亚人态度变化的马尔西人派遣一支 1.5 万人的军队去援助北战区的起义。这支军队被新任罗马执政官庞培·斯特拉波阻截并击溃了。

另一位罗马执政官波尔西乌斯·加图突入马尔西地区。当加图在福兴湖阵亡后，北方战区的罗马军由斯特拉波统一指挥，在阿斯库鲁姆周边展开大战，这个最早发难的起义城市在公元前 90 年底已被罗马军队包围。

转战在阿普里亚的尤达西略率皮凯努姆军回救自己的家乡，城下一战，起义军损失惨重，但尤达西略却率少数队伍冲入城内。围攻重新开始。

在坚守数月之后，尤达西略看到局势变得无望，遂下令将市民中的亲罗马分子处死，然后自尽。

罗马人占领放弃抵抗的阿斯库鲁姆，把守城将领和著名市民逐一处决，财产没收，其余居民被驱赶出城。阿斯库鲁姆是意大利联盟在北方的堡垒，它的陷落致命地引起中部意大利起义者的全线崩溃。

斯特拉波的副将苏尔皮西乌斯降服玛鲁西尼人，庇户和秦纳降服马尔西人，维斯提尼人和皮里根尼人投降于斯特拉波本人。起义者的首都“意大利”再次成为卑屈的小城科芬尼乌姆，同盟者的首脑机关于公元前 88 年初迁至萨姆尼乌姆的爱塞尔尼亚。

中部意大利的起义平息下去，斯特拉波在罗马举行了凯旋式。

南方战区的罗马军由接替路西乌斯的苏拉统率。他以狡诈而残酷的手段展开了凌厉攻势。

苏拉进入坎佩尼亚，斯塔比埃、赫库拉纽姆和庞贝诸城相继被攻克。在诺拉城下，苏拉得到一个血腥的胜利。然后，他以一部分兵力围攻诺拉，自己率部向萨姆尼乌姆内地挺进。苏拉击溃了以善战著称的萨姆尼特军的主力，攻克其首府波维亚努姆。与此同时，庇户率领的罗马军开入阿普里亚，恢复了罗马在那里的统治。

至公元前 88 年初，态势已发生了根本性的变化：整个北方平定了。中部意大利完全被罗马人控制。南方的战事虽然尚未结束，但坎佩尼亚远至诺拉，阿普里亚远至维努西亚，都掌握在罗马人手中；而通过占领赫尔皮尼人的领土，罗马人切断了仍然抵抗的萨姆尼乌姆和卢卡尼亚·布鲁提伊之间的联系。

起义的战场好像即将熄灭的一场大火：满目残垣断壁和熏烟的木头，虽然时而有火苗从废墟中窜出来，但已不再有新的危险。

意大利联盟的“灵魂”、马尔西人首领西罗在北方战区的起义被镇压下去之后，撤到萨姆尼乌姆，与穆提鲁斯共同领导起义军残部，以爱塞尔尼亚为中心，坚持抗击罗马人。

西罗号召全意大利的奴隶起义，同时继续敦促米特拉达特斯救援。西罗甚至一度收复了波维亚努姆，模仿罗马人举行了盛大的凯旋式。但是，他头上的胜利花冠很快就枯萎了：在阿普里亚的一次血战中，起义的“灵魂”和6000具起义者的尸体一起留在了战场上。

在萨姆尼乌姆和卢卡亚·布鲁提伊等地，零星的起义队伍继续战斗，一直坚持到公元前82年。然而，从整体上来说，至公元前88年初，同盟者战争已经走到了尽头。

同盟者战争在古罗马的历史上具有划时代的意义。一般说来，罗马共和

▲ 同盟者战争

同盟者战争是公元前91—公元前88年意大利“同盟者”争取罗马公民权、反对罗马统治者的战争。“同盟者”中以马尔西人反抗最激烈，故又称马尔西战争。意大利“同盟者”是罗马在征服意大利过程中给予较低待遇的一些城市和部落。那里的人们无罗马公民权，分不到公有地，却要为罗马当兵，备受歧视和压迫。前2世纪，“同盟者”要求取得公民权的呼声日益高涨。公元前91年，罗马保民官M.L.德鲁苏斯提出给“同盟者”以罗马公民权的法案，遭元老院反对。德鲁苏斯被暗杀，“同盟者”愤而起义。此后，多数意大利人获得不同程度的罗马公民权。战争加速了意大利的罗马化进程，促进了意大利城市和自治市制度的发展。

国创建伊始是一个单纯的城邦。在征服意大利过程中，共和国获得重大的外部发展，从单一城邦经由罗马—拉丁同盟扩张为罗马—意大利“联邦”，即罗马霸权下的意大利各自治、半自治城邦和部落的联盟。

同盟者战争改变了意大利的全部政治面貌和制度，复杂异样的罗马—意大利“联邦”变成为全意大利统一的罗马国家，一个至少在法理上几乎所有意大利自由民都被承认为其公民的单一国家。在这个单一国家中，意大利各城邦都丧失“国格”降为普通的自治市，而罗马本身则成为国家首都。这种政治上的变化反映在意识形态上，加速了旧的民族感情的消亡。因此，同盟者战争及其后果，在扩大罗马社会基础和改变国家结构形式等方面都突破了旧的城邦制度的框架；随后罗马社会矛盾进一步激化，导致了新的内战，最终促使罗马由共和国向帝国过渡。从长远的历史角度来看，同盟者战争在罗马共和国转变为帝国过程中起了巨大的推动作用。

当意大利同盟战争快要结束的时候，因为任命本都战场司令官问题，罗马元老院贵族和民主派之间的斗争再度尖锐起来。

米特拉达梯的入侵给罗马造成了很大威胁。罗马元老院决定出兵。但在派谁为统帅的问题上，罗马元老贵族和民主派之间发生了斗争。元老贵族推举苏拉。此人凶残而狡猾，所以有人说他“一半像狮子，一半像狐狸”。他虽然出身贫贱，但却忠实拥护贵族政治。骑士、新公民、城市平民和马略老兵反对苏拉，一致推举马略为统帅。每一派都希望自己所拥戴的人取得军队的统率权。最后，在元老贵族的支持下，苏拉当选为执政官，取得军队的统率权。

公元前 88 年，当苏拉刚离开罗马到他统率的军队的驻地坎佩尼亚去，保民官卢福斯乘机提出法案，建议把新公民分配到 35 个特里布斯，把东方的指挥权交给马略。卢福斯不顾罗马元老院的种种阻挠，依靠新公民和马略老兵的支持，强行通过了自己的法案。

苏拉闻讯，立即率军返回罗马。在挨斯揆林门广场（罗马城东部）附近，两派展开了激烈的斗争。经过短时间的交锋，苏拉占领罗马，马略及其同党战败，逃往努米底亚。保民官卢福斯被杀，其头颅被挂在他发表演说的讲坛上。

罗马自己的军队攻进罗马城内，这在罗马史上还是第一次。用阿庇安的话来说："从此以后，廉耻和法律、制度或国家对于暴行都失去了约束力。"

苏拉控制罗马后，宣布卢福斯的法案无效，迫使公民会议通过几项反动法令："恢复贵族占优势的百人团会议；从大土地所有者中间选出 300 人补充到元老院，并规定任何法案不经元老院批准，不得提交百人团会议；取消保民官的否决权。苏拉这些措施旨在恢复罗马元老院的权力，巩固贵族豪门的势力。这就从根本上剥夺了数百年来平民斗争的成果，打击了刚刚获得政治权利的意大利新公民。

苏拉稳定罗马政局以后，以为无后顾之忧，便率军到东方攻打米特拉达梯去了。民主派趁机在罗马活动起来。他们由秘密暗杀发展到公开暴动，结果遭到苏拉党派残酷镇压。但城内骚动并没有停止。平民的不满情绪与日俱增。

公元前 87 年，苏拉政敌秦那在城乡平民和骑士阶层的支持下，当选为执政官。秦那是民主派的代表，在平民中享有很高的威信。他执政后，提出新的改革法案：把意大利新公民分配到 35 个特里布斯；大赦苏拉政变期间被宣布为公敌的人。在投票表决时，双方发生了尖锐冲突，有 1 万人死亡。

为了更有效地同苏拉派进行斗争，秦那以执政官的身份到加普亚（罗马南面一沿海城市）和其他一些同盟城市募集军队和金钱——这些城市刚刚获得公民权，苏拉的反动措施引起了他们强烈不满。在秦那鼓动之下，他们积极出钱出人。因此，在很短的时间内，秦那就募集了一支由意大利人组成的军队和大量金钱。

当时，逃亡在非洲的马略，听到秦那募军的消息后，立即带领同党和 500 名奴隶，乘船来到意大利西北部伊达拉里亚。在那里，他聚集了一支

6000 人的军队。

两军会合后，分三路围困罗马，并切断罗马的粮食供应线。秦那派人在罗马附近宣传，凡投降过来的奴隶都可以获得自由。许多奴隶都来归附。这样，马略的队伍更加壮大。罗马元老院感到胜利无望，粮荒又威胁着罗马城，不得不表示屈服。

公元前 87 年 6 月，马略军开进城内，苏拉党徒和一些元老贵族逃之夭夭。没有来得及逃跑的多被杀死。苏拉被宣布为公敌，房屋被拆除，财产被没收。归附秦那的奴隶以为翻身时机已到，起来收拾他们的主人。秦那禁止无效，便在一天夜里，用高卢人组成的队伍把奴隶包围起来，全部杀死。这充分暴露了奴隶主的反动面目。

马略控制罗马后，恢复卢福斯的法案，取消部分债务，增加粮食分配。意大利新公民全部被分到 35 个特里布斯中去，各城市也按照罗马的组织形式进行改组。马略的这些措施，在打击元老贵族势力，保护骑士、平民和新公民的利益，以及稳定民心等方面具有一定的进步意义，因而得到了城乡广大平民的支持和拥护。

公元前 86 年，马略去世。秦那也于公元前 84 年死去。但是，罗马在其党羽的领导下，继续实行马略的政策，一直延续到公元前 83 年。

苏拉在东方很快结束了米特拉达梯战争，于公元前 83 年回师意大利，在东南部勃隆度辛登陆。当时，他已拥有 3 万步兵，6000 骑兵和无数战舰，兵力相当雄厚。失势的豪门贵族纷纷投奔苏拉，其中有些是优秀将领，如梅特拉斯（曾指挥对同盟战争）、庞培和克拉苏，率军前来会合。庞培投奔苏拉时带来了 3 个军团的兵力。这些人在内战中成为苏拉得力的助手。

苏拉回师意大利，马略党派惊恐万状。执政官诺巴那斯和琉喜阿斯·西庇阿急忙派人到意大利各地募集军队和军饷。在城乡广大平民支持下，他们很快募集了 10 万大军，加上原来的军队，兵力达到 20 万人，分别由两个执政官指挥。这些临时拼凑起来的军队，虽然人数众多，但装备很差，组织涣散，纪律不严，无法和苏拉久经战场的老兵相比。在多次交战中，马略的军队屡吃败仗。

公元前 83 年，苏拉和诺巴那斯在意大利南部一个叫作卡西利浓的地方发生激战。诺巴那斯战败，6000 人被歼，而苏拉仅伤亡 70 人。当苏拉和梅特拉斯向替隆（坎佩尼亚一市镇）进军的时候，西庇阿率领另一支军队向苏拉进攻。但是，他的士兵不愿作战，要求议和。

苏拉利用敌军厌战的情绪，巧妙地派人打入敌军内部进行分化瓦解，结果西庇阿的军队全部投降苏拉，他本人也做了俘虏。

苏拉的军队节节胜利，战争不断向前推进。公元前 82 年，卡波和盖乌斯·马略（即马略之子，称小马略）当选为执政官。小马略是一个勇敢而坚毅的青年，在罗马很受民主派和马略士兵的拥护。当他被选为执政官的时候，年仅 20 岁。新执政官加紧备战，决心把反苏拉的战争继续下去。

这年春天，卡波和梅特拉斯在伊西斯河畔（在意大利中部）发生激战。卡波的军队溃逃。接着，两岸村镇纷纷倒向梅特拉斯。与此同时，小马略率领的另一支军队，在一个叫圣湖的地方与苏拉遭遇。小马略的军队一触即溃，其中有 5 个大队步兵（每个大队约有 500 人）、2 个大队骑兵投降苏拉。

小马略带着残部逃往普勒尼斯特城（在罗马城东南方），苏拉紧紧追赶。为了防止苏拉的军队趁势冲入城内，普勒尼斯特城的人们未开城门，而用绳子把小马略拉到城上。留在城下的小马略的士兵遭到屠杀，特别是其中的萨谟尼安人，被全部杀死，因为他们始终不向罗马人表示屈服。当苏拉肃清外围残敌之后，形成了对普勒尼斯特包围之势。

小马略感到突围无望。他知道，罗马不久也要被苏拉占领。因此，他秘密写信给罗马城里的苏拉党徒。结果，罗马城内不少贵族被捕杀，尸体被抛进台伯河。

苏拉听到这个惊人的消息后，非常恼怒。为了挽救罗马城里的亲信，他留下一支军队继续围攻普勒尼斯特，自己急忙率领军队向罗马进发。沿途城镇不战而降。罗马元老院惶恐不安，开门迎接苏拉。马略党派纷纷逃跑。

苏拉进城后，立即召开人民会议，说明自己进城的目的，要人民振作精神，不要担惊受怕。

苏拉这样做，旨在稳定民心，解除后顾之忧。安抚事毕，苏拉便离开罗马，又率军前往普勒尼斯特。

公元前 82 年秋，卡波派遣他的部将马喜阿斯率领 8 个军团（每个军团约 4500 人到 6000 人）去普勒尼斯特解围，途中遭苏拉部将庞培伏击，除一个军团哗变外，大部分被歼。马喜阿斯只身逃走。

不久，萨谟尼安人、琉卡尼亚人等部族纠集了 7 万人的同盟军前去营救小马略，也遭苏拉截击，无法靠近普勒尼斯特。

由于民主派军队接连失利，执政官卡波灰心丧气，弃军逃往阿非利加。卡波的部将和萨谟尼安人因无法突破苏拉的防线，便挥师西进，直取罗马城。苏拉闻讯，率军尾随而来。

公元前 82 年 11 月 1 日晚，两军在科林门外激战。一夜之间，双方死亡达 5 万多人。苏拉的军队获胜。苏拉命令把卡波的部将马喜阿斯和卡赖那斯的头颅割下，挂在普勒尼斯特的城墙上。普勒尼斯特人看到这两个人的头颅，知道卡波兵败，外援无望，将城市献给苏拉。小马略藏在地道中，不久在绝望中自杀。

苏拉和马略派之间的斗争就这样结束了。这次内战虽然很短，但战争之残酷却是空前的。死于这次战争的有 10 万人之多。意大利血流成河，田园荒芜，民穷财尽。这次战争给意大利人民带来了空前的灾难。

苏拉进入罗马后，随即宣布公敌名单。第一批公布的名单大约有 40 名元老和 1600 名骑士，以后人数逐步增加。他宣布：暗杀公敌者有赏；告密者有奖；隐藏公敌者要受严厉惩罚。结果，被杀的有 5000 多人。在罗马其他的地区也采用类似的办法，凡是在战争中支持马略党派的人，或被处死，或被放逐，财产被没收。苏拉不但残酷地镇压了他的敌人，而且以极低的价格收买被没收的敌人财产，发了横财。

苏拉在平民和奴隶的血泊上，建立了独裁政权，总揽全国军、政和司法大权，成为无限期的独裁官。以前，独裁官的职权是临时的，一般不超过半年；现在，苏拉成为无限期的独裁者。

古罗马历史学家阿庇安说："苏拉已成为事实上的国王或僭主，不是由选举产生的，而是以暴力维持他的权势。"这标志着共和政体的基本原则已被废除。苏拉的独裁加速了共和国的衰亡，为以后恺撒独裁开创了先例。

另外，苏拉恢复了第一次进军罗马时所实行的一切法律。从骑士中选出300人补充到罗马元老院，法庭和处理国有财产的权力从骑士手中交还给元老院；取消包税制，一律停止给贫民发放粮食；公民会议和保民官的权利受到严格限制；等等。但是，苏拉没有敢于取消意大利人的公民权，也没有取消把他们分配到35个特里布斯的决定。这说明，不管一个人怎样专断独行，也不能超越一定的历史限度。

为了加强他的统治，苏拉把23个军团的12万老兵划作殖民团安插在大多数城市，使整个意大利都处于他的驻军控制之下。他释放了1万名年轻力壮的奴隶，给予罗马公民权，组成一支特殊的近卫军。

苏拉的独裁是奴隶主（主要是元老贵族）阶级的独裁，政权的支柱是雇佣军和被释放的奴隶。

公元前79年，当苏拉的权力正处于登峰造极的时候，他突然辞去官职，回到坎佩尼亚乡间别墅，过起了悠闲而又荒唐的生活。关于其中奥秘，众说纷纭。有的说是因为他厌恶战争，厌恶权力；有的说因为他重病缠身。很可能，苏拉的独裁统治不但引起了敌人的仇恨，也造成了同党的不满，在疾病缠身而矛盾又无法解决的情况下，只好隐退。

一年之后，苏拉病死。

三巨头逐鹿

苏拉恢复元老贵族权力的种种措施并没有解决罗马面临的各种社会问题，相反，却加剧了各种社会矛盾。连绵不断的战争使大量田园荒芜，小农经济破产更加严重；失地的无业游民日益增多，平民的粮食和土地问题越来越成为罗马社会内部扰攘不安的因素；元老贵族对各行省的疯狂掠夺和奴役严重阻碍着各地经济的发展，不利于拥有海外商业和航运利益的骑士阶层；地中海上的海盗猖獗，严重威胁着罗马的贸易和粮食进口。苏拉派的反动统治引起了意大利各个阶层的普遍不满。民主派和元老贵族派的内战又迫在眉睫了。但是，斯巴达克起义暂时推迟了内战的爆发。

尽管这次起义最后被残酷镇压下去，但是，它向奴隶主阶级表明，奴隶主政权的统治基础必须扩大，否则这个制度难以巩固和维持，不管人们的意愿如何，罗马的历史开始朝着与苏拉愿望相反的方向发展。当奴隶起义被镇压以后，民主派和贵族之间的斗争又趋激烈。骑士阶层利用广大平民对苏拉派统治的不满情绪再次掀起民主运动。其代表人物就是恺撒。

盖约·朱利亚·恺撒（公元前 101 年—公元前 44 年）出身于一个破落的贵族家庭。他是马略的内侄、秦那的女婿，因为这些裙带关系，恺撒从年轻的时候就同情民主派。苏拉当权之后，令其与秦那的女儿离婚。恺撒不从，受到迫害。为此，他长期躲避在外，并在罗得斯岛学了修辞学和哲学。

恺撒在少年时期就有非凡的抱负和志向。他善辞令，工于心计，各方面才能卓著。为了追求荣誉，他不惜耗尽家财，因此当他还是一个营造官的时候就已经负债累累。

当时，罗马政治腐败，贪污盗窃成风，总督在各行省横征暴敛，恺撒对此深恶痛绝。公元前 77 年，年仅 24 岁的恺撒就敢于揭露马其顿行省总督高耐留斯贪污。这个不寻常的举动震惊了整个罗马政界，也赢得了平民和中小奴隶主的欢心。为了博取名声，在演说中，他经常赞扬民主派领袖的功绩。因此，他的声望逐渐提高，很快成为民主派的领袖。他控告苏拉同党，重新树立被苏拉拆除的马略像和胜利纪念碑。恺撒的这些活动得到中小奴隶主阶级的支持。

这时，庞培和克拉苏的政治态度也在发生变化。庞培是一个贵族，大土地所有者，政治上是一个顽固的守旧派。自从投靠苏拉门下，他先后在阿非利加和西班牙领导了对马略派的战争，并协助克拉苏镇压斯巴达克起义，双手沾满了奴隶和平民的鲜血。残酷镇压斯巴达克起义的刽子手克拉苏是罗马有名的大贵族和百万富翁，他所拥有的财产价值相当于全国一年的总税收。在民主运动日益高涨的形势下，庞培和克拉苏为了保全自己的利益便看风使舵，转向民主派。

庞培刚刚取得西班牙战争的胜利，克拉苏刚刚镇压了斯巴达克起义，两人都有一支强大的军队，但又不遵循罗马的惯例，在战争结束后，遣散自己的军队。其目的是想凭借实力，向罗马元老院施加压力，竞选下一届执政官。为了增加选票，他们答应执政后取消苏拉制定的法律。

公元前 70 年，两人当选为执政官。在他们担任执政官那一年，他们恢复了苏拉执政以前的法令：恢复公民会议和保民官的权力；清洗元老院中苏拉的势力；决定法庭由元老、骑士和富裕平民共同组成。这些措施进一步促进了民主运动的高涨。

罗马人在忙于内战的时候，减弱了对地中海的控制势力，导致海盗活动猖獗起来。他们不断骚扰过往船只，严重影响意大利的粮食供应。由于粮价上涨，人民迫切要求对海盗采取行动。

▲ 恺撒大帝遇刺身亡

盖乌斯·尤利乌斯·恺撒，即恺撒大帝，罗马共和国末期杰出的军事统帅、政治家。恺撒出身贵族，历任财务官、祭司长、大法官、执政官、监察官、独裁官等职。公元前60年与庞培、克拉苏秘密结成前三头同盟，随后出任高卢总督，在8年的时间里征服了高卢全境（今法国一带），还袭击了日耳曼和不列颠。公元前49年，他率军占领罗马，打败庞培，集大权于一身，实行独裁统治。制定了《儒略历》。公元前44年，恺撒遭以布鲁图所领导的元老院成员暗杀身亡，享年58岁。恺撒死后，其甥孙及养子屋大维击败安东尼开创罗马帝国并成为第一位帝国皇帝。

公元前67年，元老院授权庞培组织12万步兵、5000骑兵和500只战船围剿海盗。不久，地中海的海盗便被剿灭。

接着，公元前66年，庞培又被任命为同米特拉达梯进行战争的罗马统帅。经过3年战斗，罗马于公元前63年结束了米特拉达梯战争，征服了巴勒斯坦和叙利亚，并在小亚细亚、叙利亚等地区建立行省。

庞培在东方的侵略使罗马掠夺了新土地，并把行省的包税权交给骑士。

因此，庞培成为罗马最有势力的人物。

公元前 63 年，激进的保民官罗路提出一项法案，建议在行省出卖公有土地和矿山等，用这笔资金在意大利购买土地，加上坎佩尼亚的公有土地，分给最贫困的平民。以西赛罗为首的贵族派在人民大会中阻止这个法案通过。另一个激进派喀提林感到用立法手段达到目的已经无望，决定密谋组织农村平民起义。由于事机不密，起义很快被以西赛罗为首的贵族平定。喀提林惨遭杀害。

恺撒没有参加这次起义，但在元老院中坚决反对处决起义者，获得了很高的声望。

公元前 62 年，庞培由东方回到罗马。庞培在东方的战绩以及他在东方实行的种种措施，引起了贵族派的不安和仇视。为了削弱庞培的势力，罗马元老院拒绝把地分给他的退伍士兵和批准他在东方有利于骑士的法令。庞培对此极为愤怒，发誓支持恺撒竞选执政官。

为了竞选下一届执政官，恺撒便乘机和庞培、克拉苏秘密结盟。这就是公元前 60 年的三头同盟。

三头同盟是一个暂时的三角同盟。因为他们任何一方都不能单独掌权，只有联合起来才能同元老院贵族相抗衡。“三头”虽然各自怀有野心，但他们和骑士都有联系，特别是恺撒在平民中有威望。因此，这个秘密结盟就有骑士、平民和军队反贵族斗争的联盟意义。

公元前 59 年，恺撒当选为执政官。在人民会议的支持下，恺撒通过了几项法案：批准庞培在东方的措施；降低包税人承包金的三分之一；给退伍军人和最贫困的公民分配土地；规定行省总督的年俸限额，严禁总督肆意勒索；等等。这些法案对骑士和平民有利。

恺撒离任后，又取得了高卢总督职位。为了控制罗马局势，以防不测，恺撒把他的女儿嫁给庞培。虽然人们盛传恺撒的妻子与克罗狄私通，但他只是和妻子离了婚，仍然提拔克罗狄为保民官，使克罗狄成为恺撒在罗马政治方面的主要代理人。

通过对高卢的3年战争，恺撒使全部高卢变为罗马的行省。在这期间，恺撒的实力和声望已经大大提高。

庞培对此表示不安，开始接近元老贵族，公开召回被克罗狄放逐的西赛罗。“三头”之间的关系已呈现不稳。

为了维持同盟之间的关系，公元前56年冬天，恺撒、庞培和克拉苏在意大利北部伊达拉里亚地区的路卡城会晤，商讨新的盟约。参加这次会议的还有元老贵族二百多人。

经过激烈斗争，他们最后达成一项重要的协议：恺撒在高卢的权力延长5年，并有权把自己的军队增加到10个军团，将来出任公元前48年的执政官；庞培和克拉苏出任公元前55年的执政官，任满后，克拉苏出任叙利亚总督，庞培出任西班牙和阿非利加总督。路卡会议实际上是一次权力再分配的会议。

但是，路卡会议并没有解决“三头”之间的矛盾。随着事态的发展，“三头”之间出现新的裂痕。路卡会议后不久，恺撒出征高卢。克拉苏不等任满便离开罗马，前往东方。但是，庞培任满后却没有离开罗马，而以副将代管西班牙和阿非利加的行省，其用意是很清楚的。

公元前53年，克拉苏在同帕提亚（即安息）人作战中被杀。三头同盟只剩下恺撒和庞培了。恺撒军事实力的增长引起庞培对他的忌恨。因此，事态发展使庞培和罗马元老院结成同盟。

公元前53年，保民官克罗狄被庞培的亲信迈罗杀害，激起了平民和奴隶暴动。庞培借机出任唯一的执政官，残酷地镇压暴动，实行一系列旨在打击恺撒的措施，并企图撤销恺撒的职务。因而，最后恺撒与庞培决裂。罗马元老院宣布恺撒为公敌。

公元前49年1月10日，恺撒渡过卢比孔河，向意大利进军。罗马内战重新开始。

恺撒的战略意图是：用一支精锐的部队秘密渡过卢比孔河，以迅雷不及掩耳之势，直捣罗马，出奇制胜，一举歼灭庞培。但是，恺撒这一愿望落空了。因为当时罗马兵力空虚，当庞培听到恺撒进军时，立即带着一部分元老贵族和亲信逃出罗马。恺撒跟踪追击。

3 月初，两军在意大利东部海岸的勃隆度辛发生几次小规模的战斗。双方互有胜负。但是，庞培在勃隆度辛的兵力有限，不敢和恺撒继续较量。一天黄昏，庞培趁着浓雾，带着他的亲信和元老贵族离开勃隆度辛，渡过茫茫的亚得里亚海，逃往希腊去了。恺撒率军回到罗马。

当时，罗马笼罩在一片恐怖之中。苏拉时代的恐怖情景，贵族们记忆犹新。他们害怕历史悲剧重演。因此，当恺撒向罗马进军时，贵族们提心吊胆，惶惶不可终日。但是，出乎意料的是，恺撒进入罗马后，对其政敌采取比较温和的政策，并向人民保证，绝不滥杀无辜，对俘虏无条件释放。

恺撒这些做法赢得了一部分罗马元老贵族和大土地所有者的好感，也得到骑士和平民的拥护。恺撒任命伊密利阿斯·雷必达负责统治罗马城，任命保民官安东尼统管意大利全境的军队。整个意大利处于恺撒的有力控制之下。

为了解除东征庞培的后顾之忧，恺撒于公元前 49 年夏天向西班牙进军。西班牙在庞培的两个部将培特利阿斯和阿夫累尼阿斯控制之下，兵力雄厚。在埃布罗河以北伊列尔达城附近，两军几次遭遇。开始，恺撒由于兵力不足、给养困难、气候恶劣，加上对地形不熟悉，不断遭到敌人袭击，损失较大。但是，敌人的给养也越来越困难，并准备撤退。

在敌人撤退之中，恺撒抓住有利时机，切断敌人退路。敌人非常惊慌。是战还是和，在内部发生了分歧。阿夫累尼阿斯主张让出西班牙，将部队带到庞培那里去；培特利阿斯反对，主张抵抗到底。

正当敌人举棋不定的时候，恺撒切断了他们的水源，迫使敌人和谈。谈判结果：西班牙让给恺撒，恺撒允许他们带部队到庞培那里去。40 天的西班牙战争就这样结束了。

恺撒夺得西班牙之后，取消庞培派征的税收，发还庞培没收的当地居民的土地，有的城市还被赐予罗马公民权。这就使恺撒在西班牙的统治有了较巩固的基础。

公元前 49 年 11 月，恺撒回师罗马。人民大会选他为独裁官，不久改为执政官。在短时间内，恺撒实行了几项有利于平民的措施：把谷物分配给饥饿的人民；用自己的亲信取代原来的各行省总督；除迈罗外（杀害克罗狄的凶手），允许一切流亡者回国。这些措施对稳定恺撒的统治地位起了一定的作用。

公元前 49 年 12 月中旬，恺撒开始组织第二次战役，准备与庞培进行最后决战。

当恺撒向西班牙进军时，庞培就已在东方积极备战。他依靠东部地中海沿岸行省的支持，聚集了大量人力和金钱，大力扩建海军。到公元前 49 年底，庞培已拥有意大利人组成的 11 个军团的步兵，7000 骑兵和装备完整的 600 多艘战舰。

另外，他还有爱奥尼亚、马其顿、伯罗奔尼撒、彼奥提亚等行省居民组成的辅助军，以及克里特的弓箭手，色雷斯的投石手，本都的标枪手，兵力十分强大。

庞培的海军控制了亚得里亚海，整个巴尔干半岛的西部沿岸也都在他的势力控制之下，人力、物力相当雄厚。

公元前 49 年 12 月，恺撒率领一部分军队到达勃隆度辛，准备东渡亚得里亚海，向希腊进军。

当时，恺撒身边只有 5 个军团的兵力，既无军粮，又无战舰，渡海十分困难。但是，恺撒一向用兵神出鬼没，善于用奇袭的办法消灭敌人于慌乱之中。为了迅速渡海，恺撒对他的部下作了重要讲话。他说："同伴士兵，你们在这个伟大的事业中，和我联合在一起。冬季的严寒，我们的伙伴迟迟未到，又缺乏适当的准备工作。但这一切都不能阻挠我们出发。我认为行动的迅速对于这些缺点是最好的补偿。”“让我们以我们的幸运对抗冬季的天气，以我们的勇敢对抗我们的人数不足……战争最有效的是出其不意。”这一番鼓舞人心的讲话激励着每一个将士。但是，当他们要渡海时，海上突然起了风暴，直到第二年，即公元前 48 年 1 月 1 日，风暴才停息。

风暴过后，他们迅速组织渡海，没有战舰，用商船代替；船只太少，就分批抢渡。经过很大的努力，部队最终顺利渡过亚得里亚海，并且不费一兵一卒就占领了伊壁鲁斯的俄利康和伊利里亚的阿波罗尼亚两个城市，夺取了大量军需物资。

接着，恺撒马不停蹄，日夜兼程，企图拿下希腊境内的提累基阿姆城（伊庇丹努）。提累基阿姆城是庞培的军需重地，有大量的粮秣和军械，如被恺撒占领，庞培势必要陷入困境。

正在马其顿的庞培得知恺撒要进攻提累基阿姆，马上率军驰援。他不让自己的军队吃饭和睡觉，“好像运动员赛跑一样”，抢先到达提累基阿姆，夺得了主动权。

庞培兵多粮足，占据有利的地形，又有一支强大的海军封锁海面，在和恺撒的几次遭遇战中，连战皆捷。而恺撒由于兵力不足，远离后方，海上运输线又被庞培切断，给养困难，士气低落，处境极其困难。

为了改变这种不利局面，恺撒实行战略撤退，回师进驻帖撒利（在希腊中部）。这样，他一方面诱敌远离军需重地，使其失去有利的一面；另一方面希望自己可以得到一部分从陆地来的意大利援军和给养，同时在帖撒利已有他的一支军队在那里征粮。

经过 7 天急行军，凯撒的部队到达帖撒利的法萨卢城附近。本来，庞培清楚地看到敌人没有援兵和缺乏军需的困难，想避免马上决战，把恺撒的部队拖垮，但是，周围目光短浅的显贵们却力主决战，嘲笑庞培想做阿伽门侬，延长他对显贵们的统治权。

庞培的弱点是优柔寡断，听到这些讥讽的言论，便改变了主意，率军赶往法萨卢。

公元前48年夏天，法萨卢战役开始了。从双方兵力来看，庞培部队在数量上占优势，约有四万多人。恺撒只有两万多人。但是，恺撒的部队大多是一些能征惯战的老兵，战斗力很强。很快，两军摆开了阵势。

庞培把意大利士兵摆在前面，分左、中、右三列，每列之间保持一定距离，骑兵配置每个行列的两翼，弓箭手、投石手、标枪手安置在行列中间，辅助军摆在后面。

针对庞培的战术，恺撒也把军队分成左、中、右三路，自己则站在右翼第10军团中间。这个军团是恺撒的精锐部队，战斗力很强。

为了对付这支劲敌，庞培专门调来一支骑兵，并想利用人数上的优势来包围它。看到敌人新的部署，恺撒调来最勇敢的3000步兵，埋伏在第10军团附近，以应突变。

会战一开始，双方投射梭镖、箭弩，接着是骑兵互相厮杀。

庞培的骑兵处于优势并对恺撒第10军团形成包围之势。在这千钧一发之际，恺撒一声号令，伏兵突起，3000勇士犹如下山猛虎，个个手执长矛，向敌人猛刺过去。敌人抵挡不住，狼狈而逃。恺撒趁势指挥第10军团，从侧面袭击敌人左翼。失去骑兵保护的庞培步兵立即陷入混乱，纷纷逃跑。中路和右翼看到左翼惨败，转身而逃。

开始，他们还能保持队形，慢慢退却，有的还尽力抵抗。但是，没有参战的辅助军，在一旁吓呆了。他们慌乱地逃跑，一面跑，一面大声喊叫："我们被打败了！"顿时，全线崩溃。

战斗结束时，庞培有6000名士兵和十余名元老贵族被歼，其余的全部被俘。辅助军伤亡不计其数。而恺撒只有1200人伤亡。这一仗，庞培被彻底打败了。

庞培逃到埃及。国王托勒密十二世已经知道庞培战败的消息，害怕恺撒报复。因此，当庞培一到埃及，国王便派人将他刺死。恺撒跟踪追到埃及，借口国王杀害庞培而干预埃及内政，推翻国王，把倾心依附于他的王后克娄巴特拉扶上宝座。

不久，恺撒出征本都王国，只用5天时间就结束了战斗。随后又征服小亚细亚。公元前46年，凯撒先后征服阿非利加和努米底亚王国。公元前45年，恺撒又去西班牙平定了庞培两个儿子的反抗。

恺撒回到罗马，受到隆重的欢迎。恺撒被推举为终身独裁官、终身保民官和终身监察官，集军权、政权、司法权力于一身，成为神圣不可侵犯的人，并被冠以“元帅”“祖国之父”的称号。这时候，罗马的共和制已名存实亡。

在恺撒独裁期间，实行了一系列改革。他改革了罗马元老院，扩大罗马元老数目，使元老增加到900人。不少非元老出身的奴隶主（有的是军官，有的是来自意大利和各行省的奴隶主），甚至被释放的奴隶也被选进罗马元老院，使罗马元老院成为顺从恺撒的咨询机关。同时，他增加了官吏数目，大量的恺撒亲信就任政府要职，加强了恺撒对政府部门的控制。

特别是在行省管理方面，恺撒进行了较大的改革：把8万退伍军人、破产公民和释奴分配到行省殖民地；削弱行省总督的权力，只让其掌有行政管理权和司法权，而军队领导权转交给恺撒的副将；对于犯有贪污罪行的总督，则给以严厉的制裁；扩大公民权，不少行省城市获得了罗马公民权；行省直接税由国家派奴隶或释奴监督征收，其他赋税仍由包税人征收。这些改革加强了恺撒的专制统治，也扩大了奴隶主政权的统治基础，为建立一个中央集权的帝国准备了条件。

但是，恺撒的改革是不彻底的。一方面，他虽然削弱了元老贵族势力，但没有也不可能从根本上摧毁大土地所有者的经济实力。他的政敌即一些有名望的庞培分子几乎都受到赦免，有的还受到重用。恺撒这样做显然是为了缓和奴隶主阶级内部矛盾，保持上层统治集团相对的稳定性。但是，这样做

▲ 罗马元老院的元老们在商议

罗马元老院是一个审议的团体，它在罗马共和国与罗马帝国的政府中扮演着极其重要的角色。Senatus 这个字来自拉丁字 senex（老人或长者）；西赛罗曾说，Senate 是公众事务的引导者、辩护者和捍卫者。所有元老都有资格戴上元老指环（起初时是铁铸的，后来用黄金。古老的贵族，例如尤利乌斯·恺撒家族，继续戴铁指环至共和国末期），及穿着 tunica clava，一种长达膝盖的短袖束腰外衣，在右肩上带着一条 130 毫米宽的紫色条纹。“无票决权元老”则穿白色长袍，没有装饰。而曾经担任有座椅资格的元老有权力去穿镶紫红边白长袍。同样地，所有的元老都穿紧褐红色的皮靴，但只有曾有座椅资格的元老才可添加半月形的带扣。

也留下了后患。另一方面，恺撒已经失去平民的支持。恺撒是依靠平民支持登上政治舞台的，但是，当他一旦得势，建立独裁统治，却反过来镇压平民运动。

公元前 48 年—公元前 47 年，两次平民运动都遭到恺撒血腥地镇压。骑士阶级对恺撒也不满，因为恺撒对行省包税制的限制使骑士的利益受到损失。当然，最痛恨恺撒的还是元老贵族。不甘心失败的元老贵族暗中进行活动。公元前 44 年 3 月 15 日，以庞培分子布鲁图、喀西约为首的阴谋者在元老院议事厅刺杀了恺撒。

刺杀恺撒的凶手认为，由于他们结束了独裁者的性命，立了功劳，人们会向他们欢呼致敬。然而，事实却与他们的愿望相反。下层平民虽然对恺撒不满，但他们更痛恨元老贵族。恺撒的许多退伍军人还在罗马等着，希望获得土地。当他们听到恺撒被害的消息时，首先响起了为恺撒复仇的呼声。平民和释奴也起来响应。整个罗马陷入了空前混乱之中。

继恺撒而起的是执政官马可 • 安东尼。安东尼是恺撒亲密的战友和部将，是一位经验丰富和具有卓越军事才能的统帅。他在同庞培作战中立下了汗马功劳，很得恺撒的赏识。在恺撒执政期间，同为执政官。骑兵长官雷必达也是恺撒的部将，他从城外调来一个军团，准备与安东尼一起为恺撒复仇。因为力量不足，安东尼不同意。

为了防止事态扩大，安东尼在泰拉斯神庙（罗马祭祀祖先的神庙）召开元老会议。会上，有些元老公开袒护凶手，攻击恺撒为暴君，称赞布鲁图为“诛杀暴君者”，要给予奖赏。安东尼坚决反对。他说：“如果宣布恺撒为暴君，公开赞扬凶手，那么就要宣布恺撒的一切法令无效。这样做不仅会激起恺撒的退伍军人愤慨，而且也会遭到刚刚获得公民权的意大利人和各行省上层分子的不满。对我们自己也不利，因为我们都从恺撒那里得到好处，很多人的官职都是恺撒任命的。”安东尼的发言得到一部分元老贵族赞同。结果，双方达成一项协议：既不宣布恺撒为暴君，也不惩罚凶手。

但从 2 月 20 日在广场举行恺撒遗体的火葬仪式起，平民和退伍军人一再掀起暴动。安东尼镇压了平民暴动，把参加暴动的奴隶全部处死。

罗马元老院对安东尼的妥协态度和镇压平民暴动的行动大为满意。为了他的安全，允许他有私人卫队。安东尼趁机征集军队，扩充实力，其中有不少是恺撒军团的将校。但是，安东尼镇压平民运动，停止分配给退伍军人的土地，激起了平民和退伍军人的强烈不满。他们纷纷离开安东尼。

正当平民和退伍士兵无所依从的时候，一个野心勃勃的青年贵族给他们带来了希望。这就是盖约·屋大维。

屋大维是恺撒姐姐的外孙，曾做过骑兵队长。恺撒在遗嘱中收他为义子，并立为自己的继承人。当恺撒遇难时，他正在亚得里亚海边的阿波罗尼亚城接受训练。一段时期的军营生活，不仅锻炼了屋大维坚韧不拔的毅力和吃苦耐劳的精神，也培养了他的军事才能，加强了他和恺撒将士之间的亲密关系。他决心要为恺撒报仇。

当他回到意大利时，许多士兵、平民和被释放的奴隶从四面八方向他涌来。他利用恺撒的声望，收揽人才，扩充实力。当时，屋大维只有 19 岁，但是他胆略过人，善于利用各种手腕来实现自己的野心，在罗马的声望日益增高。

屋大维的出现加深了恺撒派内部的裂痕。起初，安东尼根本没有把这个青年放在眼里，而且一再蔑视他。但是，屋大维的勇气和胆略，特别是他的声望，使安东尼日益感到不安，把他看成自己的潜在威胁；他拒绝把义父那份遗产给屋大维，反对屋大维当选保民官，并用种种威胁手段打击屋大维。安东尼这些做法旨在削弱屋大维的影响，但却遭到士兵和平民的反对。因为，他们把屋大维看成希望和救星。

当然，屋大维也不会善罢甘休。为了打击安东尼，屋大维充分利用恺撒的金钱和影响，拉拢群众，煽动人们对安东尼不满。结果，有许多人叛离安东尼，投向屋大维。

安东尼和屋大维之间的矛盾给元老贵族以可乘之机。西赛罗是元老贵族派的代表，这个善于投机和钻营的雄辩家，虽然对屋大维感到不安，但是对安东尼的雄厚实力更是胆战心惊。

公元前 44 年，当安东尼用武力强占山南高卢后，罗马元老院乘机宣布他为公敌。当时，由于没有兵力可用，无法进剿安东尼。元老院于是一方面决定将亚得里亚到两河流域的东方各行省交给布鲁图和喀西约，让他们在这些地方征集军队，同安东尼抗争；另一方面，授予屋大维副执政官的权力，让他出兵山南高卢，同安东尼作战。屋大维出于策略上的需要，决定暂时和元老院妥协。他利用元老院给他的金钱，积极扩充实力。

公元前 43 年初，双方在高卢的穆提那城附近展开了激战。屋大维大败安东尼。安东尼退入那旁高卢，与那里的雷必达驻军会师。雷必达实力很强，安东尼和雷必达在军事上的结合，为后来三头同盟打下了基础。

穆提那战事刚一结束，罗马元老院就剥夺了屋大维对安东尼作战的军事指挥权，也不为他举行凯旋仪式。屋大维多次要求担任执政官的职务，也均遭元老院拒绝。这一切更激起了屋大维对罗马元老院的不满。于是，他率领 8 个军团直逼罗马城。罗马元老院表示屈服，屋大维当选为执政官。

形势的发展使三头之间有了结盟的可能。一方面，屋大维和安东尼的部下多数是恺撒的老兵，他们不愿互相残杀，而愿联合起来为恺撒报仇。因此，他们多次出面调停，促使屋大维和安东尼和解。另一方面，布鲁图、喀西约在东方行省已经聚集了 20 个军团的兵力，罗马元老院秘密派遣使者和他们联系。事实说明，如果他们不联合起来，就有被敌人各个击破的危险。

公元前 43 年 10 月，安东尼、屋大维、雷必达各自率领 5 个军团在意大利北部波罗尼亚附近会晤。经过两天磋商，三方结成联盟，历史上称为“后三头同盟”。

三方协议规定：建立一种新的行政长官制度（具有执政官的权力），安东尼、屋大维、雷必达担任行政长官，任期 5 年。

三头还瓜分了行省：安东尼据有山南高卢和山北高卢；屋大维统辖阿非利加、撒丁尼亚和西西里岛；雷必达统治西班牙；意大利由三人共同治理。

接着，后三头在罗马实行恐怖政策，宣布公敌名单。其中有的是杀害恺撒的凶手，有的是三头政敌或私人仇敌，有的甚至只是一般的富豪。名单分几批公布。第一批是罗马元老院中一些有名望的贵族，如西赛罗，当即被处死。以后人数陆续增加，被宣布为公敌者，财产和土地被没收，隐藏公敌者处以重刑。奴隶如果告发被宣布为公敌的人（其中包括他的主人），可获得自由和一定奖赏。结果有 300 个元老贵族和 2000 个骑士被杀。

在恐怖的日子里，许多贵族和大土地所有者纷纷逃出罗马：有的逃到西班牙，参加绥克斯都·庞培（庞培之子）的领导集团；有的逃到希腊，加入布鲁图、喀西约一伙。奴隶们有的趁机逃亡，有的成群结伙，拿起武器到处打击大土地所有者。后三头实行的公敌政策沉重地打击了大土地所有者，削弱了贵族势力。

公元前 42 年秋，安东尼和屋大维出兵希腊。10 月，先遣部队到达色雷斯的腓力比。这座城原名达都斯，后为亚历山大的父亲腓力征服，更名腓力比。腓力比在爱琴海北岸，离海约 12 千米，坐落在一个小山上，城东有一山峡，名叫萨彼尼亚山峡，是欧洲通向亚洲的一条重要道路，东西交往的必经之地，形势十分险要。安东尼的先遣部队就在这里扎营扼守。

布鲁图和喀西约得知安东尼、屋大维进军巴尔干的消息后，便率军离开小亚细亚，进入色雷斯，向腓力比急驰。因为萨彼亚山峡已为敌方抢占，无法通过，便在当地向导带领下，通过崎岖的山路，绕道进抵腓力比。腓力比的北面有两座小山，一南一北，相距 1 千米。两山之间，就是那条欧洲通向亚洲的大道。两山之南是沼泽地，一直延伸到海边。

布鲁科、喀西约看到两山形势险要，就在这里扎了营。布鲁图率军驻守北山，喀西约防守南山。安东尼、屋大维看到敌人已经占据有利地形，只好在敌人两山以西安营扎寨。这样，3 个军营就形成鼎足之势。

本来，安东尼和屋大维企图速战速决，尽快结束这场战争。因为，在恺撒被刺之后，小庞培曾被罗马元老院任命为罗马海军司令，统率一支庞大的海军，控制着西地中海，布鲁图和喀西约的部将率领着数百只战船封锁巴尔干半岛，使安东尼难以取得粮食和后备部队的支援，长期拖延，造成被动局势。布鲁图和喀西约也看透了对方弱点。他们吸取老庞培失败的教训，采取了一种新的策略：长期拖延，避免作战，以饥饿消耗敌人，待敌人精疲力竭之时，战而胜之。

因此，尽管敌方一再挑战，布鲁图、喀西约却闭营不出。双方多日没有发生大的战争。

一天，安东尼忽生一计，决定在长着一人多高芦苇的沼泽地中修一条堤道，以截断敌人从海边通到营地的粮道，并派部队通过这条堤道，绕到敌人后方，给敌人以突然袭击。不料，道路修到第 10 天就被喀西约发现。

喀西约立刻采取对策，派人在他的营地到大海之间修了一个南北长墙，把安东尼军切为两段。安东尼看到这种情况，勃然大怒，命令长墙两边的军队夹击喀西约军。喀西约军大乱。

安东尼趁机率领部队冒着敌人阵雨般的投射物冲上前去，迅速占领了喀西约的军营。喀西约军大败，8000 人阵亡。喀西约脱身逃向腓力比城。他登城远望，只见城外尘土滚滚，遮天蔽日，自己的军营已陷入敌人之手。

喀西约不知道这时布鲁图击败了屋大维，占领了屋大维和安东尼的军营，感到无望，命令他的持矛者把他杀死。

这次战役之后，布鲁图决定坚持既定的拖延策略，任凭敌人叫阵辱骂，只是闭营不出。几天后，布鲁图官兵实在不堪忍受这种辱骂，纷纷要求出战。布鲁图被迫应战。安东尼和屋大维早就等在敌营外面，一见敌人出营，立刻命令部队冲杀。结果，布鲁图大败，退回营地的道路又被切断。他最后退到一个小山上，希望整军再战，但军官们却要求议和。他感到大势已去，自杀而死。其军队投降安东尼和屋大维。

腓力比战役结束以后，安东尼去亚细亚，筹集奖励士兵的金钱；屋大维回意大利，给士兵分配土地。无论从履行诺言或进一步战胜敌人来看，这些工作都是必须要做的。

屋大维回到意大利时，那里的形势十分严峻。一方面，17 万老兵急于获得土地，常常掀起骚动，分配土地工作刻不容缓；另一方面，将要失去土地的城市（共 16 个）的富人反对没收他们的土地，要求意大利各城市平均分摊这项负担，并要求赔偿失去土地者的损失。当时地中海又控制在小庞培和布鲁图、喀西约旧部之手，意大利粮食来源被切断，陷于饥荒之中，局势一片混乱。

在这种危机四伏的情况下，屋大维当机立断，牺牲富人利益满足士兵的要求，将16个城市的土地分给了士兵。这样，屋大维便赢得了老兵的支持，控制了局势。

安东尼的弟弟、执政官琉喜阿斯·安东尼和安东尼的妻子福尔维亚对屋大维在意大利威信提高非常不满。为了打击屋大维，恢复贵族势力，在公元前41年冬天，他们团结贵族和失去土地的富人掀起了反屋大维的叛乱。

当时，琉喜阿斯·安东尼一方共有17个军团的步兵。屋大维在加普亚只有4个军团，其部将萨尔维丁那正率领6个军团开往西班牙。琉喜阿斯·安东尼趁这一有利时机，在一天夜里攻占罗马城。镇守罗马的将领雷必达逃往屋大维那里。

屋大维感到形势危急，遂令萨尔维丁那回师意大利。琉喜阿斯·安东尼在半路截击萨尔维丁那，没有成功，率军开往罗马城北面的培鲁西亚。琉喜阿斯·安东尼刚到达培鲁西亚，屋大维便率3路大军尾随而来，将培鲁西亚围得水泄不通。琉喜阿斯·安东尼几次突围都没有成功，损失极为惨重。安东尼的几个部将不知道安东尼对这场战争的态度，不赞成进行这场战争，对援助琉喜阿斯·安东尼持消极态度。由于突围失败，培鲁西亚粮荒严重。士兵和军官纷纷逃亡。琉喜阿斯·安东尼走投无路，于公元前40年2月向屋大维投降。

这次叛乱虽然被镇压下去，但屋大维和安东尼的斗争并没有结束。这时，屋大维握有40个军团的兵力，实力非常雄厚，在力量对比上处于绝对优势。然而，安东尼并不愿意甘拜下风。他不但在意大利本土有一支5万人的军队，而且联合小庞培和布鲁图旧部，在海上形成对意大利的包围。新的内战大有一触即发之势。

由于意大利人民饱受战争之苦，强烈反对新的内战，过去的老兵不愿战事再起，从中调停，屋大维和安东尼才又实现和解。公元前 40 年 10 月，双方在勃隆度辛订立协定。

根据这个协定，“三头”再一次瓜分行省：安东尼管辖亚得里亚海到幼发拉底河之间所有行省和岛屿，负责对帕提亚人的战争；屋大维统治亚得里亚海以西到大西洋沿岸之间地区，负责同小庞培的战争；阿非利加则归雷必达管理。

公元前 39 年春，在人民反战运动的压力下，屋大维、安东尼和小庞培也曾一度妥协，并划分了各自的势力范围。但这种妥协不久即告结束。公元前 38 年，屋大维和小庞培正式开战。

小庞培当时占据着西西里岛。他起用奴隶为海军将领，有一支相当强大的海军。在战争的前一阶段，双方海军数次遭遇，小庞培接连取胜。屋大维军在战败之后又遭风暴袭击，战船所剩无几，水兵也都葬身鱼腹。在这种情况下，屋大维只好休战。他利用这段时间，赶造船只，训练水兵，总结经验教训，研究将来的作战计划。

公元前 36 年 7 月，屋大维和小庞培再次开战。屋大维为了发挥自己的优势，决定把步兵渡过海峡，在西西里进行陆战。根据屋大维的安排，雷必达率 70 艘战舰、1000 艘辎重船和 12 个军团步兵，从非洲渡过地中海，在西西里岛西端利利俾一带登陆。屋大维率军从意大利出发，在西西里岛东北部丁达里斯地区登陆。接着，他把这个地区作为桥头堡，运来 21 个军团步兵和 2 万骑兵。这样，屋大维在西西里的东西两支大军便形成了对小庞培的两面夹击之势。

在此后的几次陆战中，小庞培连连失利，处境越来越困难。为了发挥自己的海军优势，转败为胜，小庞培向屋大维挑战，想在海上一决雌雄。屋大维在西西里有庞大的步兵撑腰，便有恃无恐，欣然接受挑战。

公元前 36 年 9 月，双方在西西里岛西北水域展开海战。由于屋大维军使用一种“钳子”的武器把许多敌我双方战舰拉在一起，使海战又变成激烈的肉搏战。结果，小庞培军大败，28 艘舰只沉没，大部分舰只或被烧毁，或被俘获。

小庞培看到败局已定，便脱掉司令官服，换上公民服装，带着仅有的 17 艘船只投奔安东尼去了，不久被安东尼杀害。

这一战役刚刚结束，屋大维便和雷必达因为争夺西西里的统治权相互冲突起来。在屋大维的煽动、收买下，雷必达的部下纷纷叛离，不战即溃。雷必达势孤力单，无法重整旗鼓，只好向屋大维表示屈服，退出政界，于公元前 12 年死去。

▲ 屋大维在发表演讲

屋大维（公元前 63 年 9 月 23 日—公元 14 年 8 月 19 日），被尊称为“奥古斯都”，是罗马帝国的开国君主。公元前 27 年 1 月 13 日，屋大维实行元首制，独揽政治、军事、司法、宗教大权，统治罗马长达 43 年。他结束了一个世纪的内战，使罗马帝国进入了相当长一段和平、繁荣的辉煌时期。屋大维建立的元首制实质上是一种隐蔽的君主制，他统治罗马是罗马帝国的开始。

西西里战役使庞培的势力在地中海永远消失了。意大利的粮食得到供应保障。这时，屋大维的势力更加强大，有步兵 45 个军团，骑兵 2.5 万人，轻装部队 4 万人，战舰 600 艘，牢牢地控制了意大利和西地中海。

屋大维回到罗马，觉得自己在这场党派角逐中已经稳操胜券，要想长久巩固自己的统治，必须放弃自己以前的过激政策，妥善处理奴隶主阶级内部的关系，稳定社会秩序，使破败不堪的奴隶制经济得以恢复。为此，他采取了几项措施：豁免农民（一般都是奴隶主）所欠国家的租税，免除农民的赋税；把原庞培军中的 3 万名奴隶交还原主，处死找不到主人的 6000 名奴隶；剿灭长期以来横行于罗马和意大利的“盗贼”。

屋大维这些措施深得大土地所有者的欢心。罗马元老院在罗马广场为屋大维建立黄金塑像，像上刻了铭语：“他恢复了陆地和海上长期以来被破坏了的和平。”此外，罗马元老院还授予他终身保民官的职位。

与此同时，安东尼在罗马大奴隶主中间的声望却在不断下降。公元前 31 年，安东尼回到埃及之后，和埃及女王克娄巴特拉正式结婚，全力发展自己在东方的势力，并把利比亚、叙利亚、腓尼基、西里西亚、阿尔明尼亚和尚未征服的帕提亚等地赠给克娄巴特拉及其子女。

安东尼的行动激起了罗马大奴隶主的强烈不满。公元前 32 年，屋大维公布了安东尼的遗嘱。安东尼在遗嘱中决定他死后不葬于罗马而葬于亚历山大，并再次肯定了对埃及女王及其子女的赠予。罗马元老院和人民会议据此剥夺了安东尼的权力。于是，安东尼和屋大维同盟关系最后破裂。

公元前 31 年，屋大维出兵希腊。当时，双方都投入了很大兵力。安东尼有 10 万步兵和 15000 骑兵，500 艘战舰。

屋大维有 8 万兵力，400 艘战舰。这年 9 月 2 日，在希腊西海岸亚克兴发生海战。当战争进行最激烈的时候，克娄巴特拉认为安东尼已无胜利的希望，遂率军逃回埃及。

安东尼无法控制军队，只好也尾随她逃往埃及。主帅逃跑，失去控制的军队纷纷投降屋大维。这一仗，安东尼军队几乎损失殆尽。

公元前 30 年夏，屋大维进军埃及。在亚历山大附近，安东尼试图抵抗，但是他的残部又投向屋大维。安东尼和克娄巴特拉在绝望中自杀。埃及并入罗马。至此，罗马内战告一段落。

从第一次西西里奴隶起义至安东尼自杀，这场内战持续了 107 年。百年内战使意大利田园荒芜，生灵涂炭，造成了深重灾难，同时也使罗马国家的阶级关系和政权组织得到一次调整，把罗马奴隶制度推向它的最高发展阶段。

在内战中，奴隶发生了一些引人注目的变化。过去这些任人随意役使的“劳动工具”变成一种公认的社会势力。在西西里和斯巴达克大起义中，他们巨大的战斗力量、顽强的斗争精神以及优秀的组织才能，都活生生地显示在罗马各阶级面前。在罗马对立两派的生死搏斗中，每一派在不同时期都曾向奴隶求援。不少奴隶参加了这场斗争，获得解放，甚至当了官。有的奴隶主为缓和奴隶的反抗情绪，主动释放一些奴隶。这样就使其他奴隶觉得，只要规规矩矩、俯首听命，取得主人信赖，就可望有朝一日获得解放，成家立业，过上像样的日子。还有些奴隶主，为了防止奴隶聚众闹事，或者出于纯经济的考虑，把自己的地产分成小块，让奴隶耕种。共和国后期，释奴、授产奴隶和隶农越来越多。

通过内战，意大利人逐步获得罗马公民权。此后，意大利的大奴隶主加入了罗马统治集团，一般人则补充了罗马的平民队伍。

由于意大利人和释奴的加入，平民的人数大增，然而，他们的地位却下降了。在使用奴隶劳动的大农庄的排挤下，平民的小块地产相继丧失。失去土地的平民，或成为雇工，或当佃农，但多数变为游民无产者。分得土地的老兵，半生戎马，习惯于靠掠夺和奖赏度日，不愿进行艰苦的生产劳动，加上大农庄的竞争，分得的土地也多转手出卖，结果落得和其他平民同样的下场。因为游民无产者没有财产，只是依靠国家和私人救济为生，也就失去了过去享有的充分的公民权，变为大奴隶主的依附者。

这一时期，骑士的地位有所提高。在内战中，不少旧的元老贵族遭到清洗，或死，或逃，或丧失了财产和地位。也有不少新的商人和高级军官进入了元老院。屋大维独揽大权之后，虽然规定国家最高军政职务由元老担任，但也有不少政府要职落入骑士之手。此外，按规定，骑士可以补充元老，又是国家选拔文武官员的主要来源。因此，骑士和元老开始合流。

罗马的地位发生了变化，政权组织也需要相应加以改变，代表罗马城邦元老贵族的旧政权必须由代表罗马大奴隶主及意大利和各行省大奴隶主共同利益的新政权代替。但历史情况已经发生变化，这个政权不再可能采取共和国的形式。旧的共和国建立在公民经济独立和政治平等的基础上，现在平民丧失了土地，成为大奴隶主的依附者，已使共和国失去了存在前提。

马略军事改革后，统帅和士兵的特殊关系也促使共和制的崩溃和军事独裁的建立。加之，在阶级斗争异常尖锐、奴隶制度风雨飘摇的情况下，奴隶主阶级也普遍要求建立一个强有力的专制政权以稳定局势。于是，共和国寿终正寝，名义上的元首制、实际上的帝制就应运而生。

上帝之鞭

西哥特王国是被匈奴人占领的。西哥特国王和臣民是被匈奴人赶跑的。他们为了生存，不得不渡过多瑙河，来到了罗马帝国。有意思的是，当西哥特人与罗马人矛盾激化时，匈奴人坚定地站在西哥特人一边，经常派出小股军队帮助西哥特人对付罗马人。

在阿德里雅堡之战中，匈奴小股军队及时出现在战场上，帮助西哥特人打败了罗马军。在这场战争中，匈奴人的收获很大，虽然他们只带回少量的战利品，但是匈奴首领丝毫不在意，因为他发现庞大而富裕的罗马竟然是一只不堪一击的肥羊，罗马的一切财物都将属于他，现在只是暂时由罗马人替他保管而已，需要时只管去取就是。

由于罗马的重步兵不如西哥特人的重骑兵，为了阻止匈奴人的进攻，罗马居然与西哥特人达成了妥协，希望西哥特的重骑兵能帮助它对付匈奴人。天真的罗马皇帝忘记了这样一个事实：如果西哥特人能阻挡匈奴人进攻，他们为什么还要放弃自己的家园，渡过多瑙河，跑到罗马来呢？这个弱智的决定注定了罗马的悲剧命运。

从公元 395 年开始，匈奴人就连续攻入色雷斯一带抢掠。他们通过抢掠对手的财物来壮大自身的实力，而等到实力壮大到一定程度，就发动大规模入侵。在欧洲大陆，他们将祖先们与汉朝几百年战争中积累的经验发挥得淋漓尽致。公元 395 年，罗马帝国一分为二：东罗马和西罗马。

公元 400 年，匈奴人在首领乌丹率领下，大举进攻东罗马。不过，这一次，他们不是以侵略者的身份出现，而是以朋友的身份前往，因为东罗马有人请他们去。

原来，这时的东西罗马皇帝分别是亲兄弟阿卡迪乌斯和霍诺留，而朝政大权则分别被哥特人鲁菲纳和汪达尔人斯提里克把持。因为对伊利尔利卡的归属问题发生了争议，鲁菲纳和斯提里克互不相让。当匈奴人入侵东罗马边境时，斯提里克趁机率军进入了东罗马。由于鲁菲纳鼓动，东罗马皇帝阿卡迪乌斯做出了强烈反应。斯提里克便将部众交给手下的哥特将军干纳斯，自己返回了西罗马。干纳斯率军来到了东罗马首都君士坦丁堡。鲁菲纳见是自己的同胞率军而来，放松了警惕。就在鲁菲纳与阿卡迪乌斯出城劳军时，干纳斯砍掉了他们的脑袋。就这样，干纳斯成为东罗马的实际控制者。

由于哥特人信仰基督教阿利安教派，而这一教派被信仰天主教的东罗马人视为异端，因此，干纳斯在东罗马并不受欢迎，再加上他与东罗马的皇后不和，导致东罗马从皇室到民间全都憎恨他和他所率领的哥特军。随着仇恨升级，最终爆发了一场动乱：干纳斯的部下被君士坦丁堡的人屠杀，他本人仓皇出逃。他来到多瑙河下游，找到了匈奴人，希望匈奴人能帮助他杀回君士坦丁堡。

令人想不到的是，匈奴首领南乌丹接待了干纳斯，却砍下了他的脑袋，并派人送到君士坦丁堡，交给东罗马皇帝阿卡迪乌斯。虽然匈奴首领乌丹内心迫切想到东罗马抢掠一番，但他还是尽力装出一副与东罗马友好的面孔，因为他觉得这时入侵东罗马时机并不成熟。

匈奴首领乌丹向东罗马展示友好的同时，还与西罗马结盟。东哥特王拉达盖斯率领 40 万部众渡过多瑙河侵入西罗马后，一路向着罗马城而去。拉达盖斯宣称要焚烧罗马城，并杀死了元老院成员祭神。他是异教徒，对于已经信仰基督教的罗马人没有丝毫怜悯。在这种情况下，西罗马与匈奴首领乌丹达成了镇压暴乱的一致意见：由乌丹率领匈奴大军在佛罗伦萨附近击杀拉达盖斯。乌丹说到做到，打败拉达盖斯后，率部回到潘诺尼亚，顺便大肆抢掠了一番。

在麻痹了东罗马几年后，乌丹认为侵略东罗马的时机成熟。公元 408 年，他亲自率军侵入东罗马。东罗马决定给他“这个狂妄的强盗头子”一点颜色看看。于是，满载而归的匈奴主力军遭到了东罗马军突袭，损失惨重。乌丹也差点被杀。

这一战失败后，乌丹偃旗息鼓，再也没有入侵过东罗马。几年后，一个叫俄塔的人成为新的匈奴领袖。俄塔在入侵莱茵河流域的柏干提人时战败被杀。王位传给了他的弟弟卢阿。

卢阿即位后，连续入侵色雷斯和马其顿尼亚。东罗马疲于应付，忍受不了这种长期战争骚扰。公元 431 年，东罗马皇帝狄奥多西二世不得不正式答应每年向卢阿缴纳 350 磅黄金，并允许匈奴人进入几个指定城镇进行互市贸易。

遗憾的是，卢阿对外虽然逼迫了东罗马屈服求和，但对内却不得人心。一些匈奴人不满卢阿的高压统治，纷纷逃往东罗马。不仅如此，由于进入欧洲的匈奴部落联盟比较松散，临近东罗马的一些匈奴部落因为不满卢阿的统治，也纷纷自行与东罗马签订和约，让东罗马缴纳保护费，如果发生战争，那些匈奴部落就帮助东罗马打退任何来犯的敌人。当时，以卢阿为首的匈奴人是悬在东罗马头上的一把剑，随时都可能对东罗马发动战争，如今东罗马居然与不服卢阿的匈奴部落签订和约，简直就是与匈奴内部的反叛分子里应外合，共同对付卢阿。卢阿当然不能容忍。

公元 432 年，卢阿要求东罗马宣布与那些匈奴部落签订的和约无效。狄奥多西二世害怕卢阿发动战争，连忙派人前往交涉。但是，当东罗马的使者抵达匈奴王国的边境时，却得到卢阿已死的消息。这时，匈奴由布雷达和阿提拉共同执政。

公元 435 年，布雷达和阿提拉在马盖斯附近草原上与东罗马的使者谈判，说是谈判，其实他们根本就没有给东罗马使者谈的余地，直接宣布条约内容，就逼迫东罗马使者签字。和约的内容完全是按匈奴人的意志拟订的：

1．凡是卢阿要求引渡的匈奴叛国者，东罗马须立即将他们抓捕，遣送回国，尤其是避居在君士坦丁堡的两位匈奴部落的王子必须要用钉子钉死；

2．废除一切与其他匈奴部落订立的条约，承认只有布雷达和阿提拉才有订立条约的权力；

3．每年交付给匈奴人的保护费进行合理上调：由于以前匈奴只有一位国王，而现在有两位，保护费得上涨100%；

4．东罗马在多瑙河岸开设市场，向匈奴供给物资；

5．在匈奴的东罗马俘虏如果逃跑的话，每跑一个，就向东罗马罚款8枚金币。

面对气势汹汹的匈奴人，东罗马使者根本不敢反驳，立刻全盘接受了。阿提拉为了让东罗马自觉遵守条约，不敢阳奉阴违，还特意邀请两位使者参观匈奴人进攻西徐亚与日耳曼部落的“屠杀表演”，对东罗马进行暴力威慑。

布雷达和阿提拉逼迫东罗马签订和约，堵死了那些不服的匈奴部落的避风港。随后，他们开始对那些不服的匈奴部落展开军事行动。

公元435年，布雷达和阿提拉征服了索拉斯基的匈奴部落。公元444年，布雷达死去，阿提拉又征服了另一个匈奴部落首领阿卡特斯特。

这时，阿提拉成为匈奴唯一的国王。匈奴帝国的势力范围南到里海南岸靠近地中海一带，北至北海和波罗的海，东抵顿河，西达高卢、大西洋沿岸。从小亚细亚到多瑙河、莱茵河流域的人们都在匈奴的马蹄下匍匐，这些人的总人口远远超过匈奴的人口。匈奴人后裔西迁到欧洲，似乎实现了他们先辈们奋斗了五百多年的奋斗目标——将匈奴建设得可以与冒顿单于时代的强大帝国媲美。

阿提拉统一西迁欧洲的匈奴人后，匈奴帝国在欧洲空前强大起来。阿提拉不仅好战，而且是善战的军事天才。

阿提拉相信自己是世界上最伟大的君主。他曾傲慢地对罗马人说：“在

▲ 拜占庭帝国遗址

拜占庭帝国（公元 395 年—1453 年），即东罗马帝国，是一个信奉东正教的君主专制国家。它位于欧洲东部，领土曾包括亚洲西部和非洲北部，极盛时领土还包括意大利、叙利亚、巴勒斯坦、埃及和北非地中海沿岸，是古代和中世纪欧洲最悠久的君主制国家。在其上千年的存在期内一般被人简单地称为“罗马帝国”。拜占庭帝国共历经 12 个朝代，93 位皇帝。帝国的首都为新罗马（即君士坦丁堡）。1453 年，被奥斯曼土耳其攻入君士坦丁堡（现已更名为伊斯坦布尔）而灭亡。

罗马的广大疆土中，任何安全或难以攻克的堡垒和城市都不存在。假如我们喜欢的话，我们都可以将它从地面上抹平。”罗马曾经是地跨欧洲、亚洲、非洲三洲的超级大国，曾经所向披靡，让所有对手俯首称臣。但是，阿提拉却用匈奴人的武力让罗马在他面前服服帖帖，让欧洲人为之胆战心惊，成为他们刻骨铭心的“上帝之鞭”。

东罗马在阿提拉的频繁入侵和敲诈勒索下，声誉扫地、财政破产。阿提拉见从东罗马那里捞不到什么大油水，就将战争的目标转向了波斯。但是，这时波斯正处于强盛时期，匈奴人与波斯人一番恶战后，因为无法取胜而不得不退兵。

但是，阿提拉从来不愿做赔本买卖，决定在东罗马身上弥补与波斯作战的损失。他率军一举攻克多瑙河附近的君士坦提亚堡，赶走或杀死在君士坦提亚堡做生意的东罗马商人。

当东罗马方面胆战心惊地询问阿提拉为何攻占君士坦提亚堡时，阿提拉宣布：马尔格斯的主教进入匈奴帝国后，亵渎了匈奴的皇家墓地，并偷窃了国王的财宝！阿提拉要求东罗马必须立刻逮捕主教及其同党，并退赔赃物。

匈奴人无故破坏和约，发动战争，还反咬一口，威胁勒索。东罗马皇帝狄奥多西二世当然不会答应。阿提拉见东罗马皇帝拒绝了他的要求，立即命匈奴人在附近大肆抢掠。马尔格斯主教亲自派人同阿提拉谈判，并提出解决方案——市民开城门投降，马尔格斯主教本人逃跑。

匈奴人的目的是抢掠财物，见马尔格斯主教愿意主动献城，这既便于匈奴人抢劫，又能迅速突破东罗马的边境防线，没有不答应的道理。因此，阿提拉同意了马尔格斯主教的条件。

此后，匈奴人连续进行了两次大规模入侵，赢得了三次大会战，占领了东罗马的 70 座城市。匈奴骑兵一直深入到达达尼尔海峡和希腊的温泉关，威胁东罗马首都君士坦丁堡。

为了自保，狄奥多西二世动员君士坦丁堡所有劳力在 60 天内修好了首都的城墙。但是，无论城墙多么高大，君士坦丁堡的军民面对气势汹汹的匈奴人却没有丝毫的斗志，投降论调到处蔓延。虽然狄奥多西二世信誓旦旦地表示头可断、血可流，誓与匈奴人对抗到底，但君士坦丁堡的军民龟缩在城里不愿出战，眼睁睁地看城外的军队被匈奴军一扫而光。

幸好君士坦丁堡的城墙非常坚固，匈奴人不善于攻坚作战。阿提拉包围了君士坦丁堡很长时间却始终找不到突破城墙的办法。

双方再这样僵持下去，对谁也不利，于是又不得不重开谈判。公元 448

年，双方终于签订了和约，结束了战争。

新的和约条款如下：

1．东罗马割让从多瑙河南岸到色雷斯的大片国土给匈奴，并将居民全部撤走，这些地方的面积按照匈奴人的计算方法为 15 天的旅程。

2．为了补偿匈奴的战争花费，东罗马立即支付 6000 磅黄金给阿提拉。此外，保护费提高到每年 2100 磅黄金。

3．东罗马立即将被俘的匈奴人释放，并交出为东罗马而战的所有匈奴人（包括匈奴帝国治下的欧洲蛮族），而被匈奴俘虏的东罗马人则需要每人支付 12 枚金币的赎金。

被匈奴人打得惨败的狄奥多西二世没有丝毫讨价还价的本钱，唯有全盘接受。和约签订后，不仅那些帮助东罗马的蛮族部落憎恨狄奥多西二世背叛和出卖了他们，无数被割让地区的东罗马臣民还不得不背井离乡，无数人家破人亡。不少东罗马的居民拒绝迁走。这又惹怒了阿提拉，他要求狄奥多西二世对此做出解释。狄奥多西二世只好一边耐心解释，一边耐心地劝导那些臣民顾全大局，搬出被割让的地区。

为了避免再次遭到入侵，狄奥多西二世派出使团前往匈奴帝国与阿提拉谈判。使团从君士坦丁堡出发，向西走了 13 天，行进千余里，才抵达东罗马的新边境，然后渡过多瑙河进入匈奴的地盘。在匈奴人百般刁难下，他们最终见到了阿提拉。

东罗马使者与阿提拉谈了几天，阿提拉才表示了他的大度和慷慨：一些罗马俘虏被允许以较低的价格赎身。但是，就在这时，一件意外事的发生改变了阿提拉的态度：有人要刺杀阿提拉！阿提拉被激怒了，决定严惩东罗马。

原来，东罗马的使团中隐藏着刺客。狄奥多西二世的当权宦官克莱萨菲亚斯唆使使团成员艾德孔刺杀阿提拉，许诺给他大量的黄金。艾德孔鬼迷心窍地同意了，但是，随后又反悔了。艾德孔向阿提拉和盘托出了此事。

克莱萨菲亚斯秘密嘱咐使者中的维基斯阿斯父子将1袋黄金转交艾德孔。在给艾德孔送钱时，维基斯阿斯父子立即被捕，并被送到阿提拉面前。在匈奴人要杀死他儿子时，维基斯阿斯妥协了，全部交代了事情的来龙去脉。

最后，阿提拉接受了他以200磅黄金赎罪的请求，并派使者带着克莱萨菲亚斯的黄金袋子赴君士坦丁堡，找东罗马皇帝讨说法。

匈奴使者把黄金袋子挂在脖子上，径直闯进东罗马的皇宫，厉声喝问克莱萨菲亚斯是否还认得那个钱袋。另一位使者则呵斥狄奥多西二世“不应该如一个邪恶的奴隶那样秘密谋害主人”，同时向他下达最后通牒：立刻奉上克莱萨菲亚斯的狗头，否则就毁灭他的帝国，当然也包括他本人在内。

狄奥多西二世惊呆了，但还是立即做出了反应。他没有一刀宰了惹是生非的克莱萨菲亚斯，而是派出一个最高级别的求饶使团，带着能凑出的全部礼物去哀求阿提拉饶恕。

阿提拉在特兰哥接见了使团，发现瑟瑟发抖的东罗马使团中有两位贵族执政官：一位财政大臣和一位大将。这是东罗马从未派出过的达官贵人。如此高级的罗马贵族现在却匍匐在他的脚下乞求宽恕。阿提拉的自尊心得到了极大满足，再加上对方送来的礼物格外厚重，使者们又巧舌如簧地称颂他的威德。阿提拉龙颜大悦，如坐春风，决定赦免狄奥多西二世和维基斯阿斯，甚至连罪魁祸首克莱萨菲亚斯也一并赦免了。

阿提拉再一次展示了他的大度和慷慨：保证遵守和平条约，释放大量俘虏，还放弃了多瑙河南岸的大片领土。反正这里的人民和村庄城镇都已经被他抢光、烧光、杀光，这块地给他也没有什么用，不如还给东罗马人，让他们建设好了家园再去抢。

东罗马和匈奴之间的矛盾就这样暂时解决了。

公元450年，狄奥多西二世去世。他的姐姐巴尔吉莉阿继位。巴尔吉莉阿继位后，立即杀死了克莱萨菲亚斯。

作为罗马历史上第一位女皇，巴尔吉莉阿选定元老院议员马尔西安做丈夫，共同统治已经破败到极点的东罗马。

马尔西安制订的第一项国策就是，改变以前忍辱偷生的国策，反对继续向阿提拉奉献大笔财物求和。他们的国库早已经被匈奴人掏空了。他认为，应该把从国民那里搜刮来的钱财用来整顿军队。为东罗马效力的蛮族士兵们不见军饷是不打仗的。至于阿提拉，应该派使者让他知道东罗马再也不会给钱——没钱可给了，即使你来抢，依然还是没有。

马尔西安派阿波罗尼亚斯去见阿提拉。阿波罗尼亚斯依照惯例带了礼物，毕竟马尔西安没蠢到在整顿好军队前就把阿提拉招惹来。阿提拉发现，与以奴隶自居的狄奥多西二世比起来，新东罗马帝国皇帝要强硬得多。他审时度势，综合考虑了当时的时局，认为东罗马已被他洗劫到了赤贫的地步，与其继续与它较劲儿，逼它个鱼死网破，还不如暂时饶了它，等它把自己养肥了再宰。基于这样的考虑，阿提拉出人意料地同意了阿波罗尼亚斯的要求：东罗马不用再向匈奴交保护费。

匈奴人暂时放过东罗马后，开始寻找下一个抢劫目标。阿提拉环视四周，很快锁定了西罗马。

早在卢阿统治匈奴的时代，西罗马就曾派遣埃提乌斯到匈奴做人质。埃提乌斯是个很机灵的人。他与卢阿相处得很好，同时也与布雷达和阿提拉成为朋友。后来，埃提乌斯试图插手西罗马的帝位之争，说服卢阿发兵6万支持他看中的人选约翰。虽然最后约翰还是败北，但埃提乌斯却以匈奴人为后盾，迫使摄政王普拉西任命他为高卢的军事长官。埃提乌斯没忘记给匈奴人好处。他与卢阿、布雷达、阿提拉都保持着非常友好的私人关系，而匈奴人也很少骚扰西罗马。

到公元450年，已成为西罗马最高军事长官的埃提乌斯日子很不好过：皇帝瓦伦丁尼安三世昏庸无能，一切听从太后普拉西提娅的，而太后又同埃提乌斯彼此看不顺眼，彼此互相拆台，朝政昏暗。埃提乌斯心里很是不爽。

阿提拉见进军西罗马的机会来了，便给瓦伦丁尼安三世写了一封信，要求娶他的妹妹霍诺利娅公主为妻。

霍诺利娅公主在东、西罗马是个家喻户晓的人物。她在 16 岁时就因与宫廷侍从淫乱而怀孕。普拉西提娅将她送到君士坦丁堡软禁了达 10 年之久。霍诺利娅公主在君士坦丁堡听说匈奴帝国的阿提拉天下无敌，便设法将一枚戒指送给了阿提拉，表示她愿意嫁给他。阿提拉身边并不缺女人，当然不会对霍诺利娅公主感兴趣。不过，他转念一想，觉得这件事值得利用，它可以成为匈奴人进攻西罗马的一个借口。

阿提拉向瓦伦丁尼安三世正式提亲，并且特别表示，嫁妆不一定要特别丰厚，只要西罗马一半的土地和人民就足够了。瓦伦丁尼安三世再昏庸，也不会弱智到答应这种条件的地步。他很快回复阿提拉，表示自己不打算做“便宜小舅子”，此项“提婚不合法”。与此同时，在普拉西提娅授意下，瓦伦丁尼安三世赶紧把招惹是非的霍诺利娅公主流放到外地。

阿提拉被拒绝后，并不气恼，这是他意料之中的事。重要的是瓦伦丁尼安三世的拒绝给了他发动战争的借口。

公元 451 年，阿提拉凑齐了一支号称 50 万人的大军，然向西罗马进发。这支军队充斥着阿兰人、撒克逊人、东哥特人、勃艮第人和赫鲁利人等蛮族壮丁。他们在匈奴人调教下一个个如狼似虎。西罗马也意识到战争不可避免，也在忙着准备迎战。西罗马统帅埃提乌斯招揽了大批凯尔特人、法兰克人和勃艮第人进入军队。

阿提拉为了麻痹西罗马，公然宣布此次出征完全是为了帮助西罗马讨伐西哥特人而来。但是，西罗马不是那么好糊弄的。他们知道阿提拉葫芦里卖的是什么药。于是，他们决定：既然你阿提拉口口声声说讨伐西哥特人，那我们就说服西哥特人来跟你死磕。

元老院议员阿维都斯受命说服西哥特王狄奥多里克。这位狄奥多里克是埃提乌斯的老冤家，两人曾多次交战，要说服他与埃提乌斯并肩作战，需要一番技巧。阿维都斯重点渲染西哥特与匈奴的宿怨，激起了西哥特人对匈奴人的仇恨情绪。继而，他又打着基督教的幌子，说西哥特人有责任保护每个基督教徒不受到非信徒的匈奴人伤害。

西哥特人信仰基督教，没有理由不接受保护基督教徒的要求。狄奥多里克终于被说服，宣称自己作为埃提乌斯和西罗马人的同盟者，将不惜牺牲自己的生命和王国以保证高卢的共同安全。

就这样，西哥特人与西罗马人，结成了战略同盟。他们很快凑起了一支庞大的军队。这支军队里有法兰克人、莱提人、阿摩里卡人、布雷翁人、撒克逊人、勃艮第人、萨尔马提亚人、阿兰人和里普阿里人，等等，是名副其实的多国部队。西罗马联军抢在阿提拉之前赶到了奥尔良，以阻止匈奴军继续前进。跨越 2000 千米而来的阿提拉大军虽然攻陷了重镇梅斯，面对奥尔良却久攻不克。

当阿提拉得知埃提乌斯已经赶到前线时，心里暗暗吃惊。这位老朋友对他再了解不过了，再这样陈兵坚城之下，对匈奴人是不利的。

经过慎重考虑，阿提拉下令大军回渡塞纳河，在适合骑兵作战的沙隆平原等待西罗马联军。见匈奴军退却，埃提乌斯和狄奥多里克率军穷追不舍，联军的前锋不停地对阿提拉的后卫部队进行冲击。接下来，双方在沙隆平原进行了一场影响欧洲命运的大决战。

战前，西哥特王子托里斯蒙德抢先占领了战场制高点——中央高地。试图夺回中央高地的匈奴人仰攻失利后，阿提拉便下令巫师占卜未来。占卜结果显示出主要敌手将会死亡，而匈奴人会战败。

但是，阿提拉不会被这不祥的预言吓退。他知道这时不能撤退，否则会让他在仆从国面前很没面子。于是，他向士兵们宣布：受到苍天庇护的战士在敌人的箭矢面前不会受伤，但永无失误的命运之神却会让箭射穿胆小鬼和败类的心窝。

为了鼓舞士气，阿提拉向全军训话说：“我要亲自投出第一支标枪，哪个可怜虫要是不肯照我的样子做，便必死无疑！”

在阿提拉的鼓舞下，匈奴军以及仆从国的军队士气大振，立即摆开阵势与西罗马联军决战。阿提拉率领匈奴军居中，仆从国的军队则排列在两翼。其中，右翼由格皮达人的国王阿尔达里克统领；左翼由统治着东哥特人的英勇的三弟兄压阵，以便对付西哥特人。

西罗马联军在布阵时显得很不自信：曾与阿提拉勾结密谋反水的阿兰王桑基邦被置在正中，便于其他军队监督；埃提乌斯居左，狄奥多里克居右，托里斯蒙德仍在中央高地。

这场中世纪的“世界大战”在公元 451 年 6 月 20 日打响。

经过一番弓箭、标枪和投石器的互相猛射后，阿提拉率先率领中路军对西罗马联军的中路军发起了猛烈攻击。阿兰王桑基邦投降不成，想逃又不敢，只好硬着头皮迎战。基于这样的心理迎战，结果可想而知。没过多久，西罗马联军的中路军就被匈奴人冲破。

随后，阿提拉开始集中火力攻击西哥特的军队，指挥战斗的狄奥多里克冷不防被东哥特贵族安德基斯投出的标枪刺死。匈奴人认为，这正好印证了占卜的结果。高地上的托里斯蒙德看到父亲战死，立即率部冲下来复仇。东哥特人很快陷入混乱。

这时，阿提拉率领的中路军由于推进太快，与左右两翼分离，形成孤军深入之势。西罗马联军趁机将阿提拉率领的匈奴军团团包围，形势发生了逆转。阿提拉见脱身不得，就趁着夜幕降临，用战车围成圆圈防守。随后，他将随身携带的财宝和马鞍堆在阵地中央，宣布：如果失败就纵火自焚。他这样做，无非是想鼓励将士们死战，最大限度发挥战斗力，击退西罗马联军。

战斗持续到第二天清晨，双方死伤都很惨重。托里斯蒙德与埃提乌斯会师后，找到了父亲的遗体。随后，他们立即在战场上举行了葬礼。西哥特人有的为战死的国王哭泣，有的则尽情歌唱和欢呼，因为葬礼是在被击败的阿

▲ 战场上的东哥特人

东哥特人是哥特人的一个分支。他们3世纪时曾在黑海北边建立一个帝国，5世纪末在意大利建立东哥特王国。东哥特人自波罗的海地区向南扩张，建起一个其幅员由顿河至德涅斯特河（在今乌克兰西部）的大帝国，在4世纪时期，臻于鼎盛。被匈奴人武力入侵征服（公元374年）后，大部分东哥特人臣服匈奴人，成为匈奴人的民众，后一些东哥特人沿顿河定居。后匈奴人在公元454年灭亡之后，大部分东哥特人在狄奥多里克领导下入侵亚平宁半岛。公元493年，狄奥多里克称意大利王。东罗马帝国皇帝查士丁尼一世征伐东哥特王国达20年，终于彻底败于东罗马帝国。此后东哥特人即不复以一个民族存于世。

提拉面前举行的。

葬礼结束后，西哥特将士们将先王的大儿子托里斯蒙德用一面盾牌抬起来，推举他为新的西哥特王。在战火中继位的托里斯蒙德发出了第一道命令：干掉阿提拉！

狂热的西哥特人像海啸一般杀向阿提拉的营地。阿提拉毫不畏惧地下令所有号手和鼓手都奏起军乐。匈奴人从营地里射出暴风雨般的飞箭，将西哥特人的进攻一次次挫败。

西罗马联军不得不坐下来开会商讨对策。最终，大家决定，围困阿提拉：要么饿死他，要么逼迫他接受屈辱的投降条件。不过，大家深信，以阿提拉的个性，他肯定会选择突围战死，绝不接受任何屈辱的条件。

见西哥特人下定决心要除掉被围困的阿提拉，西罗马的最高军事长官埃提乌斯却打起了小算盘：如果阿提拉一死，西哥特人定然会成为新的霸主，从而严重威胁西罗马的生存；不如放走阿提拉，使他成为牵制西哥特人的力量，这样就可以保全西罗马。可是，怎样才能实现这一目的呢？埃提乌斯灵机一动，对托里斯蒙德说："你那些留在后方的兄弟们知道你父亲死了会不会有什么想法？"

托里斯蒙德听了这话，立即想到那些靠不住的兄弟们说不定会趁机瓜分首都土鲁斯的财宝，甚至还有可能兴兵作乱抢夺王位。想到这里，托里斯蒙德有些害怕，立即将杀死阿提拉的事放到一边，率领军队掉头就走了。

被围困的阿提拉看着占优势的敌军忽然四散而去，怀疑对手在使诱敌之计，在营地里困守数天后，才下令撤退。当然，他撤走时已发誓：我一定会回来的！

阿提拉率军退回莱茵河流域休整一段时间后，又开始策划下一场战争。这一次，他避开了高卢，把进攻目标指向了意大利。

公元 452 年，阿提拉率军从巴尔干翻越了阿尔卑斯山，攻打埃提乌斯。此前，埃提乌斯刚与西哥特人翻脸，导致西哥特人袖手旁观，不出兵相助。再加上他根本没有想到阿提拉会在如此短的时间里再次集结大军攻击他，完全没有一点思想准备。这一次，埃提乌斯被阿提拉打得惨败。

匈奴军在意大利长驱直入。当他们抵达亚得里亚海滨的重镇阿基利亚时，遭到了坚决而顽强的抵抗。匈奴人虽然不擅长攻城，但是，他们手里有的是黄金，用黄金收买了西罗马的技工，驱赶着数万战俘和被掳掠来的百姓去破坏城墙。

不过，3 个月过去了，阿基利亚还是没有打下来。旷日持久屯兵在坚城之下，让匈奴人变得很烦躁，军队中的怨气越来越强烈。阿提拉见此情景，不得不打起了退堂鼓。

可是，正当他准备下令撤退时，他看到了一只老鹳带着幼鸟从一座塔楼上的鸟巢飞离。阿提拉立即断定这座塔楼已经摇摇欲坠。阿提拉眼前一亮：这时不攻，更待何时？他命令匈奴军猛攻这座塔楼。果然，塔楼很快坍塌。匈奴大军趁势蜂拥而入。阿基利亚城失陷。

阿提拉下令屠城，一番劫掠后，又纵火焚烧，将整座城市彻底夷为平地。

随后，阿提拉麾军攻下了阿尔提纽、孔格迪亚和巴度等沿海城市，继而又连克了维星萨、凡罗纳、巴甲姆等内地城市。所到之处，匈奴军无一不是先抢掠后烧毁，最终留下一片废墟。

米兰人和巴维亚人见势不妙，主动向匈奴人投降了。在交出全部财物后，他们换得了匈奴人饶恕全城百姓的许诺。

阿提拉率军继续南下，目标直指罗马城。埃提乌斯束手无策——罗马这座“永恒之城”眼看就要毁灭了。就在这关键时刻，罗马大主教利奥一世挺身而出，愿意为全城百姓去忽悠阿提拉撤军。被困在罗马城中的瓦伦丁尼安三世大喜过望，连忙派遣大主教出阵，并派大司法官特里基提亚斯作为政府代表一同前往。

阿提拉在波河接见了求和使团。利奥一世苦口婆心地劝说阿提拉放过罗马，并说公元 410 年西哥特王亚拉里克一世入侵罗马城后不久暴毙——说明罗马有神在庇护。

这时，匈奴军已经到了强弩之末，而且阿提拉得到了消息：东罗马援军即将到来。意大利到处都是饥馑，瘟疫四处流行，匈奴军中也出现了感染。阿提拉审时度势，认为在这种情况下，匈奴军再强行攻打罗马城，胜负确实难以预料，即使取得了最终胜利，匈奴方面也必将付出巨大的损失。

一番思索之后，阿提拉借坡下驴，勒令西罗马交出大量财物，然后率军撤离。当然，在撤离前，他还不忘告诉西罗马人：西罗马如果不交出“未婚妻”霍诺利娅公主，他还会回来的！

阿提拉的匈奴帝国对于东、西罗马来说就是一道魔咒，是欧洲人心目中的“上帝之鞭”。霍诺利娅公主没有和他定亲，他却口口声声说她是自己的“未婚妻”，这不过是为自己找个发动战争的理由。这时，霍诺利娅公主虽说不上是人老珠黄，起码也过了面如桃花的年龄。阿提拉对她并不感兴趣，因为他并不缺女人，在欧洲上，想把女儿嫁给他的封建主有很多。比如，日耳曼、东哥特等民族的封建主，他们巴不得把女儿嫁给阿提拉以博得他的好感，争取他的保护。

公元 453 年，一位叫伊笛的日耳曼姑娘嫁给了阿提拉。伊笛美丽大方，温柔可爱。阿提拉十分喜欢，为她举行了隆重的迎娶仪式。然而，这次喜结良缘却把阿提拉推向了生命的尽头。

新婚之夜，阿提拉喝得烂醉如泥，突然暴死。对于这一事件，《罗马帝国衰亡史》有如此的记载：“他们的婚礼是在多瑙河彼岸的木结构皇宫里，按野蛮人的仪式和风俗进行的；那位又醉又困的国王到半夜以后才离开筵席，回到新床上去。他的侍从到第二天下午仍一直听任他去享乐或休息，对他不加干扰，一直到出奇的安静引起了他们的恐惧和疑心。于是，在大声叫喊企图吵醒阿提拉无效之后，他们破门冲进了皇帝的寝宫。他们只看到发抖的新娘，用她的面纱蒙住脸坐在床边，为她自己的匕首和半夜里便已咽气死去的国王悲伤。仰卧着的阿提拉有根血管忽然爆开，喷出的血流堵住了他的呼吸。这血没有从他鼻孔里流出，却回流到肺和胃里去。他的遗体被庄严地陈列在大平原中央一个用丝绸扎成的灵堂里；几支经过挑选的匈奴人的步兵队伍，踏着拍子绕着灵堂转圈，向这位活得光荣、至死不败的英雄、人民的父亲、敌人的克星和全世界的恐惧对象唱着葬礼歌。这些野蛮人根据他们的民族习俗，全都剪下一绺头发，在自己脸上无端刺上几刀，他们要用武士的鲜血，而不是用妇人的眼泪来哀悼他们理应受此殊荣的英勇领袖。阿提拉的遗体被分别装在一金、一银、一铁三口棺材里，在夜间偷偷埋掉。从各国掳掠来的战利品都被扔进他的坟墓里去。破土挖坟的俘虏都被残暴地杀死。但是那些刚刚还悲不自胜北匈奴人，现在却在他们的国王的新坟前，毫无节制地大吃大喝，寻欢作乐。”

阿提拉是怎么死的，有人说是死于新娘谋杀，有人说是死于醉酒，有人说是上帝见他作恶太多而取了他的性命，但可以肯定的是，他从不相信什么上帝。

阿提拉死了，在欧洲的匈奴失去了灵魂，再也没有一位英雄能像他那样威慑万里、镇抚四方。阿提拉的匈奴帝国本来只是一个凭借领袖威望将各部落绑在一起的军事联盟。这些部落并不只有匈奴人，相反，非匈奴人占了大多数。他们没有共同的经济文化联系，之所以能走到一起，是因为他们对英雄领袖的崇拜。如今，这位可以和当年的冒顿单于媲美的匈奴英雄死去了，匈奴失去了主心骨。他生前的威望太高，死后却没有一个人能代替他打理好匈奴的军政事务。尤其是阿提拉那些由来自不同种族的妻子所生的儿子们，他们彼此不服，很快引发了争权夺位的内讧。强大的匈奴在内讧中被掏空了精气神，不得不走向衰落。

公元 455 年，阿提拉的亲信、格皮达王阿尔达里克带头造反。他联合格皮达人、东哥特人、斯威弗人、赫鲁利人和阿里人在诺都河畔一起进攻匈奴。阿提拉的大儿子埃拉克与 3 万匈奴军被杀。阿提拉的王廷成为阿尔达里克的战利品，其余各蛮族部落也纷纷起来瓜分阿提拉的遗产。匈奴帝国没有被强大的罗马打败，但在阿提拉死后，被它昔日的盟友们瓜分。

遭此浩劫的匈奴不再是令欧洲人胆寒的对手，大家都要往它身上插上一刀。这是阿提拉生前做梦都没有想到的事，此前被阿提拉蹂躏的东、西罗马听到这个消息，也慌忙地感谢上帝。

阿提拉的另一个儿子邓吉西齐带着一支残存的匈奴骑兵四处流窜，企图恢复阿提拉的宏基伟业，但是，历史不再给他这样的机会。随着昔日那些蛮族奴仆们的日益崛起，越来越强大，邓吉西齐的地盘变得越来越小。

为了重建匈奴帝国，邓吉西齐率领军队进攻东哥特，却失败了。公元

468年，邓吉西齐又率领匈奴军渡过多瑙河，进攻东罗马。但是，这时的东罗马已经不是那个可以随意任人欺凌的受气包了。东罗马人同仇敌忾，点燃了复仇的火焰，大败匈奴人。邓吉西齐命丧疆场。他的头被悬挂在君士坦丁堡的竞技场上。

阿提拉生前最宠爱小儿子伊尔那克。他相信小儿子能成为和他一样的英雄。但是，在阿提拉死后，伊尔那克率领部众逃到了多瑙河以南的多布鲁甲苟延残喘，一点也没有在逆境中奋发，重振雄风的气象。没过多久，这支匈奴残军就被当地蛮族消灭了。

还有两位阿提拉的儿子艾尼祖和乌星托占据了东罗马的达西亚和利彭西斯。

公元6世纪初，定居在塞尔维亚的匈奴人曾经支持意大利王东哥特人迪奥德里克与东罗马作战，并且在东哥特人的协助下打败了东罗马。

残留在黑海北岸的一些匈奴部落分成了两大部分：一部分是在亚速海西北过着游牧生活的库特利格尔匈奴人，一部分是在顿河河口放牧的乌特格尔匈奴人。两支部落在东罗马的挑拨离间下成为敌人，互相征战仇杀。

库特利格尔匈奴人在其首领扎伯干的率领下曾报复性地打到了东罗马的多瑙河，出现在君士坦丁堡城下。但是，他没能打破坚城，不得不率部返回顿河草原，继续与乌特格尔匈奴的首领桑第克自相残杀，直到他们一同被来自亚洲的阿瓦尔部落征服。

从此，欧洲再也没有出现关于匈奴人的记载。

复辟罗马帝国

西罗马帝国灭亡后，东罗马帝国由于其自身具有的特点，不仅得以暂时保持了奴隶制，延缓了向封建社会的转变，而且在经济发展、阶级关系、政治制度以及文化生活等方面都有自己的个性。东罗马帝国皇帝查士丁尼为了巩固帝国的统治，并在恢复罗马奴隶制和重建罗马帝国方面采取了一系列措施。

查士丁尼在他舅父查士丁（公元518年—公元527年在位）之后成为东罗马皇帝。他即位以前就已担任禁卫军最高长官等高级官职，是东罗马宫廷中强有力的人物。旧罗马帝国大一统局面这种过时的政治传统是查士丁尼梦寐以求的政治理想。

分裂以后的罗马帝国虽然实际上是由两个皇帝统治下的两个国家，其中西罗马皇帝已成为日耳曼蛮族将领的傀儡，但在当时人心目中，在名义上、观念上只有一个罗马帝国。法令和官方文件有时由东罗马、西罗马两位皇帝共同署名，通令也常常由东罗马、西罗马全体最高行政长官共同发布。公元476年，西罗马灭亡，东罗马皇帝更俨然以旧罗马帝国的继承人自命。

查士丁尼复辟旧罗马帝国的政治理想又带有宗教狂热的色彩，极富进攻性。原来的罗马帝国西部地区在6世纪时多在日耳曼蛮族统治之下，用查士丁尼的话来说，“哥特人以暴力夺得了我们的意大利，却至今不把它交还”。这些蛮族国家的统治者都信奉基督教异端阿利乌斯派。这个教派主张基督是上帝创造的人而不是神，因而不能与上帝同语，同时反对教会占有过多财富，尤其是地产。它与罗马正统教会的教义之争，实际上是这些国家与罗马权威分庭抗礼的一个表现。东罗马不能接受这些。

自 4 世纪以来，基督教已成为罗马国教，罗马皇帝被认为是基督教正统的保护者，罗马帝国和基督教世界是一而二、二而一的关系。查士丁尼是强硬的正统教徒。他立志荡平异端的蛮族国家，重建政治上、宗教上双重统一的罗马帝国。

查士丁及其前任皇帝阿那斯塔希（公元 491 年—公元 518 年在位）厉行节约，统治时国库充裕。查士丁尼即位之初，东罗马帝国的财政状况虽因查士丁的挥霍而有所恶化，但仍不至窘迫。可是，为了适应大规模对外扩张的需要，查士丁尼不惜委任酷吏，施行苛政，横征暴敛。

主管财政的最高行政长官是卡帕多西亚·约翰（公元 531 年—公元 541 年在职）。他竟有“既不惧怕上帝又不顾惜世人”的名声，当时人咒骂他对百姓家中每只瓶罐都不放过。查士丁尼为增加收入实行专卖制度，国家掌握获利丰厚的丝绸专卖权。还增收一种附加的土地税，一年得金币达 3000 个之巨。查士丁尼在财政税收上采用竭泽而渔的办法主要是为了保证他放手进行西部战争。

查士丁尼提出“皇帝教皇合一论”。他认为国家的统治者既是皇帝又是教皇，同时握有最高的世俗权力和最高的神权。他积极维护教会的权益，打击异教徒，于公元 529 年封闭了新柏拉图学派设在雅典的“学园”。此举被认为是西方文化史上希腊罗马古典文化为中世纪基督教文化取代的标志。查士丁尼虽给予教会许多支持和特权，但自认为拥有并实际行使着干预教会事务的权力，他视教会为国家的仆人、政治的工具，由此导致了他宗教政策的又一个方面：极力交好（实为控制）以罗马教皇为首的西部教会，以便在“收复”旧罗马帝国西部领土的活动中取得那里教会的支持。查士丁尼其神学观点原来就与西部教会一致，拥护公元 451 年查尔西顿宗教会议的决议，坚持基督神人二性并存于身的正统教义之说，反对基督一性论的异端观点。他本人也是依靠君士坦丁堡的查尔西顿派拥护而登上皇位的。但在东罗马、埃及、叙利亚诸省基督一性派势力强大，这不免使查士丁尼的宗教倾向呈现摇摆性。

公元 533 年，他曾经试图调解查尔西顿派与基督一性派的矛盾，统一东部、西部的教会。他的这一行动激起了西部教会的强烈不满。随着对意大利东哥特人战争的展开，查士丁尼开始一边倒向查尔西顿派，从而博得西部教会对他的支持。

公元 528 年，查士丁尼下令编纂帝国法典，结果产生了著名的《民法大全》。这部法典字里行间充斥着对昔日罗马帝国光景的追念和赞颂，又基本因循罗马旧法，以至近代法学家批评它具有过多的理论脱离实际倾向。

这部法典的另一突出特点是明确肯定皇帝的专制权力：皇帝是唯一的立法者，唯一有权解释法律，皇帝“至高无上，至圣至明”。

罗马帝国的专制君权在查士丁尼时期发展到了一个新阶段。他进行内政改革，赋以行省长官以军事和行政全权，大大加强了中央对地方的控制和盘剥；元老院和城市“吉莫”（带有自治性质的市民组织）在政治生活中的影响都下降了。中央集权和专制君权在政治上保证了查士丁尼贯彻他的政治主张，实际上是促成了他为实现所怀抱的过时的政治理想而一意孤行，最后造成灾难性的后果。

东罗马在东方和西方所面临的形势是不同的。对查士丁尼复辟计划最大的威胁来自兴起于东罗马帝国东面的萨珊波斯。

公元 532 年，查士丁尼同波斯新王科斯洛兹订立“永久和约”：东罗马以支付代守帝国边境费用的名义给波斯 1.1 万磅黄金。这一和约的签订确定了查士丁尼东方政策的基本原则，即对波斯以防御为主，以便尽可能保证西部征服战争所需的兵力。

在西部地区，查士丁尼意欲进攻的汪达尔王国和东哥特王国此时内部动荡不安，社会矛盾尖锐。日耳曼蛮族上层统治者背弃昔日的军事民主传统，

▲《查士丁尼民法大全》

《查士丁尼民法大全》是《查士丁尼法典》《查士丁尼学说汇编》《查士丁尼法学总论》和《查士丁尼新敕》的合称。其中,《查士丁尼法典》是历代罗马皇帝所颁布的宪令,按年代顺序编排,共编出10卷,凡未被列入的都一律作废。《查士丁尼学说汇编》搜集和节录的是已知公认的法学家的著作,共编出50卷,凡未被选入的法理陈述都被宣布为无效,以后永远不许在法律上引用。《查士丁尼法学总论》是一本罗马私法教科书,由皇帝钦定,本身具有法律效力。565年,法学家又把查士丁尼皇帝在法典编完后陆续颁布的168条新敕令汇编成集,称为《查士丁尼新敕》。此大全是罗马法的精华和集锦,它总结和汇集了罗马法和罗马法学发展的最高成就,对罗马法的广泛传播起了不可忽视的重大作用。

成为新兴的封建主阶级,同本族民众龃龉日多,并加紧侵占当地罗马人的地产。蛮族同罗马人的冲突又因宗教矛盾和民族矛盾而加剧。这些情况决定了蛮族王国的统治不甚稳固,也给查士丁尼以可乘之机。尤其是各蛮族王国的统治者谈不上对查士丁尼复辟活动有清醒的认识——他们本族的文化十分落后，因而他们受罗马旧制影响很深，在名分上还处处不敢僭越东罗马皇帝，多以为“罗马皇帝就是人间上帝，对之忤逆之人必犯深重罪孽”。

在东罗马的严重威胁面前，各蛮族国家不能联合起来，反而互相掣肘，以致被东罗马各个击破。

公元533年，东罗马军进攻北非的汪达尔王国，揭开了长达20年西部征服战争的序幕。

公元439年，汪达尔人在该萨利克率领下由西班牙跨海攻入北非，占领迦太基城，建立汪达尔王国。

公元476年，该萨利克同东罗马订立和约。此后，多年双方相安无事。但信奉阿利乌斯派的汪达尔人在国内对罗马人压迫较重，不能宽容罗马人的正统基督教信仰，对当地的罗马元老也严厉镇压——元老或被囚入狱中或沦为奴隶，他们的土地亦多被没收。于是，北非的教会人士和元老纷纷逃亡到君士坦丁堡，恳请查士丁尼收复帝国“失地”，驱逐蛮族和异端。汪达尔新王希尔得利克（罗马皇帝瓦伦丁尼亚的外孙）同东罗马亲善，停止了对罗马人的宗教迫害。

查士丁尼与之私交甚好，曾劝说他臣服于东罗马。公元530年，不满国王亲罗马政策的汪达尔贵族在盖丽迈领导下废黜希尔得利克，拥立盖丽迈为王。东罗马向盖丽迈发出最后通牒，要他把希尔得利克安全送到君士坦丁堡，被盖丽迈严词拒绝。查士丁尼认为征服北非的时机已到，便匆匆与波斯媾和，开始积极准备对汪达尔人发动战争。

在查士丁尼看来，这场战争只不过是收回罗马对北非统治权的行动。他还得到教会的大力支持。他忘乎所以地宣称：“慷慨的上帝不仅还给我们阿非利加各省，还要让我们洗雪汪达尔人攻占罗马城所带来的耻辱。”

东罗马众大臣都激烈反对开战，卡帕多西亚、约翰向查士丁尼力陈远征北非的危险和困难。当时汪达尔人的军队虽较该萨利克时代战斗力有很大下降，训练与战术也稍逊于东罗马军，但仍不失为一支劲旅，骑兵有三四万之众，海军称雄于地中海西部，远比东罗马可用于北非的兵力强大。

查士丁尼对大臣的劝阻置若罔闻，从东部前线召回大将贝利撒留，授予他指挥北非战事的全权。

公元533年6月，贝利撒留和他的部下乘船从君士坦丁堡出发前往北非。虽然临行前大主教为他们的胜利做了祈祷，但士兵和送行的人都认为此去凶多吉少。贝利撒留麾下只有16000人马，其中只有5000骑兵——这大概是东罗马能从东部前线调出的最大兵力。贝利撒留因为害怕遭到汪达尔海军的攻击，在航行途中多次停船靠岸。

大军9月份才抵达北非海岸。为避开汪达尔海军，东罗马军在迦太基城以南约240千米外登陆。

盖丽迈在此之前一直没有认真备战，并且把舰队主力和5000人马派往撒岛去镇压叛乱。听到东罗马军入侵的消息，盖丽迈立即下令处死希尔得利克，率兵迎击东罗马军。

9月13日，双方激战于突尼斯城附近的阿得齐姆。战争中，汪达尔人先占上风，可惜盖丽迈因兄弟战死悲痛不已，放弃了对部队的指挥，导致汪达尔人一时大乱。贝利撒留趁机收集散兵，反攻得胜。盖丽迈率残部向西退到努米底亚。贝利撒留则北上直取迦太基城，于9月15日攻下该城。

12月，东罗马军又在迦太基城附近击败前来反攻的汪达尔人。盖丽迈只身逃往努米底亚，投靠柏柏尔人，后来在困顿绝望之中要求东罗马人“送给他一把七弦琴以弹奏亡国之恨，送给他一块海绵以揩抹亡国之泪”。不久，他投降贝利撒留。公元534年，汪达尔王国被灭亡。

查士丁尼在征服汪达尔王国后立即着手全盘复辟罗马旧制。各教堂一律复归正统基督教。所有汪达尔人都被褫夺公职，汪达尔战俘成为东罗马官兵的奴隶，他们的妻女也被强占。但汪达尔人100多年统治的影响绝非行政命令可以消除。查士丁尼宣布罗马元老被剥夺的地产一律归还给他们的后代，可是年代久远，地产往往已易手多人，归还原主的法令很难实行。

公元534年以后，同汪达尔女子结婚的东罗马士兵拒绝把汪达尔人原先占取的土地交还皇室和原主，多次发动兵变。柏柏尔人也多次来攻。一直到公元548年，东罗马在北非的统治才相对稳定下来。

在征服汪达尔人后不久，查士丁尼开始发动对东哥特人的战争。

东哥特国王狄奥多利克（公元493年—公元526年在位）一度与东罗马和意大利的罗马元老维持比较友好的关系。到他晚年，情况有所变化。东哥特贵族凭借武力和特权侵占罗马元老的地产，同罗马人的矛盾日益尖锐。

查士丁和查士丁尼改变阿那斯塔希的宗教政策，与罗马教皇和西部教会改善关系，同时在东罗马大肆迫害阿利乌斯派，这些举动在政治上也直接危及信奉阿利乌斯派的东哥特人对意大利的统治，引起东哥特人的不满。而意大利罗马人中亲东罗马的势力却因此受到鼓励而有所抬头。狄奥多利克对这一派势力猜忌愈重、镇压愈严。

对东罗马，狄奥多利克还是尽量避免与之正面冲突。狄奥多利克死后，其外孙阿特拉里克成为国王，实权则掌握在他母亲阿拉马松塔手里。阿拉马松塔自幼受罗马教育，服装打扮也学罗马妇女，佩耳环头饰。她代表亲罗马的一派东哥特贵族——这些人主要是原来狄奥多利克周围的宫廷近臣，但此时他们的势力已有所削弱。受罗马文化影响较小的东哥特军事贵族日益强烈地要求对东罗马和意大利的罗马元老采取更强硬的政策。他们轻慢阿拉马松塔，不让她用罗马文化教育年轻的国王，而让国王同东哥特武士一起习武练兵。

公元534年，阿特拉里克酗酒而死，阿拉马松塔的地位不稳。她以前就曾经同查士丁尼暗中联系，这时便派密使赴君士坦丁堡，表示要把意大利交还东罗马。为巩固自己的地位，她又立表兄弟狄奥达特为国王，企图以他的名义继续掌握实权。哪知狄奥达特翻云覆雨，反把阿拉马松塔囚禁，后又把她处死。查士丁尼以此为借口向东哥特兴师问罪。

征服意大利是查士丁尼复辟活动最重要的一部分。东罗马使节曾威胁狄奥达特说，皇帝此次不达目的，绝不休战！狄奥达特向东罗马提出的求和条件几近投降，但查士丁尼还是轻蔑地予以拒绝，挑起了历时近20年的哥特战争。

公元535年9月，东罗马军占领了达尔马提亚。12月，贝利撒留统帅8000人登陆西西里岛。当地的东哥特军未经认真抵抗就投降了。

翌年6月，贝利撒留攻入意大利本土，包围那不勒斯城。意大利的罗马人这时多倾向于东罗马，但除少数元老贵族外，一般人对这次战争并无很高热情——他们所关心的是如何避免或减少战争对自己的祸害。

那不勒斯居民一度与攻城的东罗马军激战。意大利罗马人对东罗马军入侵有组织地抵抗。

狄奥达特幼习希腊哲学，处世奸诈多变，却文弱无统帅之才，面对敌人的进攻惊慌失措，甚至与东罗马密议投降。那不勒斯失陷后，东哥特人废黜并处死了狄奥达特。公元536年11月，东哥特人推举战士出身的维提却斯为王。

为了同东哥特人中已渐流行的王位世袭传统相妥协，维提却斯强娶阿拉马松塔之女马他松塔为王后。然后，他率领东哥特主力离开罗马，北上集中到拉温那，以便对付与东罗马结盟来攻的法兰克人，并防止罗马城居民从内部作乱。

维提却斯北上之举是一条下策——他不仅错误地以主力去对付次要的敌人（法兰克人此时已答应同东哥特人媾和），而且因为强迫罗马城居民宣誓效忠东哥特，并将一大批罗马元老作人质押解到拉温那，激化了同罗马人的矛盾。

维提却斯代表了东哥特军事贵族的利益，与阿拉马松塔等投降派不同，这一部分人抗敌坚决，但是文化落后，目光短浅，看不到意大利罗马人同东罗马的矛盾，不善于利用自狄奥多利克时代以来东哥特人与意大利罗马人千丝万缕的联系，致使东哥特人在意大利陷入了孤军作战的窘境。

公元536年12月，贝利撒留进军罗马城。罗马教皇和居民献城投降。人数不多的东哥特守军不战而走。

公元537年2月—公元538年3月，维提却斯率军围攻罗马城。当时东哥特军队号称15万，其中又多数是骑兵。贝利撒留对东哥特人来攻事先有所准备，贮存粮草，修整城墙。东哥特人拙于射箭，东罗马士兵却善于使用强弓硬弩，给攻城者极大杀伤。

饥饿和伤亡曾使罗马居民十分恐慌。维提却斯下令处死充当人质的罗马元老，丢失了劝诱罗马居民投降的机会，实际上是巩固了贝利撒留的后方。东哥特人屯兵城下，久攻不克，粮草、士气都发生了问题，又有恶疫来袭，不得已同贝利撒留休战3个月。

这以后，东罗马援兵到来，又风传马他松塔打算叛变，出嫁给东罗马某将领。维提却斯只好匆匆撤离罗马一带。围攻罗马失利大伤东哥特的元气，但维提却斯依然拼力统率部下苦战两年。

公元540年，贝利撒留占领东哥特王国都城拉温那。维提却斯被俘，东哥特人退居波河以北地区。

维提却斯曾遣使游说波斯王科斯洛兹，请他趁查士丁尼移兵意大利的时机进攻东罗马。波斯打算扩张领土，索取重金，同时又害怕东罗马在西部战争中取胜而增大实力，遂于公元540年破坏和约，入侵东罗马统治下的叙利亚、亚美尼亚、伊比利亚，直抵黑海沿岸。

查士丁尼一味儿求和，公元545年以5000磅黄金为代价同波斯订立为期5年的休战协定，仍以精锐军队投入意大利对东哥特作战。

东罗马在意大利稍稍站稳脚跟就开始压迫当地的罗马人。其时，贝利撒留已奉召返回君士坦丁堡。查士丁尼派遣“财政专使”亚历山大到拉温那。财政专使是查士丁尼新设的官职，专门负责新征服地区的税收事务，担任该官职的人以其所得的1/12作为自己的俸禄，因此搜刮甚为酷烈。

亚历山大提高给东罗马士兵增加薪饷的条件，激起了士兵的怨恨。他又

▲ 波斯帝国的遗址

波斯是伊朗在欧洲的古希腊语和拉丁语的旧称译音，是伊朗历史的一部分。历史上在这一西南亚地区曾建立过多个帝国。波斯帝国全盛时期领土东至印度河平原，西北至小亚细亚、欧洲的马其顿、希腊半岛、色雷斯，西南至埃及或也门。波斯兴起于伊朗高原的西南部。自公元前600年起，希腊人把这一地区叫作波斯。直到1935年，欧洲人一直使用波斯来称呼这个地区和位于这一地区的古代君主制国家。而波斯人则从依兰沙赫尔时期起称呼自己的古代君主制国家为埃兰沙赫尔，意为“中古雅利安人帝国”。

以赔偿皇帝损失为借口向意大利罗马人勒索巨款，凡在过去40年中担任过东哥特官职者俱不能免。经历战乱的意大利本来已残破不堪，亚历山大却大力在此推行以苛重著称的东罗马税制，激起各方不满，一时大失人心。

这种形势为东哥特新国王托提拉（公元541年—公元552年在位）所利用。他率军南下，节节胜利，于公元543年收复那不勒斯，于公元545年底重新包围罗马城。东罗马在意大利的统治处在危机之中。

托提拉在诸蛮族国王中是一个突出人物。他不仅在军事上沉重打击了企图征服意大利的东罗马军，而且采取了一系列同查士丁尼复辟计划针锋相对的政治和社会经济措施。他有自己的政治纲领，那就是驱逐东罗马侵略者，恢复东哥特对意大利的统治。他清醒地看到，意大利罗马人与东罗马有很深的矛盾，查士丁尼恢复旧罗马帝国的实质是把他的专制统治强加给意大利。东哥特人是可以同意大利罗马人联合的。为争取意大利罗马人的同情和支持，托提拉严肃军纪，禁止士兵抢劫财物、伤人妻女。

托提拉正确地认识到，建立和维护同意大利罗马人的友好关系，对于抗击东罗马军入侵具有重大的意义。托提拉曾经宣布，免除隶农对主人、自由农民对东罗马的义务，隶农之租和自由农民之税转交东哥特。这样一来，既取得了东哥特所需的给养，又承认了意大利下层群众趁战乱夺取地主土地的事实，从而得到了群众的拥护。

在托提拉与东罗马长达十几年的战争中，有大批奴隶逃离自己的主人，其中有一些加入东哥特的军队并获得了自由。托提拉对他们予以保护，严词拒绝罗马元老追回这些奴隶的要求。当然，托提拉并没有提出过解放奴隶的明确纲领，也没有解放奴隶的专门措施。他之所以保护奴隶，主要是为了稳定自己的军队——这些奴隶已成为他的士兵。

有一些罗马元老贵族迷恋于古典文化，蔑视蛮族统治者，托提拉对于隶农、奴隶的政策又直接侵犯了他们的利益，所以这部分人在意大利各地反东罗马呼声日高的情况下，反而与查士丁尼更加密切地勾结。可以说，托提拉和查士丁尼在客观上分别代表了打击奴隶制和维护奴隶制的势力。

东哥特对罗马城的第二次围困也历时整整一年。但此次形势与前一次有所不同。东哥特人内部比较团结，而查士丁尼虽然派贝利撒留返回意大利作战，但因为忌怕将领专权自重，不愿授之以统一指挥军事的大权，致使东罗马各将领不能很好配合。托提拉在战争中显示了较高的军事才能——他并不强攻罗马城，而是严密封锁运粮进城的道路，扫清罗马城周围的敌人。

罗马城内饥荒日甚，待援无望，人心惶惶。公元546年12月，在内应接引下，东哥特人攻入城内。

托提拉对敌视东哥特而拒不投降的罗马元老痛加斥责，并没收他们的财产。他认为罗马城及周围地区已破败不可守，故不久又撤出罗马城。

托提拉并没有摆脱蛮族领袖所常有的局限。他不能在名分上摒弃东哥特对于东罗马的从属地位，也不能彻底破坏罗马旧制、强化东哥特的国家机器。他在攻下罗马后曾写信给查士丁尼说："我恳求您接受和平、赐我们以和平。我还清楚地记得阿那斯塔希和狄奥多利克时代的情形，他们的统治距今并不遥远，他们的臣民享受着和平与繁荣。假如您能恩准我的请求，我将把您当作我的父亲一样看待，并且情愿作为您的同盟者同您的任何敌人战斗。"

托提拉第二次攻下罗马城后（公元549年），请回了流落他乡的罗马元老及其家属，修缮了被战火毁坏的罗马城给他们居住，同时再次遣使向查士丁尼求和。托提拉这种在政治上不成熟的表现难以鼓舞人民群众反东罗马的斗志，不可能不削弱东哥特的战斗力，也大大影响了他在战略上的筹划安排。托提拉晚期的军事活动已越来越带有掠夺财物的性质。所以，东哥特最终仍不免为东罗马所击败。

查士丁尼因在意大利连遭挫折而大为沮丧，但仍顽固拒绝同东哥特媾和，在缓和了同波斯的紧张关系后，便委任太监那西斯为指挥意大利战事的统帅，招募了3万～4万新军增援在意大利的东罗马军。公元552年，东罗马大败东哥特于意大利中部的塔地那，托提拉阵亡。

公元554年，那西斯又消灭了东哥特人的残余势力，并驱逐法兰克人到阿尔卑斯山以北，从而实现了查士丁尼征服意大利的梦想。

同一年，西班牙的西哥特王国发生内战。阿那塔其推翻国王阿吉拉，自立为王。他请求查士丁尼派兵来支援他，结果东罗马军借机占领了西班牙东南部的许多城市——这是查士丁尼为恢复旧罗马帝国大一统局面而向西扩张的极限。

复辟旧罗马帝国是查士丁尼一生怀抱的政治理想，是他三十多年政治活动的主要内容。结果，汪达尔王国和东哥特王国被剿灭，北非和意大利被征服。查士丁尼可谓才能出众，查士丁尼一生作为可谓轰轰烈烈。可惜，他的理想、他的活动都背离历史前进的方向，他的事业也就不可能真正成功。他非但没有重建成旧罗马帝国，反而把东罗马推到了崩溃边缘。

查士丁尼的复辟活动主要是在他政治理想指导下的对外扩张，同时又带有一定的维护奴隶制经济的色彩。无论是在意大利，还是在东罗马国内，奴隶制生产关系在 6 世纪早已崩溃瓦解；从查士丁尼的社会经济政策和他的整个立法活动来看，这种情况在相当程度上是予以承认的。释放奴隶所需的手续简化了；过去国家对每个奴隶主所能释放奴隶的数目有严格规定，现在则取消了这种限制；卖子为奴或自卖为奴被禁止；奴隶在主人同意后也可以担任神职，没有得到主人同意而担任神职一年以上者，主人不得追回；被释奴隶的法律地位也有了提高，可以成为元老院成员和高级官员。可是，东罗马的经济、政治、文化毕竟受到旧罗马帝国奴隶制很深的影响，查士丁尼又以恢复罗马旧制的名义扩张东罗马的统治，直到北非和意大利，这就不能不在各个方面起维护甚至加强残存的奴隶制度的作用。征服意大利以后，查士丁尼发布“国务诏书”，宣布托提拉打击奴隶制的法令和措施无效。查士丁尼复辟活动的反动性，正在于此。

西部战争耗去了东罗马大量的财力和兵力。阿那斯塔希留下的黄金有 32 万磅之多，查士丁尼将之挥霍殆尽。由于开支浩大，于是查士丁尼就加大对人民的盘剥——查士丁尼所设新税竟达 18 种之多。纵使如此，到查士丁尼晚期，东罗马的国家财政仍不免破产。

为保证西部战争的进行，查士丁尼在公元 545 年与波斯议和后，大量裁减东部驻军，并长期拖欠他们的薪饷，实际上是放松了对东罗马本土的防守。

公元 562 年，东罗马被迫以屈辱条件同波斯订立“五十年和约”，每年“补贴”波斯黄金 3 万索里达（货币单位）。当东罗马军在北非和意大利不断征战和庆祝胜利时，斯拉夫人联合保加尔人不断入侵巴尔干半岛，抵达亚得里亚海、科林斯湾、爱琴海沿岸，威胁到东罗马的心脏地区。

在东部的退让并没有在西部得到补偿——东罗马对北非、意大利的统治也不稳固。在北非，柏柏尔人不断袭击东罗马军。在意大利，东罗马的重税盘剥激起人民的强烈不满，东罗马的希腊文化传统与意大利拉丁文化传统的差异又促使反东罗马的情绪高涨。查士丁尼不得不给当地的居民一定的自治权力。

国力衰弱的东罗马此时已无力派重兵守卫新征服地区。公元 568 年，伦巴德人攻入意大利北部，后又南下。东罗马在意大利只剩下几个设防城市及其周围的狭小地区。

这时，东罗马本土则受到波斯人和斯拉夫人越来越严重的威胁。

东部、西部教会的分裂倾向是东罗马、西罗马社会发展不平衡的结果，非人力所能扭转。查士丁尼为讨好西部教会而压制基督一性派的政策，加深了东罗马的埃及、叙利亚诸省同中央政府的矛盾，加剧了东部教会内部的不和，不利于查士丁尼的统治。

为调和同基督一性派的矛盾，他于公元 546 年发布所谓“三章令”，谴责在查尔西顿会议上已恢复名誉的提奥多勒等 3 人，这 3 人是被一性派视为“异端”的；公元 553 年查士丁尼又召集第五次全体教会会议（君士坦丁堡会议）以确认“三章令”。但查士丁尼此举不仅受到查尔西顿派的西部教会强烈反对，也未能平息基督一性派的不满。后来，西部教会虽被迫屈从皇帝的旨意，但东部、西部教会从此嫌隙日深。

查士丁尼在他当政的最后几年转向基督一性派，同西部教会关系十分紧张。统一东部、西部教会于东罗马的控制之下，重建理想化的、旧罗马帝国时代的“独一的教会”，是查士丁尼复辟活动的一个重要方面，也是以失败告终。

晚年的查士丁尼体弱力衰，沉溺于神学之中，无心亦无力理事，东罗马国敝民穷，内外不安。查士丁尼倒行逆施引起人民群众的怨恨，当时的民间盛传他是“魔鬼”和“无头怪物”的化身。

公元565年，查士丁尼在举国上下一片咒骂声中死去。留给他继承者的并不是他曾致力去复辟的、大一统的罗马帝国，而是一个风雨飘摇、危机四伏的国家。

查理大帝西征

从4世纪末各蛮族部落侵入罗马帝国、西罗马帝国于476年灭亡以来，欧洲一直处于动荡之中。

罗马帝国是以地中海为中心，横跨欧洲、亚洲、非洲三洲的大帝国，从未深入欧洲大陆腹地，仅在高卢与不列颠建立了不稳固的统治。

在西罗马帝国原来版图上建立的各个蛮族国家，如西哥特王国、东哥特王国、勃艮第王国、伦巴德王国等，时有兴亡，迁徙不定，在经济、政治、文化各方面没有什么巩固的成就。

公元486年，在欧洲大陆西北角，濒临北海的莱茵河口一带，法兰克人部落首领克洛维建立了法兰克王国，在莱茵河下游西岸的奥斯特拉西亚一带建立了巩固的根基，并较快地占领了高卢大部分地区。克洛维率领法兰克人信奉了原来罗马人的国教罗马基督教会，使法兰克人与高卢、罗马人的教俗统治者较易合作，形成了巩固的统治。克洛维的子孙后代相继为王，这个国家被称为墨洛温王朝。

从7世纪开始，法兰克王国不断分裂，内战频繁。墨洛温王朝国王的大权旁落到掌管宫廷事务的宫相手中。奥斯特拉西亚地区的大封建主兰登·丕平从公元613年起开始世袭宫相的职位。其后代赫里斯托尔·丕平凭借雄厚的实力，战胜了高卢北部纽斯的里亚地区和高卢东南部勃艮第地区的封建主，于公元687年重新统一法兰克王国。他的儿子查理·马特任宫相时（公元714年—公元741年），面临占领了比利牛斯半岛的阿拉伯人全面入侵。

公元 732 年，在普瓦提埃一战，查理·马特率法兰克军重创阿拉伯人，随即连连获胜，将阿拉伯人驱至比利牛斯山以南。阿拉伯人至此失去了进攻欧洲的势头。

查理·马特又实行了军事采邑制，即不再无条件地分给下属土地，而是以服骑兵军役等义务为条件分封下属终身拥有的土地，即使教会、修道院拥有土地也需向他承担一定义务。查理·马特此举被后世视为西欧封建等级制的起源。这些措施使法兰克王国和查理·马特的势力大大加强。

查理·马特之子矮子丕平继承宫相后，更进一步插手意大利，保护罗马教皇不受伦巴德王国侵犯。在罗马教皇支持下，矮子丕平于公元 751 年废掉了有名无实的墨洛温王朝的国王，成为加洛林王朝第一代国王。

矮子丕平继续干预意大利事务，于公元 756 年把意大利中部“献给”罗马教皇，使教皇国领地正式形成。矮子丕平公元 768 年去世时，把土地分给了他的两个儿子查理与卡洛曼。经过内争后，查理于公元 771 年卡洛曼去世时统治了全部法兰克王国——他就是被后世称为“查理大帝”或“查理曼”的唯一真正统治过欧洲中西部大陆的帝王。

查理在即位之初，首先出兵高卢西南部的阿奎丹，巩固了法兰克王国在那里的统治。随后，应罗马教皇阿德里安的求援，查理率军翻越阿尔卑斯山，进攻意大利北部的伦巴德王国。经过一年多的征战，大军于公元 774 年攻占伦巴德全境。查理自兼伦巴德国王，并进军罗马，接受教皇赠予的“罗马人长老”的称号。查理对教皇重申其父矮子丕平献土的诺言，实际上却把意大利大部分地区处于法兰克王国的控制中。

从公元 772 年起，查理就越过莱茵河东进，深入欧洲中部腹地，进攻日耳曼人撒克逊部落所在地区。当时，撒克逊人尚未脱离原始部落状态，也从未被罗马帝国与罗马基督教会所统治。他们对法兰克人的侵略奴役进行了顽强持久的抵抗。

战争旷日持久，查理多次发动大规模战役，对撒克逊人采取屠杀、强行迁徙等镇压手段，但是查理更重视以确立西欧的封建制度和罗马基督教会的统治来巩固征服成果。查理曾发布敕令，在撒克逊地区普遍建立教堂，要求所有的撒克逊人要向教堂交什一税，贡献土地与仆役，参加宗教活动；不尊重教会，不守教规者，均处死刑；不忠于国王，侵犯领主者处死刑，信奉原始宗教习俗者，也罪至处死。

经过 33 年 18 次重大战役，查理最终征服撒克逊地区，并普遍建立伯爵辖区与教区以实行统治。

征服撒克逊是西欧封建制度向中欧、东欧推进的开端，是欧洲经济、政治、文化重心从地中海沿岸向大陆腹地转移的开端。

在进行撒克逊战争的同时，查理也多次命令法兰克军越过比利牛斯山进攻阿拉伯人。

公元 778 年，在一次出征回师途中，后卫部队在朗塞瓦尔峡谷遭到巴斯克人伏击，查理部将罗兰英勇战死。这一事迹在 11 世纪前后被编为法国英雄史诗《罗兰之歌》。查理与罗兰被颂为欧洲中世纪封建君臣关系的典范和抵抗“异教徒”的榜样。

这次出师不利并未使查理放弃努力，经过二十余年不断出击，他最终在比利牛斯山以南建立了西班牙边防区，并给予西班牙北部两个臣属的基督教小国以支持，为以后数百年间西班牙人和葡萄牙人驱逐阿拉伯人的“光复运动”奠定了基地。

查理于公元 787 年进军巴伐利亚，废黜其公爵，将这个地区置于直接统治之下；此后继续向东推进，与易北河东岸的斯拉夫部落发生战争，使一些斯拉夫部落被迫臣服。法兰克人的进攻也迫使中欧的日耳曼部落东移——这就是长达近千年的日耳曼人向东欧斯拉夫人和波罗的人地区渗透的“东进运动”的先声。

法兰克人同时也进军到多瑙河下游地区，对在潘诺尼亚的阿瓦尔汗国进行了大规模战争。阿瓦尔汗国是由亚洲迁来的游牧部落柔然人建立的，曾称

▲ 撒克逊武士像

撒克逊人是日耳曼人的一支，最早居于波罗的海沿岸和石勒苏益格地区，后内迁至德国境内的尼德萨克森一带，称为萨克森人。公元5世纪初，萨克森人北上渡海，在高卢海岸和不列颠海岸登陆入侵。5世纪中叶至6世纪上半叶，一部分人与盎格鲁人、朱特人等渡海移居大不列颠岛，并在7至10世纪结合为盎格鲁－撒克逊人。经过长期混居，他们逐渐形成现今英格兰人的祖先。史学界为了区分，把在不列颠定居的萨克森人称为撒克逊人。公元772年，查理大帝对留在欧洲大陆的萨克森人发动征服战争，战争时断时续进行32年，最终将他们彻底征服。

雄一时，掳获了各地的大量财富。从公元788年到公元796年，经过8年鏖战，法兰克人攻克了阿瓦尔人坚固的环形堡垒，灭掉了阿瓦尔汗国，得到了大量战利品。

法兰克人在一些地区的小规模征服也留下了深远影响，如对弗里西亚地区的征服使后来的尼德兰开始了封建化与基督教化进程；为抵御北欧人入侵建立的丹麦边区，为巩固在多瑙河统治建立的奥地利边区和在高卢西北角建立的布列塔尼边区，均对后来这些地区的发展起了重大影响。以大陆为基地的法兰克人在强盛时曾一度与阿拉伯人和东罗马帝国争雄于地中海，迫使意大利南部的本尼文托公国称臣，控制了科西嘉岛与撒丁岛。

查理在位 46 年间（公元 768 年—公元 814 年）进行了 50 多次战争，使整个欧洲的形势大为改观。取代过去包围地中海的罗马帝国的，是一个北临北海和波罗的海，西临大西洋，南临地中海的陆地帝国。高卢、日耳曼和意大利被合为一体，势力伸及西班牙人和斯拉夫人居住的地区，在这个广大帝国内，蛮族人与罗马人，基督教徒与原始异教徒的明确区分基本消除——大体一致的俗权教权封建统治开始形成。查理自然不能以一个蛮族国王的头衔为满足了。

公元 800 年，在查理进军罗马援救罗马教皇利奥三世时，于圣诞节在罗马圣彼得大教堂被教皇加冕为“罗马皇帝”，取得了罗马帝国继承人和罗马基督教会保护者的地位，由此，也开始建立了西欧、中欧广大地区是由皇帝与教皇实行双重统治的这种中世纪西欧封建法统的体系和理论。查理的这种地位不久便得到东罗马帝国皇帝与阿拉伯帝国哈里发的承认。

公元 800 年圣诞节那天，罗马圣彼得大教堂灯火辉煌，为了报答查理，立奥三世教皇在这里为查理加冕，称他为“罗马人皇帝”。从此，法兰克王国成为“查理帝国”，查理国王变成“查理大帝”。

查理在统治法兰克 47 年间，用武力使国家版图几乎扩大一倍。现在的法国、德国、意大利、南斯拉夫、西班牙等国的许多领土当时都属查理大帝的帝国所管辖。

之后，又经过一些变动，到 9 世纪末，在查理帝国的旧境上，分布着 3 个主要王国，一个是西法兰克，即法兰西王国；一个是东法兰克，即德意志王国；还有一个是意大利王国。近代西欧 3 个主要国家——法国、德国、意大利的疆土就是那时开始形成的。

教廷战争

教廷战争指11世纪—15世纪德意志历代国王和皇帝为征服意大利、获得帝王尊号和攫取财富而进行的几次侵略性战争。

神圣罗马帝国皇帝兼有日耳曼国王的一切权力，从撒克逊王朝第2任国王奥托一世（公元936年—公元973年在位）起，就一直握有主教的职权。教会是神圣罗马帝国政权的一个支柱，高级教士往往出身贵族，受任官职，参与机要；皇帝则从教会领地中寻求财物和军事支持。奥托一世及其后裔对主教广泛授予特恩权，即国王赐给教会大片领地，并把领地内的行政权和司法权授予主教，即所谓“奥托特权”。

亨利三世（1039年—1056年在位）时，先后罢免3位出自罗马贵族世家的教皇，任命班贝格主教苏特格尔（克莱门斯三世）和他的亲戚图尔主教（列奥九世）为教皇，完全控制了罗马教廷。

因奥托一世及其后裔对主教广泛授予特恩权，故而教界封建主统治广大农村，其领地往往靠近新兴的城市。他们争权夺利，荒淫无度，经营商业，从事高利贷活动，和世俗封建主同流合污。教士世俗化不仅在日耳曼境内如此，法国、意大利等地无不皆然。

历任教皇也穷奢极欲，贪图享受，买卖圣职，无恶不作。教会的道义威信大为降低，对世俗政权的依附则日益加深。基督教会的腐化堕落使它不能发挥麻醉人民、巩固封建统治的作用，因而引起一部分僧俗封建主的忧虑。于是，从教会内部，渐渐兴起一种改革运动，要求整饬教规，禁止教士结

▲ 罗马教廷外观图

罗马教廷从古代罗马主教府发展而来，最初无固定机构。1588年，教皇西克斯图五世设立教廷各部门，罗马教廷开始形成。其后教廷体制几经变化。第二次梵蒂冈公会议对罗马教廷体制实行了重大改革。罗马教廷的首脑为教皇，枢机团成员有选举或被选举为教皇的权利，分枢机主教、枢机神父、枢机执事三级，因皆穿红衣，在中国通称红衣主教。狭义的教廷仅指天主教的最高行政管理机构，主要包括各圣部、各法庭、教廷各秘书处，办事局和理事会以及一些常设委员会，均由教皇授权进行工作。教廷各圣部计有信理部、主教部、圣事礼仪部、神职部、修会及在俗团体部、万民福音传播部、列品部、天主教修院及大学教育部、东仪教会部；教廷各法庭计有宗座特赦法庭、高级法庭、最高法庭等。罗马教廷在一些国家派有外交代表，分为大使和公使，另在一些国家派有教皇私人代表，在一些国际组织中派有代表或常驻观察员。11世纪中期至13世纪中期，神圣罗马帝国皇帝与罗马教廷教皇为争夺基督教欧洲的领导权而陷入长期的纷争。

婚，脱尘绝俗；同时反对世俗封建主控制教会，主张教会独立，反对俗界授职权，出售教会职务；要求调整教会与国家的关系，强调教权高于王权，鼓吹重振教皇权威。法兰西南部勃艮第克吕尼修道院首倡教会改革。教会改革运动很快从法国发展到意大利，形成克吕尼派。

克吕尼改革派是修道士中的一批政治野心家。他们力图加强教会组织，使它成为欧洲一股有组织的政治力量。克吕尼派和教会世俗化的现象做斗争，力主遵守圣本尼狄克的修道传统。各地群起响应，不满教会的人也因不满教士的腐败贪婪予以支持。克吕尼派的影响迅速扩大。罗马教廷对世俗政权干预教会早怀不满。法兰克尼亚诸帝权势的扩张，尤使教廷惴惧。这样，教皇也积极赞助克吕尼派改革运动，借以打击皇帝的权力。

自列奥九世起，每年都在罗马召开宗教会议，把决议和教皇指示带到各地，从而提高了教廷的威信。原先是帮助履行祈祷任务的红衣主教逐渐转变成为由强大的教会诸侯组成的集团——它日益决定罗马教廷的政策。

1058 年，教皇尼古拉二世接受克吕尼修道士希尔德布兰的献策，同意大利南部的诺曼人结盟，对抗德意志皇帝。

1059 年，罗马教廷在拉太朗教堂举行会议，宣布将选举教皇的大权授予罗马的红衣主教，从而排除了罗马贵族和德意志皇帝在教皇选举中的影响。

教会改革运动首先在米兰引起轩然大波。米兰的僧侣封建主敌视改革，反对由驻米兰的教皇使节召开宗教会议。德意志皇帝亨利四世也乘机插手——他打破由教皇主持主教授职仪式的惯例，于 1072 年把象征主教职位的指环和节仗授予那个被教皇拒绝承认的、反对改革运动的大主教候选人。

1073 年，希尔德布兰当选教皇，即格雷戈里七世（1073 年—1085 年在位），教皇与皇帝的斗争更趋激烈。他的政治野心集中表现在 1075 年发布的《教皇敕令》中，它禁止君王、贵族行使神职任命权。敕令宣称："唯有教皇一人具有任免主教的权力"；"唯有教皇一人有权制定新的法律"，"决定教区划分和设立新教区的权力"；并声明"教皇有权废黜皇帝"，"一切君王应亲吻教皇的脚"。

1075 年 12 月，格雷戈里七世警告干预米兰大主教席位的亨利四世，如果他不服从教皇命令，将受到逐出教会的惩罚。

亨利四世把教皇的行动看作是公开宣战。他毫不示弱，1076 年 1 月在沃尔姆斯召集德意志主教会议，指控格雷戈里七世靠狡猾手段和金钱拉拢爬上教皇宝座，滥用权力，荒淫放荡，等等。他在一大部分德意志主教团的同意下，宣布废黜教皇格雷戈里七世，要他从教皇的座位上滚下来。

但是，亨利四世过高估计了自己的力量。沃尔姆斯宗教会议的决议并未能使教皇下台。相反地，格雷戈里七世在同年耶稣复活节前四旬斋期间召开的宗教会议上，利用当时德意志局势不稳，发布敕令，废黜亨利四世，将其革除教籍，解除臣民对皇帝效忠的誓约。德意志诸侯反对派立即作为罗马教廷的同盟者开始反对德意志皇权。1076 年夏，士瓦本公爵鲁道夫、巴伐利亚公爵韦尔夫和克恩滕公爵贝特霍尔德等在乌尔姆集会商讨选举一位新国王。

许多贵族则主张：只要亨利四世尊重大封建主的自主，他们就承认亨利四世为国君。格雷戈里七世也准备撤回废黜和放逐令，只要亨利四世向教皇的要求让步。

1075 年 10 月，在特里布尔召开的诸侯集会上，准备妥协的多数派最后贯彻自己的意图：教皇应当作为仲裁者，越过阿尔卑斯山来裁决国王和诸侯之间的冲突。要求废黜国王的集合在士瓦本公爵鲁道夫周围的激烈派则声称：如果亨利四世在 1 年之后仍处在放逐之中，他们就不承认他为君王。

亨利四世陷于孤立，他既不愿接受教皇的仲裁，但又必须摆脱被放逐的地位，不得不向教皇屈服。1077 年 1 月，他带少数随从到意大利北方教皇住所卡诺沙城堡外，赤足披毡，在风雪中等候 3 天，求教皇赦罪。在得到教皇赦罪后，他才返回国去。

卡诺沙事件意味着罗马教廷的权力达到顶峰。亨利四世也获得一些所希望的结果——他使诸侯反对派失去另立国王的借口。亨利四世虽然阻止了格雷戈里七世越过阿尔卑斯山充当王权和诸侯之间的仲裁人，但正因为没有仲裁，诸侯中的激烈反对派于 1077 年 3 月在福尔希海姆选举士瓦本公爵鲁道夫为国王。但是，亨利四世的策略达到了目的，它使反对派失去了选举新国王的有利时机，因为如果反对派在1076年10月选举新国王，那时亨利四世还在被放逐之中，那么反对派就会获得比后来多得多的支持者。现在，亨利四世能够在巴伐利亚的低级贵族、士瓦本的贵族（包括高级贵族）和莱茵城市的支持下，把反对派赶向东方，限制在撒克逊。教皇又玩弄阴谋，挑动双方进行内战达3年之久，自己则坐山观虎斗。

1080年，鲁道夫胜利。教皇立刻把他加封为皇帝，再次宣布废黜亨利四世。不久，亨利四世转败为胜，鲁道夫在与亨利四世的战斗中死去，反对派瓦解。

战胜国内反对派诸侯的反叛后，亨利四世于次年进军意大利，目的是用武力压服在1080年再次对他宣告放逐的教皇，围困罗马城达2年之久。教皇向诺曼人求援，但诺曼军还未到，罗马城已被攻陷(1084年)。格雷戈里七世南逃萨莱诺（次年去世）。亨利四世另立一个教皇，称克雷门三世。

当诺曼人的军队逼近罗马城时，亨利四世撤兵而去。诺曼人遂进入罗马城，抢劫3天，然后放一把火，罗马城的三分之一都被烧毁了。

罗马教廷中的改革派很快从这一打击中恢复过来，1088年选出的教皇乌尔班二世又与南德的诸侯反对派联合。1090年，亨利四世又进军意大利，但被由伦巴德城市、韦尔夫公爵和转向教皇派的他自己的儿子康拉德结成的联盟阻断后路，直到1097年困居威尼西亚，在与韦尔夫人妥协后才返回德国。

亨利四世的第二个儿子亨利五世在1098年作为继承人加冕为德意志国王。在萨利安贵族反对派日益增多和许多诸侯推举新君王的意图日益明显的情况下，亨利五世担心他和父亲都将失去王位，为此他暗中与某些贵族结盟，并允许他在亲政后将放弃父皇的敌视诸侯政策和尊重贵族的特权。

1104年夏，巴伐利亚公爵公开反叛亨利四世。撒克逊也出现贵族叛乱的征兆。亨利五世也投入诸侯阵营并成为这个诸侯反对派的首领。亨利四世所能依靠的只是莱茵地区和纽伦堡、雷根斯堡和维尔茨堡等城市以及他的一些陪臣。亨利四世在对抗中被其子亨利五世所俘，后逃到洛林，重新集合军队。但是，他的力量已不足以改变不利的形势。1106年，亨利四世在列日去世。这样，贵族反对派对于中央皇权取得了一个决定性胜利。

新国王亨利五世（1106年—1125年在位）不甘心长期扮演贵族所赋予的无足轻重的角色。他要求确认他的全部主教授职权和加冕称帝。教皇帕斯卡尔二世的答复是：亨利五世只有放弃宗教权力才能为其加冕。

1110年，亨利五世率军进入罗马城，把教皇连同红衣主教们逮捕监禁，强使教皇帕斯卡尔二世承认皇帝对教会选举产生的主教、修道院院长有续任权，以此换取释放。教皇在压力下不得不满足亨利的要求并为其加冕。但不久教皇又反悔，于1112年召开拉太朗宗教会议，推翻协议。

亨利五世再次出兵，把帕斯卡尔二世驱逐，另立新教皇卡立克斯特斯二世。但由于亨利五世力图削弱诸侯的领地、扩大王室领地，很快又形成了以美因茨大主教和撒克逊公爵为首的诸侯反对派。

1121年，亨利五世与威胁要废黜他的诸侯反对派达成妥协：如果亨利再次进攻诸侯，诸侯有权结盟反对他；而诸侯也允诺，在罗马教廷和皇帝之间进行调停。

1122年，教皇卡立克斯特斯二世与亨利五世签署《沃姆斯宗教和约》。和约规定：在德意志，主教由教士选举产生，产生分歧时皇帝有干预权；当选的主教由皇帝授予象征世俗权力的权杖，然后由教会授予象征宗教权力的指环和牧杖；在意大利和勃艮第，皇帝无权干预主教和修道院院长的选举，由教会对当选者先授予宗教权力，6个月后，皇帝方可授予世俗权力。

和约是双方妥协的产物。教皇与皇帝争夺主教任命权的斗争，本质上是争夺主教领地上的政权和征税权的斗争。结果，教皇削弱了皇权对教会的影响，但没有实现教权高于世俗权力的目的；皇帝享有对德国教会的一切权力，因为教会在德国不可能违反皇帝的意志而合法行使权力，但皇帝在意大利和勃艮第的世俗授职权纯属形式。

征战意大利

1125 年，亨利五世去世，法兰克尼亚王朝结束，韦尔夫家族（巴伐利亚公爵）、霍亨斯陶芬家族（统治士瓦本和法兰克尼亚）和撒克逊公爵展开争夺王位的斗争。结果，撒克逊公爵洛塔尔三世（1125 年—1137 年在位）当选，但不久王权落入霍亨斯陶芬家族的康拉德三世（1138 年—1152 年在位）之手，开始了德国历史上的霍亨斯陶芬王朝（1138 年—1254 年）。

这个王朝的弗里德里希一世（1152 年—1190 年在位）皇帝曾 6 次远征意大利，持续近 30 年之久。意大利人民的鲜血染红了弗里德里希的胡子。从此，弗里德里希一世被称为“巴巴罗萨”（意为红胡子）。

弗里德里希一世力图恢复和加强皇权。他不断扩大在法兰克尼亚、维尔腾堡和阿尔萨斯的世袭领地，给为他服军役的骑士封土；他不遵守《沃姆斯宗教和约》，仍然任命主教，截取教会收入。但是，他为了换取大封建主出兵支持侵略意大利，于 1150 年让强大的撒克逊公爵狮子亨利放手侵占易北河以东的西斯拉夫人土地，并授予授职权；两年后又把类似权力授给奥地利边区伯爵，并晋升他为公爵。此外，这些公爵逐渐取得了公国的世袭权以及其他助长独立性的特权，这导致后来在德国形成邦国诸侯的主权。

12 世纪中叶，意大利是欧洲经济最发达的地区。西西里在东罗马人和阿拉伯人的影响下手工业繁荣，它的产品向北方输出；西西里和上意大利沿海城市热那亚、比萨和威尼斯是欧洲和东方之间重要的商业连接点，它们通过运输和供应十字军的军需和生活用品而致富；意大利中部和北部城市如米兰、帕维亚、洛迪、克雷莫纳、帕尔玛、布雷西亚、曼都亚、维罗那、帕多亚、费拉拉、波伦亚、卢卡、佛罗伦萨也从普通的经济高涨中得益。但是，意大利在政治上比德国还要四分五裂，德意志皇帝和罗马教皇阻止意大利统一。城市之间竞争激烈，上意大利还不断地发生敌对冲突。弗里德里希一世面对上意大利混乱和诺曼人进逼罗马教廷的形势，认为这是恢复和加强皇权的良机。

与此同时，罗马教廷又遭到罗马居民的攻击。当时的罗马城虽不是工商业中心，但居民可从服务于众多朝圣者的各种行业中获得巨额利润。罗马教廷对此特别眼红，便巧立名目，向居民征收数目繁多的苛捐杂税，禁止手工业者和商人组织行会。罗马居民对教廷的搜刮政策和封建领主的欺压十分不满。于是，12 世纪 40 年代，反教皇反封建主的共和国运动在罗马爆发。这场运动的领导者是唯名论哲学家阿伯拉的学生阿诺德（1100 年—1155 年）。

阿诺德青年时期曾在伯利霞城当过修道僧，由于猛烈攻击教会的腐化，被教皇革职、逐出意大利。阿诺德来到法国，成为阿伯拉的学生。1145 年，阿诺德到罗马后，继续斥责红衣主教团是“一伙偷窃犯”；斥责教皇是靠火刑和刀剑来维持权威、靠掠夺别人的钱柜以饱私囊的恶棍，既不配叫人顺眼，也不配受人尊敬。

阿诺德主张剥夺教皇的世俗政权，恢复基督教的平民性质；憧憬复兴强大的古罗马，建立一个统一的意大利国家。

在阿诺德的宣传鼓动下，1143 年，罗马的手工业者和商人举行起义，占领了卡皮托利丘，在此举行了有贫民参加的元老院会议。会议决定把城市政权交给公社，宣布成立罗马共和国。起义群众赶走许多封建主，痛打红衣主教。教皇鲁齐二世被打死，新教皇哈德良四世也吓得逃之夭夭。

教皇政权被推翻又成为德意志封建主入侵意大利的借口。1152 年，霍亨斯陶芬王朝第一代强有力的皇帝红胡子弗里德里希一世即位后，一心要巩固神圣罗马帝国对意大利北部富庶地区的统治。

1154年，弗里德里希一世第一次越过阿尔卑斯山，侵入意大利。大军铁蹄所到之处，血腥屠杀人民，肆意破坏城市。德军没有遭到剧烈抵抗就进入罗马城。教皇哈德良四世出于对罗马共和国的恐惧和仇恨，于1154年为弗里德里希一世加冕，称“神圣罗马帝国”皇帝，从此在罗马帝国名称之前冠以“神圣”两字。

1154年，他在皮亚琴察附近的隆卡利亚平原召开各邦君主、摄政和显贵参加的会议，重申德意志皇帝对意大利享有的特权，有权占有产业、征取税收和任命德国人为城市官员。为答谢教皇的加冕，弗里德里希一世出兵镇压罗马共和国。

罗马起义者为保卫共和国进行了英勇战斗，但最后由于叛徒出卖而失败，阿诺德被捕。弗里德里希一世下令把阿诺德以叛逆罪处以绞刑，还把尸体焚化，把骨灰投入台伯河中，以防群众把他的骨灰奉为神圣。

1154年，德军入侵意大利。这是弗里德里希一世打算制服伦巴底诸城市的开端。他每年从意大利掠夺的财富值3万镑之多，远远超过他在德国的收入。这种掠夺政策当然遭到意大利北部城市，特别是位于伦巴底中心强大的米兰反对。在以后近二十年中，他又数次越过阿尔卑斯山，蹂躏富饶的意大利北部地区。

1158年，弗里德里希一世再次入侵意大利，攻陷米兰，在皮亚琴察附近的隆卡利亚举行会议，重新审查意大利城市的自治权。按照皇帝的法律家解释，市民的自治权似乎是与罗马民法相抵触。会议据此把意大利城市的最高权力赋予皇帝一人——他有权任命官吏，征收捐税，审判居民，铸造货币。会议结束后，弗里德里希一世委任了一批城市的最高官吏。

意大利多数城市被迫接受了弗里德里希一世派来的官吏，但克雷莫纳、米兰、布列什亚等城市拒绝接受。1159年，教皇亚历山大三世联合意大利北部城市和两西西里王国反对弗里德里希一世。

1160年，弗里德里希一世第三次远征意大利。

他为压服诸城的抵制，首先包围了克雷莫纳。该城市民奋起反抗。德国的骑士们兽性大发——他们把俘虏的头颅砍下来当作玩具掷来掷去。

有一次，弗里德里希一世下令将擒获的俘虏绑在一个戒备森严的高塔顶端，想以此迫使城市降服。然而，从塔顶上传来的却是战斗的呐喊声："我们为祖国为自由而死无上光荣，我们不怕牺牲，因为只有牺牲才会使我们获得解放。"塔顶被摧毁，俘虏们壮烈殉难。市民们继续顽强地抵抗了 8 个月之久，最后由于叛徒出卖，克雷莫纳城失陷。

弗里德里希一世攻陷克雷莫纳后，又集中兵力攻打米兰。米兰居民同仇敌忾，誓死抵抗。德军围城 3 年，未能攻克，直到 1162 年，城内弹尽粮绝，才停止抵抗。

德军入城后，勒令全部居民离开城市。人们光着双脚，脖子上套着绳索，头上撒满灰尘，手执燃烧的蜡烛，迎着皇帝走来；德军吹起呜咽的号角，"声声好像为死亡的骄傲城市送葬"。根据弗里德里希一世的旨意，米兰城旗被撕碎。居民们哭天恸地，扑伏在地。弗里德里希一世看到此种情景，无动于衷。米兰城的许多居室被夷为平地，还在地上撒了一层盐，以示惩罚"万恶不悛的"米兰居民。居民们有几周时间栖息荒野。

弗里德里希一世在克雷莫纳和米兰骇人听闻的暴行，没有吓倒意大利北部各个城市。1164 年，威尼斯、维罗纳、帕多亚等城市在教皇、西西里和东罗马支持下成立维罗纳同盟，同时克雷莫纳等 8 城也成立同盟。

1167 年，两同盟联合称伦巴德同盟，最多时有 20 多个城市参加这个同盟，共同支持米兰，反对弗里德里希一世。

联盟在意大利西部波河一个渡口处兴建了一座城堡，以教皇的名字命名为亚历山大里亚城，里面广积粮草，准备对德军作战。同年，弗里德里希一世第四次越过阿尔卑斯山，攻陷罗马，并在那里再次加冕。教皇亚历山大三世逃往南意大利。

但是，弗里德里希一世在上意大利的统治很快崩溃，许多城市驱逐了弗里德里希一世委派的长官，越来越多的城市加入伦巴德同盟。弗里德里希一世于 1168 年逃回德国。

1175 年，弗里德里希一世第五次远征意大利，企图彻底粉碎伦巴底联盟。这时，他顾虑到城市的力量，试图与城市取得谅解，但是由于伦巴德同盟要求教皇参加和约而没有成功。

1176 年战事再起。联盟的军队同德军在米兰附近的利亚诺进行大战。联军阵中各城城旗飘扬，周围护以 900 名卫士和 300 名由市民组成的“敢死队”。

开战后，联军士气高昂，勇猛冲杀，德军丢弃大量辎重，狼狈逃窜。弗里德里希一世的坐骑被击毙，本人仅以身免，在几日内下落不明。

利亚诺之战大长了意大利人民的志气。米兰人民在向波伦亚城报捷时，带去在战争中缴获的德意志旗帜和弗里德里希一世随身的宝剑，把这些东西看作是全体意大利人民的战利品。

遭到惨败的弗里德里希一世无力再战，于 1177 年与教皇亚历山大三世缔结《威尼斯和约》。意大利北部城市作为独立的力量参加了会议。弗里德里希一世答应归还他占领的教皇领地，不再反对教皇和不折不扣地执行 1122 年的《沃姆斯宗教和约》，并蒙受了极大的屈辱：他跪在地上，吻了教皇亚历山大三世的脚，并将教皇扶上马镫。

1179 年，亚历山大三世为杜绝神圣罗马帝国皇帝对教皇选举的干预，制订了新的《教皇选举法》，规定教皇只需有红衣主教们的三分之二赞成票便可当选。

1183 年，弗里德里希一世又与伦巴底联盟签订了《康坦茨和约》，承认同盟合法，放弃任命城市官员、征收税收等特权，仅保留形式上的最高授职权，无权否决；此外神圣罗马帝国皇帝出巡意大利时，同盟有义务提供粮秣、维修道路、桥梁和热情接待。据此，伦巴德联盟各城邦和自治权得到确认，实际上摆脱了神圣罗马帝国的控制而独立。

弗里德里希一世在意大利的扩张以惨败告终。

弗里德里希一世在意大利的失败是中古时期意大利人民前仆后继抗击外族侵略所取得的一次最辉煌的胜利。罗马教皇窃夺人民的胜利果实而加强了自己的地位。在莫诺森三世时期（1198 年—1216 年在位），罗马天主教会最终发展成为封建制度的国际中心。

波斯战争

6 世纪至 7 世纪，东罗马帝国与萨珊波斯为争夺在小亚细亚的领土和霸权进行了旷日持久的战争，历史上称之为波斯战争。

公元 476 年，西罗马帝国为蛮族所灭，在人类历史的舞台上消失了。而东罗马帝国由于一方面继承了罗马的政治体制和古典文化，另一方面也吸收了希腊化诸王国在政治、经济、文化方面的传统，并以基督教作为帝国的精神支柱，保持了经济上的繁荣和政治的稳定，加上东罗马帝国控制了东西方贸易的通道，它成为当时实力强大的奴隶制大帝国。其版图包括欧洲的巴尔干半岛、亚洲的小亚细亚、亚美尼亚、叙利亚、巴勒斯坦、上美索不达米亚和非洲的埃及、利比亚，是一个横跨三大洲的大帝国。首都君士坦丁堡原是古希腊移民城市拜占庭的旧址，所以东罗马帝国通常又称拜占庭帝国。

公元 487 年，科巴德一世登上波斯王位。他好大喜功，试图像其远祖一样以武力对外征服，扩大自己的版图，传布拜火教。在他的指挥下，由波斯人、匈奴人和阿拉伯人组成的联军征服了上美索不达米亚和亚美尼亚。公元 502 年，联军又围攻阿米达城。经 80 天鏖战，他们攻陷该城，并连续击败了东罗马军的反击。

此时，东罗马帝国皇帝阿那斯塔修斯一世（公元 491 年—公元 518 年在位），因面临着东哥特国王狄奥多里克的进攻，无力与波斯进行大规模战争；而波斯也因遭到阿瓦尔人入侵，被迫从战争中撤军。双方于公元 505 年媾和，东罗马以 1000 磅黄金为代价收复阿米达城，双方维持原有边界。双方再次处于约 20 年和平状态。

随着时光流逝，科巴德一世年事渐高。在处理身后之事时，他有意将王位传给最宠爱的三儿子库斯鲁，但又害怕以少凌长日后会引起王位之争，所以他打算让库斯鲁投靠东罗马帝国，以便日后依靠东罗马帝国的势力登上波斯王位。于是，他在公元 526 年致信东罗马帝国皇帝查士丁一世（公元 518 年—公元 527 年在位）。信中说："予已及颓龄，吾子库斯鲁乃一孺子，尚不堪世事，予百年之后，无人可保国祚。望皇帝以邻国之敦谊，收库斯鲁为养子，使之依恃皇帝之庇护。果然如此，予方得安于瞑目。"

东罗马宫廷内部围绕是否接受科巴德一世的请求展开了争论。当时大臣们分成几派：有人主张接受请求，重修两国之好；有人认为波斯是东罗马的宿敌，恐其托孤是计，所以主张拒绝；有人主张既不接受，也不拒绝，静观事态的发展再做决定。但争论的结果是，主张拒绝的人占了上风。因而，查士丁一世拒绝了科巴德一世的请求。这件事使双方诸多矛盾又增加了新的因素。科巴德一世感到自己的声威受到了触犯。他十分恼火，怀恨在心，伺机报复。

公元 527 年 8 月，东罗马皇帝查士丁一世去世，其外甥查士丁尼继位，此即东罗马历史上著名的查士丁尼一世（公元 527 年—公元 565 年在位）。当时，东罗马帝国正处在内外交困之中。国内阶级矛盾和斗争激烈，奴隶与隶农起义不断，宗教异端运动迅速发展；周边各蛮族也经常侵扰帝国边境。诸种矛盾交织在一起，震撼着东罗马的统治。

查士丁尼青少年时受过良好的教育，接受了罗马的传统观念。他精力旺盛，工作能力非常强；他待人和善可亲，但又是个残酷冷漠的人；他还是个狂热的基督教信徒。在政治上，他为了实现自己的目的，不惜一切代价，即便是流血牺牲也不在话下。

他登上帝位之后，为自己确定了主要的政治目标，力争"收复"西部领土，恢复基督教的罗马帝国，积极在东方、西方两条战线上作战，力图收复失去的罗马帝国领土，扩大东罗马帝国的版图。他向东方的征伐激化了与波斯的矛盾，因而战争不可避免。

由此开始，在以后一百多年里，东罗马与波斯之间先后进行了5次大规模争霸战争。

为了争夺高加索通往黑海的出海口，参加对东方的贸易，并牢牢掌握对小亚细亚地区的统治权，公元527年，刚刚继位的查士丁尼一世任命贝利撒留为东罗马军东方战线统帅。

贝利撒留（约公元505年—公元565年）出生于巴尔干半岛达尔马提亚的农家。他膂力过人，性情坚韧，有胆有识，颇具大将风范。因其妻安东尼娜与皇后狄奥多拉过从甚密，他成为查士丁尼一世的宠臣。此时，他虽只有22岁，但已荣登东罗马高级将领之列，出任东方统帅这一要职。

贝利撒留到任后，一方面大力整饬军纪，提高军队的战斗力；另一方面着力于加强防务，在尼西比斯修筑要塞。

科巴德一世得到贝利撒留出任东罗马军东方统帅和他致力于军务的消息，认为不能坐等东罗马势力发展——如果任其扩大实力，将会对波斯极为不利。于是，他下决心先发制人，在公元528年先向东罗马宣战，挑起了第一次东罗马与波斯之间的战争。

战争爆发后，科巴德一世派扎基西斯率领3万大军向贝利撒留指挥的东罗马军发动猛烈进攻。当时，贝利撒留麾下共有2.5万人，是一支由东罗马人和蛮族人混合编成的队伍。这支队伍虽经贝利撒留做了整顿，但因时日过短，仍然存在纪律松弛、意志消沉等弱点，加上构成复杂，与波斯军相比，无论在数量上和质量上都处于劣势。

战斗开始后，扎基西斯指挥波斯士兵勇猛冲杀，很快就在战场上占据了主动地位，击败了东罗马军。

首战失利后，贝利撒留冷静地分析了双方的力量对比和战场形势。他认为，在敌强我弱的形势下，应当主动后撤，集中力量，待敌人的战线拉长，力量分散之时再主动出击，与敌人决战。这样，他下令东罗马军全线后撤，集中在德拉城。

初战告捷及顺利进军使波斯军新任统帅贝利则斯认为贝利撒留无计无谋、胆小如鼠，以为东罗马军不堪一击，德拉城唾手可得。公元 530 年，他率领 4 万精锐波斯军直扑德拉城。

德拉城是美索不达米亚平原上的战略重镇，位于尼西比斯北部 23 千米处，距底格里斯河有 4 天路程，四周没有任何自然屏障，完全依靠城防工事保护。其城防由内城、外城、护城河和防御壕及塔楼组成。内城城墙高达 30 米，外城的墙基坚固。为了加强守备，与敌人周旋，贝利撒留在城内布置了大批军队；在开阔平坦的城外，挖掘了纵横交错的交通壕，以掩护待命出击的骑兵。

刚愎自用的贝利则斯十分轻敌，认为波斯军很快就会击败敌人并攻占城池，因而在攻城之前即向德拉城内的市民发布通告，要他们准备好洗澡水，以便占领该城后为波斯士兵洗涤征尘。

战斗开始后，波斯军发动了猛烈的进攻，东罗马军接连失利，军心动摇。就在这危急时刻，贝利撒留指挥两翼的骑兵适时出击，出其不意地从两个方面夹击敌人侧后。在东罗马骑兵冲击下，波斯军阵脚大乱，导致全军溃败。波斯军统帅贝利则斯见大势已去，弃军逃走。

波斯士兵丢弃武器，四散奔逃，结果有 5000 人阵亡、8000 人被俘。获胜的贝利撒留为防敌人反扑，下令收兵回城，重整防务。

公元 531 年，波斯军渡过幼发拉底河，从叙利亚沙漠方向发动进攻。贝利撒留统兵 2 万前往援救。波斯军发动的多次进攻都在贝利撒留的巧妙应付下瓦解了。

在胜利面前，东罗马军中的骄傲轻敌情绪日益高涨，加上贝利撒留尚不满 26 岁，其部下诸将欺其年轻，经常不服从他统辖，全军缺乏行动的一致性，直接影响了此后的战争进程。

当时，贝利撒留为了尽快退敌，下令要东罗马军每晚都抢先占领敌人预定第 2 天占领的阵地，待敌人前来进攻时，经短暂战斗，即主动放弃。这样，通过拉锯战来消耗敌人的有生力量。但贝利撒留的部将急于立功，不遵守贝利撒留的命令，有的轻举妄动，擅自出击，以致在卡尔基斯城附近轻易与波斯军主力交战。

在战斗中，位于东罗马军右翼的阿拉伯人在波斯士兵拼死攻击下临阵逃脱，使东罗马军陷入绝境，800 名英勇善战的匈奴老兵被包围消灭。只有左翼的东罗马步兵在贝利撒留的激励下，在幼发拉底河岸背水一战，顶住了波斯骑兵的冲击，并乘夜巧妙渡河撤退，摆脱了危险。波斯军取得了卡尔基斯会战的胜利。

公元 531 年秋，波斯国王科巴德一世逝世，国内发生继嗣之争，政局动荡不安；而东罗马方面，查士丁尼一世为了恢复失去的国土，准备集中全力对非洲用兵，进攻汪达尔王国，也急于尽快结束与波斯的战争。这样，因双方都无心再战，就在公元 532 年达成媾和协议，结束了第一次波斯战争。

条约规定：东罗马撤回德拉城的驻军，向波斯支付 1000 磅黄金。

纵观第一次波斯战争，波斯军在数量和质量上始终占绝对优势，但是东罗马军在足智多谋的贝利撒留指挥下，以少胜多，以弱胜强，给波斯军以很大打击。

由于这次战争是一场没有经过决战定出胜负就停战媾和的战争，在某种意义上可以说是一场没有打完的战争。虽然查士丁尼一世不惜以金钱和实利换取了和平，但是在交战双方之间存在的矛盾并未消除，双方的军事力量也没有受到任何大的损失，因而双方的冲突和战争仍是不可避免的。

双方停战后，波斯新王库斯鲁一世（公元 531 年—公元 579 年在位）利用和平时机致力于稳定国内政局。

他在无情镇压政敌，巩固自己的地位，把持了朝政之后，就开始大力进行国内的政治、经济和军事等方面的改革。

首先，他鼓励发展农业，推广农耕技术，向人烟稀少的边疆地区大量移民；其次，大力整修道路，发展交通事业，使之既有利于军队的调动，也为贸易往来提供便利；第三，改革军制，以铁甲骑兵和农民组成的步兵为主，建立新的正规军，增强军队的训练和组织纪律性；第四，大力进行税制改革，增加国家财政收入。

他改变过去官员和贵族随意摊派税额和随意征收的旧制，开始征收固定的土地税和人头税，每年分两次完税；另外，他还奖励发展工艺品的制造，并大力发展文化教育事业，创办了苏萨大学。

这些措施巩固了波斯王室的地位和中央集权统治，也使波斯的政治、经济和军事实力得到增强。

库斯鲁一世是个野心勃勃的人。他进行改革的目的，就是要增强国力，对外进行侵略扩张，扩大自己的版图。

但是，在他致力于解决国内问题的时候，东罗马军已征服了汪达尔王国，正在向东哥特王国进攻。因此，库斯鲁一世非常不安——他既嫉妒查士丁尼一世取得的成功，又担心东罗马势力的强大会威胁到波斯的生存，因而整日郁郁寡欢，苦思对策。

就在这时，公元 539 年底，东哥特国王维提吉斯派特使求见库斯鲁一世，告诉他：东哥特王国在贝利撒留指挥的东罗马军打击下，已岌岌可危，敦请库斯鲁一世火速出兵东罗马，以减轻东哥特王国的压力，同时可以从东西两个方面夹攻东罗马。

库斯鲁一世不愿看到东罗马打败东哥特王国后壮大力量，接受了请求。他认为，东罗马军的主力都在贝利撒留的指挥下西征东哥特王国，国内必定空虚；而且亚美尼亚人和科尔奇斯人不满东罗马的统治，如果趁此时机发动战争，一定会取得胜利。于是，他先唆使阿拉伯人进攻东罗马，尔后以援助阿拉伯人为名，撕毁和约，向东罗马宣战。战争再次爆发。

公元 540 年春，库斯鲁一世亲率大军从首都泰西封出发，沿幼发拉底河西岸前进。东罗马人猝不及防，加上东罗马军在幼发拉底河防线上的兵力薄弱，无法与波斯军对抗。因此，战争一开始，库斯鲁一世就给予了东罗马军以自亚德里亚堡战役以来所没有受到过的打击。在镇压了小城苏拉的反抗后，库斯鲁一世率军进攻希拉波利斯、卡尔基斯等城，勒索得巨额赎金，然后直捣叙利亚首府安条克。

安条克是东罗马在东方的第二大城市，人口稠密，建筑宏伟，三面环山，一面临奥伦德斯河，围绕城市建有坚固的堡垒。守将是查士丁尼一世的外甥。他完全是依靠姻亲关系担任这一职务的，根本就没有指挥才能。虽然在波斯军的包围圈形成之前，查士丁尼一世派来的6000援军已进入城内，但援军的到来并未使军队的士气有所提高。

波斯军围城之后，库斯鲁一世指挥大军攻城。数万波斯士兵肩扛登城的云梯发动了一次次强攻。在残酷、激烈的战斗中，东罗马军的伤亡不断增加。许多士兵从旁门突围逃走。城内的吉莫（市民的区域组织，有自选的区长，负责治安）派出大批青壮年支援残留在城内的士兵进行抵抗，但在波斯军的最后总攻下，安条克城陷落了。

为了报复，库斯鲁一世下令让波斯军大肆烧杀抢掠。安条克城内的寺院受劫掠，房屋被焚烧，人民遭屠杀，整个城市惨状纷呈，劫余的居民被掳往波斯。

尔后，库斯鲁一世挥军进攻地中海东岸地区。

在这一年里，库斯鲁一世率领波斯军纵横驰骋在东罗马帝国的东方领土上，如入无人之境，取得了一连串的胜利，掠得的财宝不计其数。

在胜利面前，库斯鲁一世日渐狂妄自大，野心不断膨胀。他认为从东罗马帝国夺取小亚细亚已不成问题，就是东罗马帝国首都君士坦丁堡也将在波斯军的铁蹄下化为齑粉。

东罗马皇帝查士丁尼一世得到波斯军入侵并劫掠的消息后，十分惊慌，急忙召回正在意大利指挥作战的贝利撒留，任命他为征讨波斯的统帅。公元

541 年，贝利撒留风尘仆仆地从意大利战场上赶回，戎装未卸就奔向叙利亚战场。

这时的贝利撒留经过十几年无数次战争的锻炼，早已成为一个杰出的骑兵指挥官和战术家。他建立了一支 7000 人的由东罗马人和一部分蛮族人组成的亲随骑兵。他们身披锁子甲，装备有日耳曼人的长矛和波斯人的弓箭，在战斗中行动迅速，勇猛异常，成为东罗马军的主力，被称为“铁甲士”。作为一名将军，贝利撒留深知士兵重要。因此，他非常爱护士兵，珍惜士兵的生命。在战斗中，他总是身先士卒，带领亲随骑兵驰骋拼杀，因而得到士兵们的崇敬和爱戴。

贝利撒留抵达东方前线，立即指挥东罗马军向前推进，在幼发拉底河畔扎营。他详细考察、研究了战场形势，决定采取引蛇出洞的战术，把以逸待劳、固守堡垒的波斯军引出来，加以伏击。但是，由于执行诱敌任务的阿拉伯雇佣军军纪涣散，战斗力低下，计划失败了。

这时，由于家庭纠纷，查士丁尼一世召贝利撒留回君士坦丁堡。他只好暂时离开了前线。波斯军趁机发动进攻，缺乏主帅的东罗马军无心恋战，节节后退。

公元 542 年，当贝利撒留重返前线时，东罗马军已退缩到希拉波利斯城。他立即投身于建立新战线的工作，同时，鼓励士兵振奋精神，奋勇向前。

很快，他就在希拉波利斯城和幼发拉底河之间建立了新防线。新防线是由骑兵和步兵按梯次配备组成的：第一线是由 6000 骑兵组成的机动部队；第二线是由哥特人、汪达尔人、伊比利亚人等组成的步兵。步兵每个阵营分为 4 队，第一队持鞭，第二队仗剑，第三队执弓，第四队用斧。此外，他在幼发拉底河东岸部署了 1000 名亚美尼亚骑兵，作为策应。

库斯鲁一世深知贝利撒留作为一代名将在胆量和韬略方面有过人之处，当他看到东罗马军已做好迎战准备，就决定放弃进攻，避免与贝利撒留进行决战。于是，他引兵向北进攻，劫掠黑海北岸。

此时，流行于欧洲大陆的黑死病（鼠疫）在东罗马肆虐起来。在黑死病的袭击下，君士坦丁堡的居民大量死亡，最多时一天有近万人死于瘟疫。同时，黑死病也威胁到交战双方的军队。两军因此不得不休战。

留在前线的贝利撒留利用休战整训军队。这时，一个消息传到前线，说查士丁尼一世死于黑死病。一个部将趁机劝说贝利撒留利用手中的兵权夺取帝位。这件事被人密报君士坦丁堡。查士丁尼一世本来就害怕贝利撒留功高盖主，此时他不问青红皂白就将贝利撒留召回，没收其财产，剥夺其亲兵，削去其职务，使东罗马军失去了一位杰出的指挥官。

见东罗马内部发生纠纷，库斯鲁一世觉得有机可乘，又于公元 543 年派军进占亚美尼亚，并全歼了前来进攻的 3 万东罗马军。

公元 544 年，库斯鲁一世再次亲征上美索不达米亚，围攻首府尼得撒城达数月之久。但波斯军发动的多次攻城战均因城高险固未能如愿。无奈，他率军退回尼西比斯。

公元 545 年，双方缔结了一个有效期为 5 年的停战协定。根据协定，波斯将所占领土归还东罗马，东罗马则偿付波斯 2000 磅黄金。第二次波斯战争至此结束。

这次战争双方仍未决战。由于查士丁尼一世采取以金钱买和平的息事宁人的政策，战争暂时停止了，但导致战争的因素并未消除，战争仍是解决双方矛盾的唯一手段。

公元 549 年，东罗马和波斯围绕科尔奇斯又爆发了战争。

科尔奇斯只是一个小国。它位于黑海东岸，扼守作为东西方商路的高加索通道，法息斯河流经其间，河运十分便利，从河口的港口只需 9 天即可航行到君士坦丁堡。

科尔奇斯物产丰富，特别是黄金等矿产蕴藏量很大。优越的地理环境，丰富的物产，吸引了众多的人口，科尔奇斯成为多民族的聚居地。科尔奇斯的人口有 400 万，仅使用的语言就达 130 多种。它由 7 个部落组成，其中以拉济卡部落最大，拉济卡酋长又称为科尔奇斯国王。

富庶的科尔奇斯一直是周围强国的争夺目标。为了进行自卫，科尔奇斯国内建有许多小要塞，每个要塞都有砖砌的城墙和塔楼，并配备相当数量的守军。全国号称有军队 20 万人。

▲ 查士丁尼一世颁布法典

东罗马帝国皇帝（约公元 483 年—公元 565 年），在位时多次发动对外战争，领土扩大，下令纂成《查士丁尼民法大全》。它是罗马法的重要典籍，对后世法律影响很大。公元 518 年 8 月，他成为君主。公元 532 年，查士丁尼一世镇压尼卡起义，重建圣索菲亚大教堂。为缓和东正教与基督一性派之间的矛盾，他于公元 553 年主持了东正教和基督一性派主教的联合会议。为了征服周边国家，恢复对西罗马故土的统治，查士丁尼一世在东方与波斯萨珊王朝进行长期战争（公元 527 年—公元 532 年，公元 540 年—公元 561 年）。他即位后，以贝利萨留为首的拜占庭胜波斯军。公元 532 年，双方达成永久性的和平协定，波斯承认拜占庭卡地区的宗主权。查士丁尼为统治被征服的领土，在迦太基设立阿非利加长官府和督军署。查士丁尼把被汪达尔人侵占的土地发还给当地居民和天主教会。

在古代，科尔奇斯是波斯帝国的属国。波斯帝国瓦解后，科尔奇斯被本都王国吞并。本都王国在米特拉达梯战争中失败后，科尔奇斯又被罗马帝国征服。但由于距罗马过于遥远，罗马的控制很松弛，实际上仍然作为一个独立的王国存在着。

随着基督教的广泛传播，科尔奇斯人纷纷转而信奉基督教。控制着教权的东罗马帝国趁机向科尔奇斯进行渗透，扩张自己的势力。公元522年，科尔奇斯遭到东方伊比利亚人侵害。为了求得东罗马帝国的庇护，科尔奇斯国王沙非亲自到君士坦丁堡接受洗礼，并娶东罗马人为妻。后来，他又与查士丁尼一世缔结同盟，实际上成为东罗马的属国。

到国王卡巴翟斯当政时，东罗马在比遵达和庇特拉修建要塞，驻扎重兵。开始，科尔奇斯人欢迎东罗马士兵的到来，认为他们是来保护自己的。但由于东罗马军的纪律涣散，长期以来，扰民行为不断发生。东罗马士兵到处侮辱、劫掠当地人民，甚至插手科尔奇斯的政治，使国王卡巴翟斯成为傀儡——政权几乎完全掌握在东罗马官吏手中。这些都大大伤害了科尔奇斯人的民族自尊心。

他们忍无可忍，遂向波斯国王库斯鲁一世恳求援助和友谊。早想染指科尔奇斯的库斯鲁一世接到请求后，大喜过望，马上应诺下来。他计划先派舰队沿法息斯河顺流而下，控制黑海商路和制海权，蹂躏本都王国和比西尼亚海岸；同时联合不满君士坦丁堡统治的各蛮族共同进攻东罗马帝国。

公元547年，库斯鲁一世率领8万大军以讨伐斯基泰人为借口，秘密进入伊比利亚。科尔奇斯人看到波斯军到来，认为是来解救他们的，高兴地为波斯军充当向导，帮助开辟通过高加索山脉的道路。卡巴翟斯王甚至跪在库斯鲁一世面前表示感谢，宣誓效忠波斯。

进入科尔奇斯后，库斯鲁一世指挥波斯军进攻庇特拉要塞。东罗马守军顽强抵抗，但在波斯军的轮番冲击下，城垣毁坏，残余的东罗马守军投降，庇特拉落入了波斯之手。

科尔奇斯人原以为“救星”波斯人的到来会给他们带来和平、安宁的生活。但事与愿违，作为专制君主的库斯鲁一世不但把以卡巴翟斯王为首的科尔奇斯人视为奴隶，百般驱使，而且下令强制要求科尔奇斯人放弃基督教信仰，改信波斯的拜火教。

在信奉基督教的科尔奇斯人眼中，拜火教的许多仪式和习俗是难以接受的。如拜火教习俗之一的天葬，是将亲人的遗体放在高塔上任凭日晒雨淋，作鸟和鹰的食物——这被他们看作是对亲人的不敬和残忍的行为。因此，他们对改教抱有反感，从而产生了敌意。

库斯鲁一世察觉后，准备暗杀卡巴翟斯王，并将科尔奇斯人迁往遥远的沙漠地区，把忠实于自己的波斯人移民法息斯河畔。科尔奇斯人听到这个可怕的消息后，慌恐万分——他们既不愿改变自己的信仰，也不愿离开世代生息的家园。于是，公元 549 年，他们再次向东罗马帝国皇帝查士丁尼一世求救。

查士丁尼一世觉得收复科尔奇斯的机会来了。他立即派将军达基斯特率 8000 东罗马士兵向波斯军发动进攻，力图从黑海沿岸驱逐波斯势力。双方因此展开了著名的庇特拉争夺战。

庇特拉要塞建在法息斯河口的一个伸向黑海的小半岛上。岛上地势险要，只有一条小路通向陆地，易守难攻。波斯军占领该要塞后，对要塞进行了改造，使之更加坚固。要塞中有 1500 名波斯士兵驻守，储有约 5 万件防御武器和 5 年的口粮。在东罗马军的围攻面前，波斯守军毫不畏惧，顽强战斗，保住了要塞。但是，在激烈的战斗中，有 1200 名波斯士兵阵亡，残存的 300 名波斯士兵在战友们的尸体堆中忍受着难耐的尸臭继续战斗。

在最危急的时刻，波斯将领梅尔美劳斯率领 3000 名士兵杀开一条血路，冲入城内增援。东罗马军因久攻不下，由贝思出任攻城总指挥。梅尔美劳斯是位失去双脚、在担架上指挥战斗的老将军；贝思则是一个久经沙场的年逾 70 岁的宿将。两人到达前线后都潜心研究战场上的形势，制订新的战略战术。

公元 551 年，5 万经过充分准备的东罗马军发起了新的攻城战。东罗马军使用需 40 名士兵搬运的大型撞城槌冲击城墙，然后用铁钩钩下松动的墙砖，力图打开一个突破口。波斯军则在城墙上往下倾倒用硫黄和沥青制造的燃烧剂，烧灼东罗马军，并以飞蝗般的箭矢阻止东罗马军登城。

东罗马军老将贝思一马当先，常常冲在队伍最前列。他的勇气鼓舞了东罗马士兵的斗志——他们顶着矢雨，奋勇登城。波斯军也在梅尔美劳斯的指挥下英勇杀敌，寸土必争。

残酷的战斗持续了几个月。战斗激烈之时，6000 名东罗马士兵同时架起云梯登城，战场上到处是刀剑的撞击声和士兵的喊杀声、呻吟声。

在东罗马军的攻击下，波斯军伤亡惨重，但仅存的 2300 人仍坚守着残破的要塞。在东罗马军的最后总攻击中，波斯军仅有 700 人受伤被俘，其余的 1600 余人均被剑与火夺去了生命。最悲惨的是被包围在名为天主阁卫城内的 500 名波斯士兵因拒绝投降，在东罗马军的火攻下，一齐葬身火海。

东罗马军在付出了巨大伤亡后，占领了已成为废墟的庇特拉要塞。

庇特拉围攻战后，东罗马军和波斯军在高加索山麓进行了 6 年拉锯战。东罗马军掌握了主动权，取得了多次小胜利。但波斯军得到源源不断的补充，力量不断增加，总兵力达到了 7 万人。

公元 554 年，波斯军向阿尔凯奥波利斯发动进攻。失利后，波斯军主动撤退。不久，他们再次发动进攻，占领了伊比利亚。战争逐渐向有利于波斯的方向发展。

连续的失利使东罗马军士气低落，战线不断后移。卡巴翟斯王逃入山中。

公元 555 年，那科劳凯恩出任波斯军统帅。他傲慢自负，不可一世，狂言在战场上取胜就像往自己手上戴戒指一样容易。当时，数万东罗马军已被波斯军困在法息斯河口一块狭小的地区，内无粮草，外无援兵。但置之死地而后生，处于绝境的东罗马军抓住有利时机，拼死向轻敌冒进的波斯军发起反攻，取得了胜利，消灭了波斯军1万余人。那科劳凯恩狼狈地逃回波斯，被激怒的库斯鲁一世将他剥皮处死。

面对战场上的败势，库斯鲁一世采取了养精蓄锐、以利再战的政策，主动放弃战争，逐渐将军队撤回国内。东罗马恢复了对科尔奇斯的控制。卡巴翟斯王再次向东罗马宣誓效忠，但不久被查士丁尼一世以背信弃义的罪名处死。

公元562年，波斯与东罗马再次媾和，条约规定：波斯放弃对科尔奇斯的领土要求，作为补偿，东罗马每年向波斯支付1800磅黄金；条约有效期限为50年。

这样，在东罗马帝国方面由查士丁尼一世进行的3次战争结束了。通过战争，东罗马帝国保住了在东方的领土。但辉煌的战果是付出了巨大代价才取得的。庞大的战争费用和巨额的年金耗尽了东罗马帝国原有的积蓄，天文数字般的财政赤字的弥补，加重了人民的负担，使广大下层人民的不满与仇视情绪与日俱增，阶级矛盾和阶级斗争日益尖锐。统治阶级内部也因种种矛盾趋向分化解体。东罗马帝国已成为外强中干的空架子，往昔繁荣大帝国的景象已一去不复返。

正像查士丁尼一世的继承人查士丁二世在公元566年发布的补充诏令中说的那样："我们的国库空虚，负债累累，达到极端贫困的境地，军队也趋于瓦解，以致国家遭到蛮族不断地侵袭与骚扰。"

公元562年双方媾和之后，库斯鲁一世再次改革内政，整顿军队。为了稳定后方，消除后顾之忧，他出兵征服阿拉伯半岛，控制了半岛最大的港口亚丁。经过一番努力，波斯的实力渐渐恢复。

公元565年1月，东罗马皇帝查士丁尼一世去世，把东罗马帝国这个乱摊子丢给了继承人查士丁二世（公元565年—公元578年在位）。

面对财政困窘、吏治混乱、军事无力、人民斗争不断的局面，查士丁二世改变了查士丁尼一世的对外政策，力图通过改革内政来挽回颓势。

公元571年，查士丁二世下令停止向波斯支付年金。库斯鲁一世以查士丁二世撕毁条约、拒纳年金为名，率领波斯军进攻德拉城。战端又起。经过5个月厮杀，德拉城陷落。在索得4万磅黄金后，波斯军后撤。双方暂时休战。

在战争失利的情况下，性格内向的查士丁二世苦于强国无策，终日闷闷不乐，最后竟精神失常，死于公元578年。

将军提比略二世继其后为东罗马皇帝（公元578年—公元582年在位）。为了集中全力同波斯进行战争，提比略二世在帝国其他方面都采取了守势，甚至不惜花费巨额款项与阿瓦尔人和解。但面对残破的局面，他同样回天乏术，在声声悲叹中死去。

根据遗诏，其女婿、将军莫里斯登上帝位（公元582年—公元602年在位）。

在波斯，公元579年，库斯鲁一世逝世，其子霍尔密资德四世（公元579年—公元590年在位）继位。

霍尔密资德四世锐意改革图治，采取了许多削弱地方权力和加强中央集权的措施，力争重新树立国王的权威。但是，他的改革措施遭到了普遍反对。巴比伦、苏萨、达尔马提亚相继发生叛乱，阿拉伯等地拒绝向波斯缴纳贡赋。不仅如此，波斯帝国的西方有东罗马军进攻，东方面临突厥人入侵，内忧外患一齐涌来。

公元589年，以阿塞拜疆驻军将领巴拉姆·楚宾为首的部分贵族发动叛乱，杀掉霍尔密资德四世，篡夺王位。霍尔密资德四世的儿子库斯鲁二世巴尔维茨逃往东罗马，请求东罗马皇帝莫里斯的保护。

为了彻底解决东方问题，莫里斯答应了他的请求，派将军那尔翟斯率领7万大军援助库斯鲁二世。东罗马军在幼发拉底河畔击败了波斯军，乘胜于公元591年攻陷波斯首都泰西封，杀掉了巴拉姆·楚宾，把库斯鲁二世扶上波斯王位（公元 591 年—公元 628 年在位）。

继位之初的库斯鲁二世不得不向东罗马帝国做出重大让步，将亚美尼亚的大部分和伊比利亚之半割让给东罗马帝国，双方订立“永久和平协定”。莫里斯圆满地结束了 20 年的战争。

波斯国王库斯鲁二世是个颇有才智和野心的人。他虽然借东罗马的力量登上王位，并与东罗马订立“永久和平协定”，但其真实目的是为了首先解决国内问题，巩固刚刚到手的王位，扩大自己的势力，增强国力。因此，他一面派兵出击突厥人，守卫东部边疆；一面稳定国内政局，注意休养国力。

恰好，由于阶级矛盾激化，东罗马帝国内发生了兵变。公元 602 年，暴动的士兵在百夫长福卡斯率领下向君士坦丁堡进军。兵变得到了君士坦丁堡的吉莫和平民广泛的支持。他们推翻并处死了皇帝莫里斯，拥立福卡斯为东罗马皇帝（公元 602 年—公元 610 年在位）。但福卡斯政权一建立，就遭到元老、大地主、行政官吏和高级军官反对。东罗马陷入了国内战争。

内战使东罗马帝国的行政机构完全处于瘫痪状态。东罗马的内乱使库斯鲁二世觉得时机已到。他便以给大恩人莫里斯复仇为名，于公元 606 年率领大军西征，战火又起。

在交战中，波斯军斩杀东罗马将领凯尔马努斯，俘其所部；进而围攻德拉城，并经 9 个月战斗后攻占该城。公元 608 年，一支波斯军进攻卡帕多西亚、比西尼亚、卡拉奇亚；另一支波斯军攻占了卡尔西顿城，联合阿瓦尔人、斯拉夫人威胁君士坦丁堡。

波斯军的迫近使君士坦丁堡一片混乱。已被内乱搞得头昏脑涨的福卡斯手足无措，不知如何应付如此危急的局面。在元老、大地主和行政官吏的支持下，近卫队长普里斯库斯秘密联合非洲行省省长希拉克略准备发动政变，推翻福卡斯。

公元 610 年，希拉克略率舰队向君士坦丁堡进军，在达达尼尔海峡击败了支持福卡斯的军队，顺利进入君士坦丁堡，推翻并处死了福卡斯。希拉克

▲ 波斯战争中的一幕

波斯战争是指公元6世纪至7世纪，东罗马帝国和波斯萨珊王朝为争夺领土而进行的战争。双方为争夺东西方商路和小亚细亚霸权而进行了长达400年征战。这场旷日持久的战争几乎同萨珊波斯共始终，它是古代西方势力同东方势力千余年冲突的一个缩影。战争的结果是东罗马帝国日趋衰落，萨珊波斯遭到惨败，不久便在阿拉伯帝国的铁蹄下灭亡。

略成为东罗马皇帝（公元610年—公元640年在位），开始了希拉克略王朝的统治。

这时的东罗马帝国国内战争虽然结束，但旧有的矛盾和问题尚未解决又出现了新的问题。外部，波斯军兵临君士坦丁堡，直接威胁到帝国的生存。希拉克略千方百计想排除重重困难，挽救危急中的帝国。

为阻止波斯军的攻势，他任命普里斯库斯为东方统帅，并派其弟德奥多尔斯驻守战略要冲奇里乞亚（又译西里西亚）山口，但公元611年普里斯库斯因与希拉克略的关系破裂，阴谋反叛，导致东方战线形同虚设，根本无法与波斯军抗衡。

波斯军在蹂躏小亚细亚之后，于公元 609 年进攻叙利亚，于公元 611 年再次攻占安条克。东罗马帝国的广大下层人民，特别是犹太居民，认为波斯人是来解救他们的，使他们不再受东罗马帝国的政治压迫和经济盘剥，因而情愿接受波斯人统治。

公元 613 年，波斯将领夏尔·巴尔兹率军攻占大马士革，并进攻耶路撒冷。耶路撒冷是传说中耶稣的殉难地，耶稣的灵墓即在这里，因而被基督教徒视为“圣地”。信奉基督教的东罗马士兵和当地居民为保卫“圣地”不受异教徒亵渎，浴血奋战。波斯军以移动木塔为掩护，用攻城槌撞击城墙，发动轮番进攻。

守军寡不敌众。在激战 80 多天后，耶路撒冷城被攻陷。波斯军进城，大肆劫掠。总计有 9 万人惨遭杀戮，圣殿和庙宇均罹兵燹，300 多年的积蓄被抢劫一空，连耶稣的陵墓也未逃厄运，“圣十字架”（传说中钉死耶稣的十字架）被作为战利品运回泰西封。基督教的信徒们闻此失色，悲叹世界末日降临——他们把库斯鲁二世视为《圣经》中的“基督的仇敌”。

公元 616 年，夏尔·巴尔兹又率领波斯军侵入埃及，攻陷了亚历山大里亚城。到公元 619 年，他征服了整个埃及。

同时，另一支波斯军出征小亚细亚，直抵博斯普鲁斯海峡，再次威胁到君士坦丁堡的安全。

波斯军兵锋所至，本都沿海经安基拉到罗得岛的许多城市望风而降。庞培等罗马帝国将领在几百年间夺占的土地，在短短几年中就全部被库斯鲁二世夺走。到这时，埃及、阿拉伯、巴比伦、叙利亚及小亚细亚的美索不达米亚、亚美尼亚、美地亚等地都先后臣服于波斯。波斯的版图扩大到了极点。萨珊波斯的势力达到了空前绝后的极盛时期。

公元 617 年，波斯军又一次攻占卡尔西顿城。库斯鲁二世与阿瓦尔人、斯拉夫人等蛮族订立同盟，共同进攻君士坦丁堡。

这时，东罗马帝国的形势非常紧张，君士坦丁堡被围困，粮道断绝，军费匮乏，士气低落，人心浮动，加上疾疫流行，城内混乱不堪。希拉克略无计可施，打算放弃君士坦丁堡，迁都迦太基城。在主教塞尔基乌斯竭力劝阻下，希拉克略打消了迁都念头，决心坚持战斗到底。在大敌当前的情况下，东罗马帝国内部各阶级、各阶层之间的矛盾得到了缓和。他们都团结在希拉克略周围，准备与敌人决一死战。

在他们的支持下，希拉克略在国内施行了 3 项重要改革：首先，把北非的总督制移植到东罗马帝国东方各省，建立军区制（亦称宅姆制），把地方军政大权集于军事长官一身，健全军事组织；其次，充分利用帝国内乱时充入国库的被镇压贵族的财产，把土地分给军人，建立军役和封建义务合一的军事屯田制，加强军队的经济基础；第三，利用宗教的精神力量和物质力量，大批动用教产，以“圣战”号召全国军民同仇敌忾，与“异教徒”波斯人决一死战。

为了争取时间，希拉克略向波斯提出休战。波斯严词拒绝，同时发兵进攻君士坦丁堡，逼迫希拉克略投降。

公元 620 年，夏尔・巴尔兹率军从埃及赶到卡尔西顿，参加对君士坦丁堡的攻击。得到增援的波斯军乘船强渡博斯普鲁斯海峡，试图从海上进攻君士坦丁堡。在东罗马舰队拦击下，波斯军伤亡士兵 4000 余人，进攻受阻。

见此情景，库斯鲁二世向希拉克略提出休战条件：东罗马每年向波斯交付 2000 塔兰特黄金，1000 件绢衣，1000 匹马，1000 个美女。

迫于当时的形势，希拉克略答应了这些苛刻的条件，但以时间仓促为由，要求延缓纳贡的期限。双方达成了休战协定。

利用这一短暂的时机，希拉克略大力加强陆军海军军备。公元 621 年，又以 20 万磅黄金的代价与阿瓦尔人议和，消除了后顾之忧。

一切准备就绪后，公元 622 年，希拉克略将太子留在君士坦丁堡，把后事托付给主教和元老院，抱着必死的决心，亲自率领东罗马军踏上了进攻波斯的征途。希拉克略指挥东罗马军避开正面的敌人，乘军舰出其不意地在小亚细亚南端奇里乞亚的伊索斯港登陆。这里曾是马其顿亚历山大大帝大败波斯皇帝大流士三世的古战场。驻扎在卡尔西顿城的波斯军听到东罗马军在伊索斯登陆的消息，十分惊慌。为保住补给线，他们马上分出一支部队火速赶往伊索斯。希拉克略率军迎击，双方在卡帕多西亚相遇。

在战斗中，在希拉克略的激励下，东罗马军奋勇拼杀，人人争先，大败波斯军，乘胜收复了小亚细亚东部。初战告捷，东罗马军士气大振。

公元623年，希拉克略又率军在小亚细亚北部的特拉帕作斯港登陆。在击退敌人进攻后，他们占领科尔奇斯。在这里，东罗马军得到许多来自高加索山区蛮族雇佣军的补充。不久，东罗马军又夺取了亚美尼亚，攻入美地亚，占领塔里斯城。

为避免过早地与波斯军进行决战，希拉克略下令停止进攻，原地休整。公元624年—公元625年，东罗马军基本上平定了小亚细亚西部。

战场上的失利和军队的大量减员使波斯军面临着许多困难。为了补充兵员严重不足，库斯鲁二世大量募集新兵，并打破惯例将广大下层贫苦人民强制编入军队。公元626年，库斯鲁二世为了发动新的进攻制订了一份详细的作战计划。

按计划，波斯军兵分两路：一支由5万人组成，出兵亚美尼亚，牵制希拉克略率领的东罗马军；另一支由夏尔·巴尔兹指挥，从南方经小亚在卡尔西顿城与阿瓦尔人会合，力争在短时期内攻下君士坦丁堡。

在得知波斯军的动向后，希拉克略调整了战略部署。他将东罗马军分为3部分：一支横渡黑海，援救君士坦丁堡；一支由其弟德奥多尔斯率领在亚美尼亚与波斯军周旋；第三支主力由希拉克略亲自指挥，作为机动部队，静观战局发展再决定出击方向。

公元626年8月，8万阿瓦尔军向君士坦丁堡发起进攻。在激战10天后，阿瓦尔军被东罗马军击退。失利的阿瓦尔军欲乘船渡过海峡与波斯军会合，但遭到东罗马舰队猛烈攻击。在东罗马军海陆夹攻下，阿瓦尔军解围引兵北遁，从此一蹶不振。

在亚美尼亚，德奥多尔斯大败波斯军，再次攻入美地亚。希拉克略抓住有利时机，派一支精锐部队经美地亚、阿西利亚直捣波斯首都泰西封。他自己指挥主力出科尔奇斯，沿底格里斯河南下。两支军队互相策应。

面对东罗马军大规模进攻，库斯鲁二世被迫与东罗马军决战。他把所有留在国内的士兵集中起来，拼凑成一支军队，以拉扎特斯为统帅，进行决战准备。他对即将出征的拉扎特斯说："胜利与殉国，希望卿任选其一。"同时，他又派信使火速赶往卡尔西顿，召夏尔·巴尔兹率军回国参加决战。信使在途中被东罗马军俘获，波斯军失去了后援。

公元 627 年 12 月 12 日，两支大军在古城尼尼微附近相遇。激烈的战斗开始了。战斗自拂晓至中午仍未见胜负。在激战中，希拉克略身先士卒，带领东罗马军发起最后攻击。东罗马士兵勇猛拼杀。战场上人喊马嘶，声震如雷。波斯军损失惨重，拉扎特斯阵亡。傍晚，波斯军稳住阵脚，开始主动后撤。

不久，波斯军重新发起进攻。希拉克略见波斯军来势汹汹，避而不战，率军乘夜色从小路昼夜兼程直扑波斯陪都达斯塔噶德城。库斯鲁二世见势不妙，一面下令拆掉护城河上的木桥，一面再派信使召回夏尔·巴尔兹。由于东罗马军进军神速，一切都无济于事了。无奈，他只好弃城逃走。

希拉克略进入该城后，将离宫内的财宝、积蓄抢劫一空，放火焚烧了宫殿。尔后，他继续率军向泰西封挺进。

由于天寒雪大等不利条件，加上得到夏尔·巴尔兹率领大军将至的消息，希拉克略下令将军队撤回美地亚。

战场上的接连失利使库斯鲁二世恼羞成怒。他不顾国库空虚、兵力不足等客观条件，拒绝了希拉克略的媾和要求，誓与东罗马帝国血战到底。

在国家存亡的危急关头，公元 628 年，一部分波斯贵族联合夏尔·巴尔兹发动政变，将库斯鲁二世逮捕入狱（后在狱中忧愤死去），拥立其子西罗斯为波斯国王，即科巴德二世。

公元 631 年，科巴德二世与东罗马议和。条约规定：波斯立即归还历代侵占的东罗马领土；无条件释放东罗马俘虏；归还抢自耶路撒冷的“圣十字架”；归还一切抢劫的东罗马财物，并偿还相当数额的军费。

波斯惨败以后，国势日颓，再也无力向东罗马发动战争。到公元 651 年，萨珊波斯被阿拉伯帝国灭亡。但是，这一地区并不宁静。随着阿拉伯帝国的崛起，又开始了阿拉伯与东罗马之间的战争。

蒙古西征

在占据呼伦贝尔草原之后不久，成吉思汗又一举打败了强大的蒙古乃蛮部，建立了蒙古国。

随着成吉思汗的势力不断强大，他开始对外发动大规模的征服战争。

西夏首当其冲。经过几番征战，西夏降服。雄心勃勃的成吉思汗又将他的下一个目标定在了金朝。

正当成吉思汗集兵攻打金朝中都（今北京）之时，蒙古国的强势崛起引起了中亚大国花剌子模的注意。

1210 年，花剌子模国王摩诃末带领军队打败了西辽王古出鲁克，一时威震西陲。西辽是辽朝皇族耶律大石在今天的新疆地区所建立的一个国家。在打败西辽王古出鲁克之后，雄心勃勃的花剌子模国王摩诃末又将目光盯上了广阔而富饶的东方。内心垂涎不已的他想继续向东扩张。但是，古老的东方有一股强大的势力是摩诃末不得不正视的。这就是成吉思汗所建立的蒙古国。

1215 年，以哈拉丁为首的使团奉摩诃末之命来到中国。哈拉丁此行的目的是为了了解蒙古征服金朝的情况。不久，他觐见了在中都附近停留的成吉思汗。哈拉丁受到了成吉思汗盛情款待。

在宾主友好的会谈中，成吉思汗一度表示："我们两个国家都是这个世界上的大国，我是东方的统治者，你们的王是西方的统治者。我们双方保持和平友好的关系对大家都有好处。各地的特产货物要互通有无，因此，要让商人自由地通行在东西方的土地上。”不久之后，为了表达自己的诚意，成吉思汗派遣使者和商队回访花剌子模国。

1218 年春，蒙古使臣到达花剌子模布哈拉，向花剌子模国王摩诃末递交了成吉思汗所写的国书。成吉思汗的国书是这样写的：“我们现在是亲密友好的邻居了。凡事应该商量着来，而不能单独行动。友谊的责任应得到承担。同时，双方都有义务在不幸事故中相互支援和帮助，应使常行的和荒废的道路平安开放，让商人们可以安全无约束地来往。”花剌子模国王摩诃末亲切地接见了蒙古使者。在看了成吉思汗的国书之后，摩诃末非常高兴。他很快就同意成吉思汗的提议。双方马上缔结了和平通商协定。

这本是件可喜的事，可天有不测风云，人有旦夕祸福，谁能想到这来之不易的友谊很快就被一个小人的贪婪轻易地毁灭。根据蒙古国和花剌子模所达成的通商协议，成吉思汗派出由维吾尔人和葛逻禄人组成的 450 人大商队，用 500 峰骆驼驮着金、银、丝绸、驼毛织品、海狸皮、貂皮等贵重商品，带着成吉思汗的文书前往花剌子模。蒙古商队要想到达花剌子模国王所在的城市必须要经过锡尔河上游的讹答剌城。

位于今哈萨克斯坦奇姆肯特市阿雷思河和锡尔河交汇处的讹答剌城北接钦察荒原，距离库车 500 里，是花剌子模国的东方重镇和交通要塞。这里也是商人到伏尔加河及东罗马帝国的必经之路。当时，讹答剌城由花剌子模海尔汗亦纳勒术镇守。亦纳勒术是康里人，是摩诃末的表兄弟。亦纳勒术的突厥名字是牙罕・脱黑迪，意思是大象降生。作为中亚花剌子模国讹答剌城的守将，他被封为海尔汗。海尔汗即是有权力的可怕的汗。

蒙古国的商队出了蒙古国界，很快就来到讹答剌城。商队领头的是一名印度商人。当这名印度商人见到亦纳勒术的时候，没有叫他海尔汗，而是称呼他为亦纳勒术。这让亦纳勒术感到十分愤怒。他认为这是东方来客对自己的极大蔑视。他产生了狠狠教训一下那些人的想法。亦纳勒术见蒙古商队金银满箱，货物充盈，便想据为己有。于是，他便将那些商人诬陷为奸细，下令拘捕他们。

之后，他派人报告摩诃末说：“蒙古派遣的商队中混杂有成吉思汗的密探，蒙古名义上和我们通商，实际上是在刺探我方的虚实，以借机消灭我们的国家。”在听了亦纳勒术的报告后，摩诃末相信了亦纳勒术所说的话，并命亦纳勒术将所有蒙古商队的成员处决。海尔汗亦纳勒术兴奋万分。他遵照摩诃末的命令，下令处决蒙古商队的全部成员，并没收其全部财物。

但是，其中有一位骆驼夫从牢里逃出，最终历尽艰险回到蒙古，向成吉思汗报告了蒙古商队被害的经过。

成吉思汗得知此消息后，感到十分震惊。

其实，双方的矛盾由来已久。蒙古和花剌子模很早就发生过边界纠纷和武装冲突。

有一次，蒙古将领速不台在消灭了以忽都为首的篾儿乞部残余势力后，准备胜利回师，没想到遭到花剌子模国王摩诃末追击。摩诃末率领军队一直追到谦州（今叶尼塞河），仍然死死咬住蒙古军不放。不得已之下，速不台派人前去劝说花剌子模国王摩诃末，希望双方不要交锋，以免两国失和。摩诃末并不听他的劝告，仍然下令花剌子模军袭击蒙古军，挑起了武装冲突。在冲突中，花剌子模国王摩诃末险些被俘，幸被其子札兰丁死命护救方才脱险。

此后不久，当蒙古将领哲别受命率军消灭西辽时，花剌子模军又抢先占领了直到讹答剌（在锡尔河上游）为止的原属西辽领地。

花剌子模趁火打劫的行为让成吉思汗感到十分愤怒。双方的边界纠纷因此而起。

蒙古远征军与花剌子模军的激战，海尔汗亦纳勒术的卑劣手段，摩诃末没有诚意的合作，最终使成吉思汗忍无可忍。作为草原上的牧人，成吉思汗和他手下的将领们一致同意要对花剌子模进行打击报复——他们决定用最酣畅淋漓的方式守护蒙古的尊严。成吉思汗发誓要为死者报仇。

▲ 花剌子模小钱币

花剌子模有时也被写作“花拉子模”，在塞种人的语言里解释为“太阳土地”的意思。12世纪，这里兴起了以其命名的王朝，强盛时期囊括中亚河中地区、呼罗珊地区与伊朗高原大部。花剌子模位于被东部的克孜勒库姆沙漠及南部的卡拉库姆沙漠包围的干燥地带。古代阿姆河丰富的水资源为其提供了灌溉的便利，花剌子模成为农业生产高度发达的地区。中心城市为玉龙杰赤，古代为波斯帝国的一省，约公元前4世纪中期成为独立国，后受印度的贵霜帝国控制。3世纪时，波斯萨珊王朝重新控制花剌子模。公元700年前后被阿拉伯帝国征服。11世纪至13世纪受塞尔柱突厥统治，领土扩至波斯、阿富汗一带。1218年至1220年被成吉思汗的蒙古帝国征服，1388年又被帖木儿帝国征服，后又归波斯统治。

但是，在开战之前，他还是希望双方能够坐下来通过和平谈判方式解决争端。能不流血地解决问题，总是最好的。于是，成吉思汗派遣以西域人巴合剌为首的3名使者代表蒙古国前往花剌子模与摩诃末谈判。

在13世纪初，成吉思汗刚刚建立蒙古国，蒙古父权制时代的传统影响非常大。蒙古父权制时代有一个传统的习俗：一个家族或部落一旦与谁结下了仇怨，便会世代为仇。因此，花剌子模杀害了蒙古使者，对蒙古人来说就是国仇。成吉思汗之所以派出3名使者去和摩诃末谈判，目的是要让摩诃末真诚悔罪，对蒙古商队做出抚恤和赔偿，并将肇事者亦纳勒术交给蒙古人处理。忍辱负重的成吉思汗并不想轻开战端，与人结怨。

但是，摩诃末一意孤行，根本不认为花剌子模国有任何过错。来到花剌子模的3名蒙古使者向摩诃末转达了成吉思汗的原话：“按照我们双方的约定，是不能虐待彼此的任何商人的。但是，你作为国君却突然违约，实在是令人失望之至。如果在讹答剌虐杀商人的事情不是出自你的意思，那么只要把守将交给我就行了，否则的话，只好战场上见了。”摩诃末对此置若罔闻，不仅杀害了蒙古国使者巴合剌，而且还将两名副使的胡子剃光，驱逐出境，以此羞辱成吉思汗。

摩诃末这些做法使双方原本存在的和平安宁遭到彻底破坏。蒙古使臣被害后，成吉思汗怒不可遏，认为双方已无法用和平方式解决那些争端，只能用刀剑对话。他决定亲率大军向花剌子模国王摩诃末问罪，留下他弟弟斡赤斤留守蒙古本部。

1219 年，成吉思汗率领 20 万蒙古军兵临讹答剌城下。蒙古军杀气腾腾，笼罩四野。讹答剌城内的军民感到了一种切实的威压。镇守讹答剌城的海尔汗亦纳勒术早就布置好城防，做好了一切战斗准备。在将马步兵派遣去驻守城门后，亦纳勒术登上城楼，察看敌情。在城外空旷的草原上，布满了蒙古人的雄狮劲旅，黑压压的一大片，人吼马嘶，声势浩大却井然有序。看到这一切，亦纳勒术脸上变色，内心感到了一阵一阵恐惧。

在成吉思汗眼里，讹答剌城只是一座小小的城堡，并不是这次西征的重要目标。他见亦纳勒术做了防御部署，根本就不出来交战，于是便随机应变地作了军事安排：他派大儿子术赤率军进攻周围的小城市；派二儿子察合台和三儿子窝阔台率军继续围困讹答剌城；他自己和小儿子拖雷准备率军渡过锡尔河，向西南横渡沙漠之后，如一柄尖刀一般直刺花剌子模国的中心城市不花剌——攻占了不花剌也就直接刺中了花剌子模的咽喉。不难看出，成吉思汗做出兵分三路的决定十分正确。

从白手起家统一蒙古各部以来，成吉思汗相继征服了西夏、西辽，打败了金朝。在艰苦卓绝的斗争中，成吉思汗逐渐成为一个优秀的军事指挥家和政治家。他的性格也变得更加精明、冷静和不屈不挠。在进攻花剌子模前，成吉思汗所建立的蒙古国疆土辽阔——东起辽东半岛，西到新疆，往南则延伸到黄河中下游地区，往北则达到了西伯利亚一带。可以说，此时的蒙古国是一个强大的东方政权。随成吉思汗西征的部队全是骁勇善战的骑兵，以顽强不屈的蒙古骑兵为主。

此时，花剌子模的势力也不可小觑。它占领了中亚地区最富裕的阿姆河和锡尔河流域，其领土东到了如今的新疆，与蒙古国接壤，西到了如今的伊拉克，南到如今的阿富汗，北一直到了如今高加索山脉的阿塞拜疆，到达今俄罗斯的南部。不难看出，当时花剌子模国的地域和当时蒙古的不相上下。

花剌子模国的士兵大多是高大威猛的突厥人。他们在身高和体能方面都要比他们的近亲——蒙古人要强悍得多。在阿姆河和锡尔河之间的平原地带是花剌子模国最繁华的地区。这一地区又被称作河中地区。河中地区土地肥沃，城市林立，经济发达，平原辽阔，花剌子模的新都撒马尔罕、旧都玉龙杰赤和经济文化中心不花剌都在这里。这 3 个城市东西分布在辽阔的平原上，首都撒马尔罕在东边，玉龙杰赤在西边，不花剌则在新旧首都之间。3 个城市互为后援，可谓形胜十分。

花剌子模国王摩诃末得知成吉思汗亲自率军进攻的消息后，征集了 40 多万骑兵准备迎战。相比成吉思汗率领的 20 万骑兵相比，摩诃末的军队整整多出了 1 倍。占有这绝对数量优势的摩诃末由于早就领教过蒙古人骁勇善战，因此他并不敢光明正大地走出城外和成吉思汗决一死战。他制订了这样一条战略：坚壁清野，据城守卫，以逸待劳，持久作战。

摩诃末将花剌子模军主力——大约 11 万骑兵配置在都城撒马尔罕和旧都玉龙杰赤两地，在两都之间的战略重镇不花剌配置了战略预备队，机动待命，随时增援。但是，他的如意算盘很快就被成吉思汗识破。强中自有强中手，摩诃末遇上成吉思汗，真可谓是遇到了他的克星。摩诃末将军队分散在全国各大城市，成吉思汗则正好采取了集中优势兵力各个击破的战略。

蒙古军纪律严明，能吃苦耐劳。成吉思汗的法令《大扎撒》又确保了这支部队对他绝对忠诚，因此他们的战斗力要远远胜过了花剌子模军。此外，蒙古人到处放牧，习惯了四处游荡生活和逐水草而居的他们，作战机动性也比花剌子模军高出不少。蒙古军虽然千里来征，但是他们并不怕后勤供应出现问题，因为只要有草的地方就可以喂饱他们的战马和牛羊，牛马吃草，人吃牛马，这使他们有足够的食物来支撑他们的体力，直到战争结束。摩诃末坚壁清野的战略，对蒙古人来说，根本就起不到什么作用。因此，围困讹答剌城的蒙古军并不急于攻城。

成吉思汗对讹答剌城的亦纳勒术恨之入骨。因此，他首先攻打的就是讹答剌城。摩诃末很显然也知道，因此他给讹答剌城派去了5万骑兵，后来又派部将哈喇察率领1万骑兵前去协助亦纳勒术守城。

自知祸由己出的亦纳勒术也知道成吉思汗恨不得将他生吞活剥。为了防备成吉思汗率领的蒙古军，他加高了城墙，整修了城堡，此外还在城外修了一道防守堡垒。讹答剌城中的粮食储备精足，他根本不怕蒙古军围攻。

就这样，5个月过去了，讹答剌城还没被蒙古军攻下。但是，蒙古军似乎一点儿都不着急，士气也没有低落。他们在讹答剌城外一边放牧着战马牛羊，一边有条不紊地围困着讹答剌城。不久，成吉思汗的大将木华黎派人从中原送来了5000个工匠和许多先进的攻城工具。这让西征的蒙古军如虎添翼。

于是，蒙古人在讹答剌城下将攻城利器排开，向着城内发动猛攻。抛石机将巨大的石头猛烈地抛到城墙上，落到哪个地方，哪个地方就血肉横飞。

此外，蒙古人还用上了当时最先进的武器火药。他们将蒺藜火球、毒药烟球、霹雳炮通过抛石器砸到城墙上。火药武器落到的地方无不燃起冲天大火、雄雄烈焰，浓烟滚滚。从来就没有见识过火药武器的讹答剌人感到了发自内心的恐惧。讹答剌城内人心惶惶，军民士气低落。

被摩诃末派来协助海尔汗亦纳勒术守城的部将哈喇察见蒙古军势大，武器先进，便丧失了和蒙古军继续对抗下去的信心。哈喇察找到海尔汗亦纳勒术，劝他说："蒙古军势大，我军根本就不是他们的对手，不如和他们谈判，将城池献给成吉思汗，并让他饶恕了我们的性命。这或许是保全全城百姓和军队的唯一办法。”

亦纳勒术知道成吉思汗是绝对不会放过他的，因此他要全城的军民和他一起抗争："你说出这样的话来就是不忠于我们国王，就是无耻的变节。以后，你怎么有脸面对花剌子模国的百姓？以后，再也不要说这样的话。这次，我当没听见。”

哈喇察知道他说服不了亦纳勒术，便率领他的1万人马偷偷地逃跑。当天夜里，哈喇察打开城门准备往外冲的时候，潮水般的蒙古军也向着他猛烈地冲来。被蒙古军的火药武器吓破了胆的花剌子模军看到如狼似虎的蒙古铁骑纷纷溃退。就这样，蒙古军攻进了讹答剌城。

经过一番惨烈的巷战厮杀，蒙古人抓住了哈喇察，俘虏了哈喇察的军队。察合台和窝阔台将被抓获的哈喇察以及所有从属于他的军队全部斩杀。虽然蒙古军在逃跑的哈喇察“帮助”下占领了讹答剌的外城，但是讹答剌内城还在统领着两万人马的亦纳勒术的掌控之中。

黔驴技穷的亦纳勒术知道他马上就要溃败了。因此，他决定和蒙古人以命相搏。他每次派出50人冲出内城和蒙古人厮杀。这50人可谓是“死士”——他们知道自己死路一条，因此战斗起来特别地凶猛，杀死了不少的蒙古人。但是，这并不能挽救讹答剌城沦陷的命运。

在亦纳勒术坚持抵抗了一个月后，讹答剌城内城之中的两万人马已经所剩无几。最终，蒙古军冲进了内城。亦纳勒术跑到房顶上继续进行殊死抵抗。蒙古兵冲上屋顶，用沉重的铁链将亦纳勒术绑了个结结实实，然后交给察合台。

成为俘虏的海尔汗亦纳勒术被蒙古人着实羞辱了一番。之后，察合台派人将亦纳勒术送到成吉思汗那里，让他父亲亲自处置。成吉思汗恨极了亦纳勒术。他命人把银子烧成溶液，然后将那些滚烫的溶液灌进亦纳勒术的耳朵里。最后，海尔汗亦纳勒术在痛苦的挣扎中死去。

占领了讹答剌城后，蒙古军把城池夷为平地。花剌子模国曾经繁华无比的东方重镇讹答剌城就这样消失了。

离开讹答剌城之后，成吉思汗率军沿着大道向不花剌挺进。

蒙古军首先经过一个叫作匝儿讷黑的小城市。黎明时分，蒙古军将匝儿讷黑围得水泄不通。当匝儿讷黑的居民醒来后，他们发现蒙古铁骑已经布满了整个城郊。蒙古军并没有立即进攻匝儿讷黑。成吉思汗派使者进城劝降。经过劝说，匝儿讷黑的守将们同意归降。蒙古军轻松占领了匝儿讷黑城。

成吉思汗将匝儿讷黑所有的居民都赶到郊外，将其中的青壮年编入“签军”。同时，他下令将整个匝儿讷黑城夷为平地。

之后，在一名突厥向导的指引下，成吉思汗率领大军抄近路来到了讷儿城。

讷儿城所在地也是进入不花剌的必经之路。成吉思汗还是先派遣使者进城劝降。

经过使者多次往返协商后，双方终于达成了一致的协议。按照协议，讷儿城投降后，将要为蒙古军准备粮草，并向成吉思汗进献礼物。

1220 年 3 月，成吉思汗和拖雷率领蒙古西征军的中路军一路秘密渡过锡尔河，越过基吉尔库姆沙漠，在远距离大纵深穿插迂回之后，最终抵达不花剌，大军驻扎在城下。

成吉思汗出其不意地包围了不花剌城。他有战略目的——如果蒙古军能够攻下不花剌城，不仅会一举截断花剌子模旧都玉龙杰赤与其新都撒马尔罕之间的交通，还会使锡尔河沿岸被围困的各大城堡失去外援。

不花剌城的守军在库克汗带领下拒绝投降。于是，成吉思汗便下令蒙古军向不花剌城发起猛攻。蒙古军昼夜进攻，不花剌城的守军渐渐不支。于是，这群并不想打仗的突厥雇佣兵便乘夜突围逃出。

蒙古军随后对他们进行了追击。在阿姆河畔，蒙古军消灭了大部突围而出的不花剌守军。库克汗带着 400 多个花刺子模兵躲进了内城之中，誓死抗争。

城中的居民派人到成吉思汗的行营献城乞降。成吉思汗同意了他们的请求。

第二天，不花剌城中的居民打开了城门。城中的头面人物亲自来到成吉思汗的金帐，恭迎蒙古军进入不花剌城。在这些头面人物的陪同下，成吉思汗视察了不花剌城的城池。之后，成吉思汗和拖雷率军进入不花剌城。

成吉思汗命令乡绅们把城里的仓库打开，将其中的粮食全部搬出来喂马。成吉思汗出席了不花剌人为他准备的宴会。宴饮了一两个时辰之后，成吉思汗方才动身回营。

在城外广场的讲坛上，成吉思汗向全城的居民讲述了他们国王摩诃末的罪行。之后，成吉思汗指定蒙古人、突厥人各一名来担任八思哈。八思哈就是镇守官的意思。成吉思汗让他们两人保护居民不受蒙古兵骚扰。

成吉思汗又让城中的富人缴纳财物，并许诺会保护他们的生命安全。不花剌城中的富人们在蒙古军的威压之下，都乖乖地向成吉思汗缴纳了自己的财物，以求平安。

不花剌城中有 400 名康里骑兵坚守在内堡之中。他们在库克汗的带领下拒绝投降。于是，成吉思汗下令蒙古军进攻内堡。

蒙古军的抛石机向内堡抛射大石。内堡中的 400 名康里骑兵则用弩炮、火油筒进行反击。他们白天在城楼上抵抗，晚上还偷偷潜出内城，去偷袭熟睡中的蒙古人。这让成吉思汗十分愤怒。

于是，成吉思汗下令放火焚烧整个城市。不花剌城中居民的房子大多是用木头做成的。因此，整座城市很快变成一片火海。

几天之后，不花剌城变成了一个瓦砾场。但是，内城的守军在库克汗的带领下仍然不为所动。成吉思汗下令驱赶不花剌城的居民去进攻内城。

库克汗带领的 400 名康里骑兵十分英勇。他们打退了蒙古军数次进攻。

▲ 蒙古军西征时使用的抛石机

抛石机是利用配重物的重力发射，出现于中世纪初期，使用至 15 世纪，主要用于围攻和防守要塞。抛石机的机架两支柱间有固定横轴，上有与轴垂直的杠杆，可绕轴自由转动。杠杆短臂上固定一个重物，长臂末端有弹袋（类似投石带的套子）用于装弹。发射时，用绞车把长臂向后拉至几乎水平，突然放开，石袋即迅速升起。当短臂重锤完全落下时，投射物从弹袋中沿约 45° 角飞出。30 千克的石弹射程约 140 米～210 米，100 千克的石弹射程约 40 米～70 米。抛石机长久使用的是石头制作的炮弹，后来出现过一些带毒烟、毒药的化学弹、烟幕弹以及燃烧弹，这类炮弹不必像石弹那样靠重力去击毁敌人，而是利用毒气、毒药、烟火的作用熏杀敌人，可以说这是古代化学战的一种形式。还有一种“爆炸性”的炮弹是“泥弹”，用泥团制成弹丸，装入小型炮的弹袋里，弹射出去立即“炸”个粉碎，既可以击杀敌人，又不至于像石弹那样落入敌手再反射回来。

内城城外堆积起了如城墙那么高的尸体，其中大多是不花剌的青壮年男子的尸体。最终，蒙古军在不花剌“签军”的协助下，夺取了内城前面的一道斜坡，从那里放火焚烧城门。内城中的人终于再也守不住了。蒙古军趁势攻了进去。

在双方激战了两天后，蒙古军最终攻破了内堡，并将 400 名康里骑兵尽数杀死。在进攻内城的战斗中，有大约 3 万不花剌青壮年死亡。同时，蒙古人的伤亡也很严重。

成吉思汗下令将不花剌彻底毁掉。他强征不花剌的青壮年充军以进攻撒马尔罕。

作为花剌子模国首都，撒马尔罕拥有全国最肥沃的土地。其实，“撒马尔罕”就是“肥沃的土地”的意思。撒马尔罕拥有10余万户，居民总数大约有50万，是当时花剌子模最大、最繁华的都市，号称“人间最美的天堂”。花剌子模国王摩诃末派全国最精锐的军队大约11万人守卫首都。在这11万人中，有6万突厥族人和5万大食人，战斗力十分强大。其中，大食人就是今天伊朗人的先祖。

为了加强撒马尔罕城的外部防御，摩诃末在城外修建了5道环形堡垒，同时，挖深了护城河，垒高了城墙。此外，摩诃末还搜罗了20头大象，组成大象部队，用以在极为危难之时冲锋陷阵。

1219年，刚刚在不花剌城进行了一番血战的成吉思汗率领蒙古军浩浩荡荡地来到了花剌子模首都撒马尔罕。已经将讹答剌城拿下的察合台和窝阔台也率领得胜之军前来助阵。

其实，早在成吉思汗攻破不花剌还没有到达撒马尔罕的时候，吓破了胆的摩诃末就率领他的手下逃跑了。撒马尔罕固若金汤，摩诃末却根本无心抵抗。他已经被蒙古人打怕了，再也不敢交手。然而，成吉思汗还是不放过他。他派部将哲别和速不台率领3万人马去追击摩诃末。

在撒马尔罕，成吉思汗将从不花剌城俘虏来的壮丁组成先头部队。撒马尔罕人见蒙古军如一片黑云一般地将撒马尔罕城围困起来却没有采取任何的行动。成吉思汗知道撒马尔罕城中已经没有了花剌子模国王摩诃末，因此并不急于攻城。他用了两天时间仔细地观察了撒马尔罕城池的情况，借以判断从哪座城门进攻会更加容易攻破。到了第三天时，成吉思汗才正式下令蒙古军准备进攻撒马尔罕城。

城中彪悍勇猛的突厥人并不畏惧蒙古人。在守城将领的召唤下，他们冲出城外与蒙古人进行面对面的搏杀。这种没有任何技巧，纯粹靠蛮力生死相搏，让成吉思汗很不满意。因为这样一来，蒙古军根本就占不了任何便宜。蒙古军的优势是能机动灵活地运用战术，使得整体作战能力强大，如果单打独斗的话，他们毕竟打不过人高马大的突厥人。因此，成吉思汗很快就改变策略，放弃面对面的白刃肉搏战。他决定阻止撒马尔罕城的士兵出城和蒙古军正面作战。

为此，成吉思汗下令在城门外架起了抛石机，安排了弓箭手。只要撒马尔罕城中的士兵出来，蒙古军的弓箭手就用一阵铺天盖地的“箭雨”招呼他们。被围在城中的突厥人虽然一心一意地想要找蒙古人拼命，但是蒙古人根本不给他们机会。突厥人也只好龟缩在城中不敢露头。

在这种情况之下，撒马尔罕的守城将领放出了他们国王摩诃末精心准备的 20 头全副武装的大象。拥有着庞大冲击力的大象战斗队奔行在路上，一阵阵地动山摇。它们勇猛地冲向成吉思汗的军队。蒙古军被象群逼得节节后退。成吉思汗立刻下令弓箭手射击大象没有被铠甲保护的部位。慌乱的蒙古军这才稳下心来。无数的箭矢嗖嗖地射向大象。受了伤的大象，立刻停止了前奔，开始往回跑。象群的后面跟着的是突厥士兵。突厥士兵根本就抵抗不住象群的冲击，很多人都被践踏而死，更多的人则赶紧往城中奔去。

这一战让撒马尔罕人士气大跌，军心开始不稳。城中的守军很快就分成两派：一派主张投降成吉思汗，一派主张躲进内城坚守。最终，不愿意投降的士兵进入了内城。准备投降的则在城中头面人物的劝说下放下了武器。成吉思汗很快就接受了他们投降。

紧接着，蒙古军进入撒马尔罕城，拆毁了城墙和外面的堡垒，将撒马尔罕变成一座平坦的完全不设防的城市。第二天，蒙古军留下了归顺的 5 万士兵，并将城里的人全部赶到草原上。

随后，成吉思汗纵兵入城，大肆劫掠。当晚，驻守在内城的一名将领趁蒙古军松懈的时候，率领 1000 人马杀出重围而去。成吉思汗感到非常愤怒。他决定第二天一定要攻破内城。第二天，蒙古人的弯刀强有力地挥进了撒马尔罕的内城。在击溃其中的有生力量之后，花剌子模首都撒马尔罕彻底地被成吉思汗征服了。

经过此番战乱，撒马尔罕外城和内城变成一片废墟，基本上算是毁灭了。

1221年，在攻陷花剌子模首府撒马尔罕之后，在成吉思汗的带领下，蒙古军一举扫荡了河中地区所有州府。玉龙杰赤周边地区也布满了蒙古战马的足迹。最后，蒙古军使玉龙杰赤变成一座孤城。

原本坐镇玉龙杰赤的秃尔罕皇后也和她儿子摩诃末一样，带着摩诃末留在城中的妻子、儿子和财宝，弃城而去。后来，逃到哈伦堡的秃尔罕皇后成为蒙古人的俘虏，被带回了蒙古草原。秃尔罕皇后是突厥族的一支——康里族的公主。她得到许多康里族出身的军事将领和贵族的支持，因此在花剌子模掌握着很大的权力。但是，她也与儿子摩诃末有着权力冲突。

成吉思汗在得知了这一消息后，曾派遣使者前来联络秃尔罕皇后，希望能与她结成联盟，一同反对摩诃末。但是，秃尔罕皇后一口回绝了成吉思汗。

玉龙杰赤城高大坚固，城中钱粮充足，集结了9万康里族士兵组成的精锐军队。但这并不能让秃尔罕皇后感到安心。秃尔罕皇后逃走之后，玉龙杰赤群龙无首。花剌子模名将帖木儿灭里和摩诃末的儿子札兰丁先后来到城中，却因为和康里族将领产生冲突而被迫离开。

眼看着玉龙杰赤即将陷入一片混乱之中，城中的将领、贵族只好推举秃尔罕皇后的亲戚忽马儿为“一日之王”。忽马儿临时摄政，以带领军队在敌军来袭之时进行抗争。

当蒙古军的先锋部队到达玉龙杰赤时，他们派出了一小队骑兵到城下抢掠，而将主力部队埋伏在城外数十里的一个庄园之中。

玉龙杰赤的花剌子模守军看到蒙古军的一小队骑兵胆敢来抢掠，便派兵出城攻击。抢劫的小队蒙古军旋即撤退。玉龙杰赤的守军紧追不放，最终被引诱到蒙古主力部队的伏击圈中。蒙古铁骑四面杀出，将玉龙杰赤的1000追兵尽数杀死在战场上。

与此同时，另一队蒙古军攻入了玉龙杰赤城内，但最终因为人数太少而被迫撤出了城外。在此后几天里，蒙古军的先锋部队又发动了一些小规模的进攻，但只是试探性的，并没有进行大规模攻城行动。

1221年，当成吉思汗的3个儿子来到玉龙杰赤城下时，3位蒙古王子派人进入劝说居民投降。城中居民经过一番讨论，最终还是决定不向蒙古人投降。3位蒙古王子见玉龙杰赤人不肯投降，便开始着手做攻城的准备。

玉龙杰赤的周边是平原、沙地，没有足够的山石可用作抛石机的“弹药”，因此蒙古军便砍伐桑木并加以浸泡增加重量之后，权且当作抛石机的“弹药”。

此外，蒙古军为了填平、拆毁各项城防设施，专门从各地调来了许多哈沙儿队。15天后，蒙古军的哈沙儿队填平了玉龙杰赤城的城壕，拆毁了城池的外围防御设施。同时，各项攻城准备也都全部完成。蒙古军的总攻马上就要开始了。

3位蒙古王子见万事俱备，便向蒙古军下达了攻城命令。很快地，勇猛的蒙古军人就将大旗插在了玉龙杰赤的城头。

冲入城中的蒙古军和玉龙杰赤守军展开了激烈的巷战。蒙古军人虽然勇猛异常，但是在狭小的巷子中，他们却发挥不了自己的骑射优势，因此付出了惨重代价，不得不败退而归。第一次交战没有获胜的蒙古人开始使用火攻。在弓弩和抛石机的掩护下，他们用石油喷筒焚烧城中的房屋，不断地向城中发起进攻。城中的守军同攻上来的蒙古军拼死搏斗，白刃相交。另一部分守军则从阿姆河中取水灭火。

在持续了数日进攻之后，蒙古军最终也没有取得重大突破。在你来我往的拉锯战中，玉龙杰赤外围的城区基本上成为一片废墟。

3位蒙古王子见玉龙杰赤久攻不下，决定重新部署。他们发现玉龙杰赤城跨越阿姆河而建，一座桥梁将城两边连接起来。玉龙杰赤被围困后，城内的各种用水都要从阿姆河中提取。因此，3位蒙古王子决定夺取那座至关重要的桥梁。他们从蒙古军之中选出的3000勇士参加了夺桥大战。

这座桥梁是非常重要的连接纽带。如果失去了这座桥，玉龙杰赤将被分成两半，而花剌子模军也难以再取用阿姆河的水。因此，当看到蒙古军的战略意图后，花剌子模军随即向桥上的蒙古军展开了疯狂的反击。

很快，在桥上的蒙古军就陷入花剌子模军的重重包围之中。两军展开了激烈的白刃格斗，血肉横飞，死尸相枕。看到桥上的蒙古军遭到围攻，外围的蒙古军也赶来增援。战斗一直持续到晚上，被围在桥上的3000蒙古军被花剌子模军尽数消灭。察合台的一个儿子和蒙古汉军名将郭宝玉在此战中双双身负重伤而死。

遭到重创的蒙古军只好后撤。获胜的玉龙杰赤守军信心大增。在蒙古军和玉龙杰赤守军战斗了7个月后，玉龙杰赤城池仍然没有被最终攻破。蒙古军遭到了西征以来的最大挫折。

当成吉思汗知道玉龙杰赤久攻不下是因为术赤和察合台两人不和导致指挥混乱后，震怒不已。他训斥了自己的几个儿子，最后命令窝阔台担任全军统帅，指挥他的两个哥哥术赤和察合台。

颇有军事指挥才能的窝阔台受命指挥全军后，巧妙地协调了他同两个哥哥的关系，把军中事务进行了合理的安排，加强了军中对蒙古法令《大扎撒》的执行。于是，数万蒙古军在窝阔台的领导下，重新团结成为一个整体。窝阔台决定展开最后的猛攻。

重振军威之后的蒙古军在展开猛攻后第一天就突破了城墙，冲入了城内。在弓弩和抛石机的掩护下，蒙古军稳扎稳打，迅速压倒了城中的守军。凡是被蒙古人攻打下来的建筑，都遭到了拆毁、焚烧。

在苦苦战斗了7天7夜之后，玉龙杰赤城中的守军和居民被蒙古军逼到了3个居民区中。玉龙杰赤的陷落只是时间问题了。被完全包围的城中居民派出代表去见蒙古的3位王子，请求他们停止进攻。但是，他们遭到术赤破口大骂。于是，蒙古军继续进攻。

日落之时，窝阔台劝他哥哥术赤说："他们已经愿意投降了，我们就答应了他们吧！等到他们放下武器之后，就任由我们处置了。否则的话，我们继续进攻，他们肯定会拼死抵抗，最终我们还是会损失军马。"术赤同意了窝阔台的话。

就这样，坚持了8个月的玉龙杰赤城最终完全陷落。

摩诃末离开花剌子模首都撒马尔罕后，慌不择路。被蒙古人打怕了的他已经成为惊弓之鸟，草木皆兵。他怕带着大队人马目标太大，容易被蒙古人侦知，便将自己的近卫军分散到乡村之中，身边只留了少数几个人随从护卫。而成吉思汗手下的得力战将哲别和速不台选了蒙古骑兵中最精锐的3万人，一直在追击花剌子模国王摩诃末。根据成吉思汗的严令，他们一路沿着摩诃末逃跑的路线追赶，丝毫不敢放松。

狂奔在逃亡路上的摩诃末如同一只丧家之犬。他从中亚美丽富饶的河中地区向他的老巢伊朗境内流窜。看着自己的国王这般懦弱，摩诃末身边的侍卫决定杀掉他。但是，其中一个侍卫不忍心，将这个消息偷偷地告诉了摩诃末。摩诃末吓得赶紧换了一个地方睡觉。自此之后，摩诃末众叛亲离，深达内心的恐惧让他经常做噩梦——他已经是生不如死了。

摩诃末后来逃到你沙不儿，不久又逃向伊拉克，因为听说蒙古军要去伊拉克，所以他又潜回了伊朗境内。惶惶不可终日的摩诃末最后也不知道躲到哪里最安全。于是，在蒙古人的追兵临近的情况下，他只好不停地往西跑。

后来，他逃到今天的伊朗首都德黑兰附近。当他准备休息的时候，蒙古的两员大将哲别和速不台率军追上来了。摩诃末只好再次逃跑。

摩诃末逃到了里海中的荒岛上。他不停地转换岛屿，导致蒙古人不知道他的所在。但是，摩诃末的嫔妃全部被蒙古人掳走了，财物也被抢光。在里海的额必思宽岛上躲藏的摩诃末听说后，气急攻心，一命呜呼了。他死的时候仅有一件衣服裹住他的身体而已。

摩诃末死后，札兰丁成为他的继承人。后来，从蒙古人的追杀中逃脱的札兰丁逃到了阿富汗山中的加兹尼。加兹尼就是今天的阿富汗东部加兹尼省省城。札兰丁在这里组建了一支 8 万人的军队。

札兰丁人多势众，后来在与蒙古军战斗中获得胜利，杀死了 1000 名蒙古人，稍微振奋了一下花剌子模军民的信心。成吉思汗得知此消息后，派遣大将失吉忽都忽率领 3 万人去攻打札兰丁。

札兰丁和赶来的失吉忽都忽展开了激战，并再次将蒙古军打败。打到第二天时，失吉忽都忽率领的蒙古军陷入了札兰丁所率军队的包围之中。蒙古军奋力突围之后，纷纷溃逃。札兰丁乘胜追击，把蒙古军赶到了山谷之中。这支蒙古军几乎全军覆没。

札兰丁将钉子刺入了蒙古俘虏的耳朵里，以报亡国灭家之仇。成吉思汗听说之后，非常愤怒，亲自率领大军前去攻打札兰丁。札兰丁知道他不是成吉思汗的对手，于是便往印度河方向逃跑。

最终，成吉思汗率军追上了札兰丁所率领的军队，并将他们团团围住。札兰丁所部在蒙古军的围困之中东奔西突，最终他的部队只剩下了 700 人。蒙古士兵畏惧札兰丁的勇猛，纷纷避开了他。札兰丁乘势往印度河边跑。在印度河边高达 20 丈的悬崖上，札兰丁连人带马跳进了印度河，逃走了。

成吉思汗看到勇猛无比的札兰丁十分惊讶。他赞赏地说："我要是有这样的儿子就好了。"接着，成吉思汗派遣大将八剌率领 6 万蒙古军进入印度境内搜寻札兰丁。这时，耶律楚材劝说成吉思汗放弃追击，从印度撤出军队。成吉思汗并不听。蒙古军继续往印度方向前进。

但是，生长在北方的蒙古军却受不了印度酷热的气候，导致军中瘟疫流行。无奈之下，成吉思汗只好撤回军队。成吉思汗率领军队沿着原来进军的方向撤向阿富汗境内。

在渡过了阿姆河后，成吉思汗带领军队来到了花剌子模国的不花剌城，

▲ 蒙古骑兵

蒙古骑兵兴起之时一般都是以轻装骑兵为主，重骑兵很少，但随着征战范围的扩大，在与之交手的军队先进武器的打击下，也开始逐渐重视骑兵的保护。随着骑兵战术的变革，重装骑兵开始出现在蒙古骑兵编制中。到了后来，重骑兵所占的比例达到了比较高的程度，最终成为蒙古骑兵的主力。关于蒙古重装骑兵所乘的马匹，蒙古马的最好的品种是“乌珠木沁马”，是一种耐力好的小型马。一般来说通过训练的蒙古马，一样是可以作为重骑兵的乘骑，并且大量的蒙古马后来也经过了改良，和中亚及欧洲的高大战马（阿拉伯马和顿河马）混血，改良的蒙古马具备了重装骑兵坐骑的标准，负重能力大大加强，由于继承了原蒙古马的优点，原有的耐力依然保持着。

后来又去了撒马尔罕。在撒马尔罕过冬后的第二年春天，成吉思汗率军回蒙古。他将花剌子模国土分给了他的二儿子察合台，成立察合台汗国。

1225 年，在经过长达 7 年的西征后，成吉思汗回到蒙古土拉河行宫。

流落在印度的札兰丁在成吉思汗回到蒙古后立马带着他的人马回到花剌子模国内，收复失地。他很快就占领了今天伊朗的西北部地区。后来，札兰丁又占领了阿塞拜疆，侵略了格鲁吉亚、巴格达，使他的王国渐渐具有了一定规模。

成吉思汗逝世后，窝阔台即位。窝阔台派遣大将绰儿马罕率军去镇压札兰丁。札兰丁的队伍和绰儿马罕的蒙古军刚一交战便即溃败。札兰丁一路狂奔，逃往土耳其边境的深山之中。

1231年，札兰丁被一个库尔德人杀死在土耳其的迪亚儿别克儿山中。花剌子模国彻底消亡了。

带着蒙古精锐骑兵追击花剌子模国王摩诃末的哲别和速不台在追到里海，并气死摩诃末之后，便准备动身返回蒙古。这时，成吉思汗命令哲别和速不台从伊朗的北部地区穿越高加索山，沿着俄罗斯大草原返回蒙古。哲别和速不台只得遵照成吉思汗的命令行事。

他们首先征服了伊拉克的许多城市。之后，他们计划从伊朗北面取道阿塞拜疆，翻越高加索山，去往俄罗斯南部的大草原。在经过了伊朗西北部重镇大不里士之后，哲别和速不台率军于1221年2月沿着高加索山脉向格鲁吉亚进军。

横亘在俄罗斯南部的高加索山，它的东面是里海，西边是黑海。崇山峻岭遍布的高加索山，地势险峻，海拔大多都在3000米到4000米之间。当格鲁吉亚人得知蒙古军要来的时候，他们派出了1万名全副武装的军队来“迎接”蒙古军。但是，蒙古军在哲别和速不台的带领下，迅速击溃了格鲁吉亚军。

之后，蒙古军开始往格鲁吉亚腹地深入。格鲁吉亚军并没有就此放弃对蒙古军的攻击。他们撤往山林之中，不时袭击一下蒙古军，让蒙古军很是头疼。因此，哲别和速不台决定率军返回伊朗境内休整，准备再战。

蒙古军再次来到大不里士城时，顺便袭击了一个叫作马拉合的城市。攻下马拉合后，哲别和速不台下令蒙古士兵放火将之烧了个精光。

不久，蒙古军再次向格鲁吉亚进军。哲别和速不台两人商定了一个计策，准备全歼格鲁吉亚军。正好，格鲁吉亚人见蒙古军再次来袭，迅速集中全国的兵马前来交战。于是，速不台率兵进攻格鲁吉亚军。

两军刚一交锋，速不台所部便败退下来。格鲁吉亚军紧追而来，从而进入了哲别率军设下的埋伏圈。最终，进入了峡谷之中的格鲁吉亚军被蒙古军两头夹击，3 万多人几乎全军覆没。

经此一役，格鲁吉亚再也没有了对抗蒙古军的能力。哲别和速不台这才轻松地穿过了格鲁吉亚。

在经过阿塞拜疆之后，蒙古军又穿过高加索山脉，进入俄罗斯南部大草原。在俄罗斯南部大草原上生活的民族主要是钦察人和阿兰人。钦察人算是蒙古人的近亲，阿兰人则属于当地土著。当蒙古军进入这一地带时，钦察人和阿兰人为了对付蒙古军的进攻，不得不结成联盟。

哲别和速不台面对人多势众的钦察人和阿兰人联军，决定使用离间计分化他们。他们首先利用钦察人和蒙古人同一渊源的事实，劝说钦察人和阿兰人分开。同时，蒙古军又送给了钦察人许多财物。钦察人果然中计，离开了阿兰人。就这样，哲别和速不台率军轻松地消灭了阿兰人的势力。

之后，哲别和速不台又率军趁机打败了毫无防备的钦察人，并把送给他们的东西又重新抢了回来。钦察残部被迫向俄罗斯腹地逃去。在蒙古军威逼之下，钦察人的首领忽滩被迫向俄罗斯加里宁大公姆斯基斯拉夫求援。加里宁大公是忽滩的女婿，他也知道唇亡齿寒的道理，因此决定帮助钦察人抵挡蒙古军进攻。

在俄罗斯当时最大的城市基辅，加里宁大公召集俄罗斯各个公国的首领商议如何对付蒙古军。哲别和速不台再次使用离间计，准备破坏钦察人和俄罗斯人的联盟。但是，他们先后两次派遣使者都没有说动加里宁大公。劝和不成，他们只有准备开战。

1223 年，俄罗斯几个公国在第聂伯河右岸集结了 10 万人马组成的联军，准备和蒙古军展开决战。俄罗斯联军虽然人马众多，但是作战经验十分匮乏，再加上公国各自为战，没有统一的指挥，所以他们战斗力非常低下。蒙古军还是像以前一样，派出先头部队去引诱俄罗斯联军。

俄罗斯联军很快上当，他们浩浩荡荡地向后退的蒙古军追来。哲别和速不台率军继续撤退。俄罗斯联军则穷追猛打。

就这样，过了 12 天后，俄罗斯联军已经被蒙古军引诱到了钦察草原上。俄罗斯联军不是太熟悉钦察草原的情况。长时间的追击使俄罗斯联军疲倦异常，军无战心。

看到这种情况，哲别和速不台便不再后退，决定带兵回头与俄罗斯联军 10 万人决战。在靠近亚速海的一条小河边，蒙古军和俄罗斯联军展开了激烈的战斗。俄罗斯联军在加里宁大公的带领下英勇地同蒙古军拼杀起来。蒙古军也不甘示弱，双方杀得难解难分。

谁想到就在战事最吃紧的时刻，作为前锋部队的钦察军在蒙古军勇猛进击之下开始胆怯了。接着，他们之中便有些人开始掉头往回跑。俄罗斯联军的阵营顿时被他们冲乱了。于是，整个联军队伍很快就崩溃。俄罗斯联军的主力部队却仍在基辅大公的率领下在河边的一座小山上安营扎寨，作壁上观。蒙古人把加里宁大公所部打得落荒而逃，但基辅大公却并没有出手相救。

很快地，蒙古军就包围基辅大公所驻扎的山头，开始向山上进攻。俄罗斯联军居高临下和蒙古军战斗了 3 天 3 夜，不分胜负。双方的伤亡都很大。

于是，哲别和速不台派出使者对基辅大公说：“再这样打下去，只会两败俱伤。如果你们能停止抵抗，我们就不再包围你们，放你们回家。”基辅大公相信了蒙古人的话，停止了抵抗。俄罗斯诸位大公也尽数被蒙古人活捉。

在打败俄罗斯联军之后，蒙古军进入了俄罗斯城市速答黑城，将之劫掠一空后离开。之后，哲别和速不台又率军攻打富裕的不里阿耳国。但蒙古军并没有攻下不里阿耳国。

不久，哲别和速不台率领蒙古军穿过哈萨克斯坦大草原，到达锡尔河北边和成吉思汗的大军相会。成吉思汗非常满意他这两位将军的俄罗斯大草原之行，送给了他们大量礼物，以示嘉奖。

1227年8月25日，成吉思汗死去。那一年，他66岁，正行走在征伐西夏的途中。不久，窝阔台即位，成为蒙古大汗。雄心勃勃的窝阔台很想像他父亲成吉思汗那样征战四方，让世人敬仰。因此，他决定进攻欧洲。

哲别和速不台已经横扫过俄罗斯大草原。因此，窝阔台决定从俄罗斯南部大草原入手，切入欧洲。在哥哥察合台的建议之下，窝阔台决定派遣各宗王的长子率军出征。因此，术赤的长子拔都、察合台的长子拜答儿、窝阔台的长子贵由、拖雷的长子蒙哥都要统率军队出征。这些成吉思汗的孙子们是蒙古黄金家族的第三代继承人，他们将要在广阔的欧洲平原上纵横驰骋。

拔都是成吉思汗长子的长子，在4个宗王长子中地位最尊贵，因而被任命为蒙古第二次西征军的统帅，60岁的老将速不台为副手，负责辅助这些成吉思汗的孙子们。

蒙古15万大军很快集结完毕。速不台成为大军先锋之将，率军向俄罗斯进军。当时，在俄罗斯草原南部伏尔加河流域盘踞的势力主要是不里阿耳人和钦察人，在他们西边则是俄罗斯人的地盘。不里阿耳人的领地主要是在伏尔加河上游地区，蒙古军首先进攻的就是他们所建立的不里阿耳国。

不里阿耳人是斯拉夫人种和突厥人种相混合之后产生的一种新人种。蒙古人之所以首先进攻不里阿耳国，是因为善于经商的不里阿耳人拥有巨额的财富，国家相当繁荣。这让蒙古人垂涎。不里阿耳国都城不里阿耳城也十分繁华。于是，蒙古军的弯刀首先挥向了这里。

1237年春天，蒙古军正式向不里阿耳城发动了进攻。城中的不里阿耳军民顽强抵抗。但是，到这年秋天时，不里阿耳城还是被蒙古军攻破了。从蒙古军的弯刀之下逃出来的一部分不里阿耳人渡过伏尔加河，来到俄罗斯弗拉基米尔公国。

弗拉基米尔公国大公尤里出于同情而收留了他们。蒙古军初战告捷，震动了整个欧洲。之后，蒙古军带着胜利的喜悦，兵锋直指伏尔加河下游的钦察人。

西到顿河、南到里海、东到伏尔加河下游、北到不里阿耳国之间的广阔草原是钦察人的领地。这块草原又被称作钦察草原。听说蒙古军攻破不里阿耳国后，钦察首领班都察战战兢兢地率部投降蒙古军。但是，钦察的另一个首领八赤蛮却拒不投降蒙古军。他带着自己的部队准备和蒙古人抗争到底。

拔都派蒙哥率军去围剿八赤蛮。蒙哥率军将八赤蛮打得大败。无奈之下，八赤蛮率部潜入伏尔加河流域茂密的树林中，和蒙古军打起了游击战。

为了搜寻八赤蛮的下落，蒙哥下令造了200只船。船造成后，蒙古士兵坐上船，沿着伏尔加河进行搜索。与此同时，蒙哥率领大队军马在伏尔加河两岸进行清剿。

不久，蒙哥的军队发现了八赤蛮的一座宿营地。当蒙哥看到地上钦察人所拉的大便还是新鲜的时候，他大喜过望，下令对这一地带进行仔细搜查。果然，蒙古军在旁边的树林中发现了一个老妇人。蒙哥立即对老妇人进行审讯。审讯得知：那个老妇人是八赤蛮的一个手下，八赤蛮已经逃到了伏尔加河和里海相交汇处的一个小岛上。

蒙哥立即率军向那个小岛奔去。蒙古军如从天而降一般，打得八赤蛮和他的手下措手不及。很快，八赤蛮和他的手下全部被蒙哥擒获。八赤蛮的手下被全部杀死。八赤蛮也被拔都一刀斩为两段。钦察人最后一股反抗力量就此覆没。

在扫平俄罗斯南部草原的障碍之后，蒙古西征军的目光开始放眼整个俄罗斯。1237年秋，拔都决定进攻俄罗斯。

他召集蒙古各位王子开会，决定首先派军进攻实力薄弱的俄罗斯北部地区，然后再派兵进攻俄罗斯南部地区。俄罗斯北部地区以莫斯科等城市为中心，南部地区以基辅为中心。不久，蒙古军沿伏尔加河北上，进攻俄罗斯东北地区。

此时的俄罗斯主要由梁赞公国、弗拉基米尔公国、诺夫哥罗德公国3个大公国组成。蒙古军想要逐一消灭他们，就必须先要渡过欧洲第一大河——

伏尔加河。

当拔都和速不台率领大军来到伏尔加河岸边时，他们立刻被波涛滚滚的大河震慑住了。蒙古骑兵纷纷驻马河边，伫立而望。如何渡过宽阔的伏尔加河成为蒙古军面临的最迫切的问题。最初，蒙古人制作了许多羊皮筏子。但是，几十万大军的辎重帐篷如果都用羊皮筏子渡过去，肯定是有一定困难的。于是，拔都下令从不里阿耳国调来了1000艘大船。所有的蒙古战马则让它们自行泅渡过河。

不久，蒙古军渡过了伏尔加河。之后，他们开始向俄罗斯腹地开拔。俄罗斯第一个公国梁赞国大公尤里·英格瓦列维奇听说蒙古军打过来了，慌忙派人到梁赞公国治下的各乡村征兵。

梁赞是俄罗斯的中部城市，为梁赞公国首都。梁赞建在奥卡河边高高的悬崖上，外城城墙由泥土筑成，内城城墙则是树桩围成的板墙，板墙之上则是用百年橡树木板筑成的塔楼。梁赞大公号召梁赞市民拿起斧头和刀剑，加入作战部队，赶跑入侵的蒙古军。

蒙古军来到了梁赞城后，并没有立即进攻。他们先派出使者进城，劝说梁赞大公尤里·英格瓦列维奇投降。梁赞大公尤里·英格瓦列维奇很干脆地拒绝了蒙古人的招降。

之后，他召开市民大会，准备誓死抵抗。他派弟弟到邻国弗拉基米尔公国请求他们的援助。但是，弗拉基米尔大公拒绝出兵援助。

同时，梁赞大公尤里·英格瓦列维奇也向诺夫哥罗德公国派出了使者。尤里·英格瓦列维奇接着又派出了他儿子费多尔前往蒙古大营，去和拔都谈判。尤里·英格瓦列维奇准备了俄罗斯最好的马以及当地特产貂皮大衣等礼物，交给费多尔，让他献给拔都。

4天后，费多尔率领梁赞使团来到了蒙古大营。但是，拔都并没有立刻召见梁赞使团。直到几天之后，拔都才接见了他们。

当费多尔带领梁赞使团进入拔都的大帐后，双方因为行礼的问题产生了严重分歧。拔都认为费多尔应该向他磕头致敬，而费多尔和他的随从只是鞠躬。拔都大怒："这个人怎么这么无礼，不向我磕头？"费多尔从容地回答："我们只有在祈祷时才向天帝的圣像磕头。"双方争辩不休，僵持不下。直到开饭的时间到了，拔都要吃饭，这件事才不了了之。

拔都吃完饭之后，继续和费多尔进行谈判。拔都很早就听说费多尔的妻子国色天香，于是便对他说："如果梁赞公国能够把你的妻子当作人质留在我的大营，我就放过你们。否则的话，蒙古大军必将踏平梁赞城。"对于拔都的要求，费多尔想都没想就一口回绝："那我们就用剑来解决吧！"他说完这句话，向拔都鞠了一躬，便带领随从走出了大帐。

拔都见费多尔根本就没有臣服的意思，便让速不台带人追出去，斩杀了全部梁赞使者。之后，蒙古军向梁赞城挺进。

蒙古军经过卡尔米乌斯大道，向俄罗斯北部前行。整个蒙古西征大军原本有 15 万人，在征服了不里阿耳人和钦察人之后，经过对他们进行一系列的收编，蒙古西征大军的人数已经达到了 30 万之众。

这时，梁赞公国也派出 2000 人南下抵抗蒙古军进攻。这 2000 人迎战 30 万蒙古军，简直是自投死路。但是，梁赞公国大公尤里·英格瓦列维奇来到了这支部队中给他们提升了不少士气。

成千上万行进中的蒙古骑兵令大地颤抖，但梁赞公国的勇士们却狂叫着扑向了他们。没有任何防备的蒙古骑兵遭到了迎头痛击，开始后退。梁赞人勇猛地追击。但是，蒙古骑兵很快重新振奋起来，并将所有梁赞士兵围在核心之中。

愤怒的蒙古士兵举起他们手中的弯刀砍向了梁赞人，血光四溅。虽然梁赞士兵拼死抵抗，但是他们敌不过蜂拥而来的蒙古兵。很快，他们便被砍杀殆尽。

随后，30 万蒙古军如一团黑云一般来到了梁赞公国都城下，一时杀气弥漫四野。自从建城以来，梁赞城还从来没有被攻破过。这让城中的居民很有信心。

他们做好了长期据守的准备。为了防止蒙古人爬上城楼，梁赞人往城墙外面浇水。寒冷的天气很快把水变成滑溜溜的坚冰。人很难从坚冰上爬上来。他们还在城楼上架起大锅烧起了开水，一旦蒙古兵爬上墙头，他们兜头就是一锅开水。

蒙古军来到梁赞城下后，再次派人劝降。城中守军用箭回答了他们。于是，蒙古军便开始着手准备攻城。他们驱赶被俘的俄罗斯人帮他们建造攻城云梯。第二天，蒙古军将抛石机也搬来了。

做好一切准备之后，蒙古军开始攻城。抛石机将巨大的石块砸向梁赞城。蒙古士兵在抛石机掩护下向着城墙发动进攻。他们将造好的云梯搭上城墙，然后用长矛驱赶着俄罗斯俘虏攻城。俄罗斯俘虏无奈之下只好攀爬云梯。梁赞城的守军对他们一律斩杀。

蒙古军的进攻持续了五天五夜。但是，梁赞城依然没有被攻克。为了对付顽抗的梁赞人，蒙古人制造了攻城锤。攻城锤上面是一个巨大的支架，支架上悬着一根巨大的圆木，圆木的前端包着铁皮。躲在盾牌后面的蒙古人荡起圆木猛烈地撞击城门。在攻城锤持久不息地撞击之下，梁赞城城门最终被撞开了。城下的蒙古军冒着从城上下来的开水、热油、石块、箭雨等向着城内猛冲。梁赞城最终被蒙古人攻破。

接下来，蒙古军又马不停蹄地向邻近的弗拉基米尔公国挺进。弗拉基米尔公国是当时俄罗斯势力最大的公国。弗拉基米尔大公尤里・伏谢沃洛多维奇公爵又称为尤里二世大公。

尤里二世很轻视蒙古人。他认为，蒙古人和他们的近亲钦察人一样，进攻俄罗斯只是为了抢掠一些财物。但这次，蒙古军不会像以前那样大肆抢掠后就离开了，他们要的是俄罗斯的土地。虽然表面上尤里二世不以为意，但是，他还是做了一些防范。他将弗拉基米尔城的马匹全部赶到北部的城市，将存放在城外的粮草也全部挪到城里。他号召所有的青壮年都加入到军队中，抵抗蒙古军有可能的进攻。尤里二世还给诺夫哥罗德公国大公写信，让他们及时增援自己。

尤里二世很不放心莫斯科这个城市，他派他小儿子弗拉基米尔去守卫莫斯科。弗拉基米尔向他的父亲尤里二世索要兵马。但尤里二世只答应给他配备 1 名将军，并说这名将军会帮他组建一支强大的军队，对付“那些荒漠来的草寇”。但是，弗拉基米尔并不相信父亲的话。经过一番讨价还价，他又从尤里二世手里要来了 10 名贴身侍卫。

为了安抚弗拉基米尔，尤里二世许诺他，等到占领了梁赞城后，就把梁赞的土地封给他。无奈之下，弗拉基米尔和尼扬科带着 10 名侍卫去保卫莫斯科。而尤里二世打定了主意要离开弗拉基米尔城。

临走前，他对手下说：“我要去伏尔加河一带建立军事基地，集结强大的军队，以战胜狂妄的蒙古军。弗拉基米尔城就交给你们了。该怎么办，你们好自为之吧！”

尤里二世要离开他的京城，却把他的妻子留在即将被蒙古军围困的城池之中。他花言巧语地骗他妻子说这是为了稳定军心。他妻子流着泪答应了。

弗拉基米尔在去往莫斯科的路上不停地招兵买马，将农民和猎人都拉进了他的队伍中。最终，他带着一支部队来到莫斯科。

当时，莫斯科是弗拉基米尔公国一个极为富庶的城市，城中居住着许多商人，有无数的金银财宝。因此，拔都将莫斯科作为他的进攻目标。蒙古军的到来打乱了莫斯科城中的平静生活。百姓惊慌失措，人人往城里跑。很快，城门关闭了。

拔都毫不客气地下令军队进攻莫斯科城。莫斯科人不肯屈服，他们拼死抵抗。双方相持不下。

到了第五天时，蒙古军运来他们的一套攻城器械。火箭“嗖嗖”地射进莫斯科城，城里的木头房子立即着火。莫斯科军民被迫一边救火，一边守城。但是，蒙古军不停地将火箭射入莫斯科城，让莫斯科人叫苦不迭。不一会儿工夫，莫斯科就变成一片火海，惨叫声不停地传来。莫斯科军民完全丧失了抵抗的能力。

蒙古军乘机攻进莫斯科。但城中浓烟滚滚、热浪阵阵，蒙古军只好匆匆离开。尤里二世的儿子弗拉基米尔被蒙古军俘虏，莫斯科化为废墟。

在莫斯科短暂停留后，拔都指挥蒙古军继续进攻弗拉基米尔公国首都弗拉基米尔城。莫斯科被攻陷的消息很快传遍整个弗拉基米尔城。城中百姓开始纷纷逃亡。蒙古军很快来到弗拉基米尔城下。他们搭起帐篷，点起篝火，有条不紊地安营扎寨。

在正式进攻前，蒙古人还是先来劝降，但被弗拉基米尔城中的守军拒绝。蒙古军的攻城利器抛石机和攻城锤很快被运到弗拉基米尔城下。为了防止城中的人逃跑，蒙古军还用木桩密密地将弗拉基米尔城围住。

一切就绪后，蒙古军发动了对弗拉基米尔城的总攻。蒙古士兵号叫着攻向弗拉基米尔城的各大城门。攻城锤一下又一下地撞击着城门，发出了“砰砰”的巨大而沉闷的声响。云梯被架到了城墙上，冲上去的蒙古军和弗拉基米尔军民展开了激烈厮杀。最先冲上去的俄罗斯俘虏大多都被杀，而蒙古人则趁弗拉基米尔军民和俄罗斯俘虏拼杀时，爬上了城墙。城墙上的蒙古军越来越多。

这时，弗拉基米尔城的橡木城门被攻城锤撞开。无数的蒙古士兵冒着城头上投掷的石块和燃烧的木块，向城内杀去。弗拉基米尔城被攻破。

虽然弗拉基米尔城被攻克，但是弗拉基米尔大公尤里二世还潜逃在外。尤里二世从弗拉基米尔逃出来后，一路向北而去。他也和花剌子模国王摩诃末一样，在逃跑途中风声鹤唳，草木皆兵。

最后，尤里二世逃到西奇河边的任吉村。任吉村四周是茂密的森林，地方极为偏僻，外人很难发现。进入村子的路只有西边一条，东边的西奇河只有河水结冰才可以通过。村子四周全是泥泞不堪的沼泽地带，雾气弥漫，无法通行。尤里二世根本就没有信心打败蒙古军。因此，他在任吉村招兵买马也只是为了保全自己的性命。

然而，蒙古军却没有放过尤里二世。他们四处打探尤里二世的消息。后来，拔都找到了尤里二世藏身的地方。他来到一个叫科伊的小村庄，发现了许多干草——干草之多足以养活一支庞大军队的战马。拔都因此得出结论：尤里二世可能就潜伏在附近密林中的某个地方。

不久，拔都派出一支蒙古军进入密林之中搜索。这支蒙古军在密林之中发现了一个俄罗斯人的哨所。他们包围了哨所，抓住了哨所中的士兵。

在哨所后面的雪地上，蒙古人发现了密集的脚印。他们判断哨所背后密林深处肯定有一支军队驻扎。于是，他们继续向纵深处搜寻。

深夜之时，他们越过沼泽地，摸到了弗拉基米尔大公尤里二世的老巢。蒙古军和尤里二世的卫队展开了激战。在慌乱中，尤里二世带着几百名士兵想要从东边的西奇河逃走。但蒙古军很快向他围了过去，箭矢如飞蝗一般射向他。尤里二世根本躲无可躲，最后身中数箭而死。

随着弗拉基米尔城的攻破和弗拉基米尔大公尤里二世的死亡，弗拉基米尔这个最强大的俄罗斯公国消失了。蒙古军又乘胜扫荡了弗拉基米尔公国的其他城市，最终荡平弗拉基米尔公国全境。

俄罗斯三大公国之中的梁赞公国和弗拉基米尔公国相继覆亡之后，蒙古军紧接着就进攻俄罗斯北部的诺夫哥罗德公国。

诺夫哥罗德公国统治着欧洲东北部的大量地区，是俄罗斯国家的发祥地，曾经诞生了俄罗斯第一个王公政权。诺夫哥罗德城是诺夫哥罗德公国的政治中心，也是俄罗斯的一个最古老城市。它位于伏尔加河与其支流奥卡河交汇处的伊卡门湖畔。

蒙古军向诺夫哥罗德进军的时候正值春天，积雪开始消融，俄罗斯北部的大地顿时变成泥泞之地。蒙古军人马俱疲。见军队中怨气冲天，拔都只好鼓动大家奋勇前进，许诺他们，攻下诺夫哥罗德城后会获得城中无数的财宝。军队勉强前进。

有一天，当老将速不台骑马行走在一段还没有解冻的河流上时，冰层突然断裂，速不台连人带马掉进了冰河之中。蒙古士兵赶紧用套马索套住了速不台，这才挽救了他的性命。但是，速不台的战马却被河水冲走了。

看着神情黯然的老将速不台，拔都又望了望俄罗斯的大片沼泽，最终决定要回到温暖的南方休整，等到了夏天再来进攻诺夫哥罗德公国。他下令蒙古军后撤。

后来，诺夫哥罗德公国大公向蒙古军投降。拔都就没有再兴兵犯境。其后不久，拔都率领大军重新回到钦察草原，完成了他对整个俄罗斯北部的征服。

按照成吉思汗的决定，从新疆阿尔泰山以西所有土地都归拔都家族所有。因此，当拔都荡平俄罗斯北部之后，他就在伏尔加河流入里海的地方建立都城，并取名叫作萨莱城。

在伏尔加河下游休整了一段时间之后，拔都于1240年夏天决定向乌克兰进军。乌克兰首都是基辅城。拔都派堂弟蒙哥为先锋，率军进攻基辅城。

具有悠久历史的基辅城曾经诞生了俄罗斯民族国家基辅罗斯。它位于第聂伯河西岸的几处山丘上，是一座拥有着辉煌建筑的繁华城市，也是乌克兰最美丽的大都市。作为欧洲主要的城市，基辅城中有400多座教堂，艺术品和手工制品更是闻名欧洲。

蒙哥率领军队穿过钦察草原来到基辅城。按照拔都的吩咐，蒙哥派遣使者前往基辅城内劝降。蒙哥的使者来到基辅城门口时，遇到了前来迎接他们的基辅上层贵族。使者对他们说："蒙哥大汗已经到了河对岸，希望基辅的王公们去他的大营谈判。蒙哥大汗将在自己的大帐中接见基辅大公。"

但是，基辅的贵族们却认为这是一种可耻的行为。他们绝对不会去蒙哥大汗的军营。他们说："我们的公爵正安坐在宫殿之中，他邀请你们去和他交谈。"谈判陷入僵局。

经过一阵激烈的交涉后，蒙古军的使者同意先到公爵府中见一见公爵。

在前往途中，蒙古使者提出要登上城墙看一看基辅城内的情况。基辅的贵族们答应了蒙古使者的要求。

蒙古使者登上了城墙，瞭望了整个基辅城之后，又从城墙上下来，往一些比较敏感的地方跑去，察看那里的情况。基辅的贵族们很快就发现蒙古使者的企图。他们劝说蒙古使者停止察看，立刻前往公爵府。蒙古使者表示，还没有看完美丽的基辅城风光。基辅的贵族们则拒绝蒙古使者在基辅城的敏感地区游荡——他们怕泄露了军机。蒙古使者大怒："如果你们不让我们游览美丽的基辅城，我们就不去公爵府。"

基辅的贵族们也非常愤怒："你们不去公爵府也可以，但是，你们看了我们的秘密，也别想回蒙古军营。"

蒙古使者很看不起这些基辅的贵族们，说："你们得罪了我们不要紧，只恐怕引起蒙哥大汗的愤怒，基辅城就会毁于一旦。"

见蒙古使者拿蒙哥大汗来威胁，基辅的贵族们怒不可遏："把他们统统抓起来！他们根本不是蒙古使者。他们都是奸细，是来打探基辅城防的。"

基辅人抓住了蒙古使者，并将他们从城墙上扔了下去。

得到消息的蒙哥意识到基辅城是不会投降的。他急切地想要教训一下基辅人，但是拔都让他先不要攻城，因为蒙古军很难渡过第聂伯河，只有等冬天到来，河流结冰后才可以顺利渡河。蒙哥听从了拔都的命令，率军退回到钦察草原休整。

基辅人知道蒙古军不会善罢甘休的。他们制造武器，加固城墙，做好了迎战的一切准备。基辅城大公达尼拉公爵一面激励基辅人起来保卫自己的城市，一面暗暗做着逃跑的准备。他对他的手下说："我们一个国家肯定打不过蒙古军，我去请求波兰国王和匈牙利国王前来支援我们。我任命德米特罗为城防司令，代表我全权指挥作战，保卫基辅。"

达尼拉公爵说完这些话，便带着他的妻子离开了基辅城。基辅城防司令德米特罗只好激励手下将士与基辅城共存亡。

第聂伯河的冰层还不是很厚，但是拔都已经按捺不住。为了过河，蒙古军驱赶被俘的俄罗斯人和钦察人用原木在冰面上修建了一条木板路。这条木板路一直铺设到了基辅城下。笨重的攻城器械通过这条木板路渡过了第聂伯河。

站在基辅城墙上的基辅守军看着无数蒙古军汹汹而来，内心顿时感到了一阵的窒息。蒙古人和基辅人之间的一场生死大战即将展开。

蒙古军的千军万马立刻将整个基辅城围困起来，如铁桶一般。抛石机将大块石头抛向基辅城。攻城锤撞击着城门。和围困其他俄罗斯的城市一样，蒙古军的攻城方法基本没有改变。

基辅城的里亚德城门最先被蒙古军摧毁，无数的蒙古骑兵冒着箭雨冲进了基辅城。城中的基辅人慌乱地逃进内城。基辅内城之下的蒙古军又开始了一场新的进攻。冲进了内城的蒙古军和基辅军民贴身巷战。在内城的每一条街道和房屋前，都是对砍的蒙古人和基辅人。

基辅守军在蒙古军疯狂进攻下，渐渐不能抵挡，慢慢地退入内城中的捷夏基纳教堂据守。教堂里还躲藏着基辅城的贵族们，大量的金银财宝也被转移到了这里。捷夏基纳教堂是用石头建成的，异常坚固，蒙古军猛攻了数次也没有拿下。

教堂中的基辅贵族们知道不能久待。于是，他们开始挖地道，准备通过地道逃出去，潜藏到附近的森林中。但是，基辅的地道还没有挖完，蒙古军就把他们全部埋葬了。原来，拔都见蒙古军久攻捷夏基纳教堂不下，便命令拉来攻城锤。蒙古士兵荡起了攻城锤下面的铁头大圆木，猛烈地撞向教堂。石墙开裂，教堂坍塌，里面的人被埋在了废墟之中。

1240 年 12 月上旬，蒙古军占领了整个基辅城。之后，拔都又派兵扫荡其他重要城镇。不久，俄罗斯被蒙古军全部占领。

1241 年 1 月，拔都率领蒙古军向欧洲的中心地带进军。蒙古军兵分两路踏入欧洲。他们分为南北两线，南线部队由拔都亲自率领，准备向匈牙利发

▲ 十字军东征场面

十字军，是由基督教士兵组成的军队，曾参加东征，士兵都佩有十字标志，因此称为十字军。社会各阶级均可参加十字军东征。以教皇为首的教会上层僧侣是十字军东征的思想鼓动者和总的策划者。他们利用宗教狂热极力扩大罗马教廷的政治影响，企图将希腊东正教置于自己的控制之下，并力图通过掠夺东方国家领土和建立新的“基督教”领地来增加自己的财富；破落的骑士阶层也为发财致富的机会所吸引，他们成为十字军的主要成员；大封建主力图扩大自己的领地和增加收入，并梦想在东方富庶的土地上建立受其支配的国家。

动正面进攻，而北线部队由察合台的儿子拜答儿担任主帅，向波兰进攻，防止波兰派兵援助匈牙利。

蒙古铁骑的到来让欧洲人非常恐惧。欧洲人希望神圣罗马帝国皇帝腓特烈出面带领大家抵抗蒙古军入侵。神圣罗马帝国包括德国和意大利两部分，神圣罗马帝国皇帝腓特烈又称为德意志皇帝。当时，腓特烈为了争夺权力和罗马教皇格列高利九世激烈斗争。后来，罗马教皇离开了罗马，前往法国里昂居住。在法国里昂，罗马教皇将腓特烈开除出了教会。

在蒙古军的入侵面前，罗马教皇下令各国组织十字军，并同意让他仇视的德意志国王腓特烈担任十字军统帅。但是，欧洲各国并不买腓特烈的账。

1241 年 2 月，拜答儿率领蒙古军来到波兰东部维斯杜拉河附近。维斯杜拉河是波兰境内最大的一条河流。过了这条河，蒙古军就进入了广阔的波兰平原腹地。严寒的天气使维斯杜拉河结了一层厚厚的冰。于是，蒙古军不费吹灰之力就渡了过去。

当时的波兰正处于封建割据时期，境内有西里西亚、马佐夫舍、大波兰、桑多米尔和克拉科夫 5 个独立公国。波兰名义上的国王是博莱斯瓦夫四世控制着克拉科夫城及其附近地区，享有波兰的最高仲裁权。在 5 个公国中，控制西里西亚的亨利二世地盘最大、实力最强。

渡过维斯杜拉河之后，蒙古军首先进攻桑多米尔城。城墙上的桑多米尔人用巨石和开水“招待”将他们城市团团围困的蒙古军。

激烈的战斗持续了几天，蒙古军又运来了他们的攻城器械。蒙古军的抛石机向桑多米尔城抛出巨大的石块。在抛石机的掩护下，蒙古军爬上了桑多米尔城城墙，并最终攻克了桑多米尔城。

一番杀人放火之后，蒙古军离开了桑多米尔城，向波兰首都克拉科夫挺进。波兰国王、克拉科夫大公博莱斯瓦夫四世积极备战。他集结了所有直属于他的军队，甚至领地里的民兵也被他招来。

拜答儿率领的蒙古军在即将抵达克拉科夫的时候，突然开始撤退。这让雄心勃勃的波兰国王博莱斯瓦夫四世认为他的军威吓破了蒙古军的“小胆儿”。他立即下令他的军队去追击“那些胆怯的蒙古人”，打他们的“屁股”。

波兰骑兵凶猛地追向正在撤退的蒙古军。拜答儿率领的士兵四散逃跑。波兰骑兵见状，心中一时豪情万丈，于是纵马尽情追赶。

赫梅尔尼克离克拉科夫有 18 千米。蒙古军在这里设下了一个包围圈。

骄狂的波兰人一路被引入蒙古军的伏击圈之中，迎接他们的是一阵阵箭雨。蒙古弓箭手们射出的尖头箭轻易地穿透了波兰人的盔甲。波兰人立刻溃退。

蒙古军趁机展开了凶狠的进攻。万千扬起的蒙古弯刀将所有前来追击的波兰军砍倒在地。这一战，波兰骑兵全军覆没，前线将领全部战死。

没有了军队镇守，克拉科夫成为一座空城。国王博莱斯瓦夫四世仓皇逃跑，进入捷克境内避难。蒙古军开进克拉科夫。之后，蒙古军离开了克拉科夫，继续向波兰西部进军。

一座座城市在蒙古军的铁蹄之下被征服。蒙古军以无人能挡的姿态挺进了西里西亚。西里西亚位于波兰最西部，与德国、捷克接壤。亨利二世是这里的统治者。

西里西亚大公亨利二世有 3 万军队，以重骑兵为主。他还从德国哥德堡金矿区招募了大量矿工组成了步兵部队。蒙古军的进攻让德国皇帝也感到害怕。德国皇帝派出了他最精锐的条顿骑士团前往西里西亚帮助亨利二世抵抗蒙古军入侵；法国则派出了他们的精锐圣殿骑士团；捷克国王也派出 10 万大军前来助阵。欧洲人的力量开始汇聚到一起，准备和蒙古人决一死战。

但是，对蒙古军的进攻心存畏惧的亨利二世认为，西里西亚的中心城市莱格尼察恐怕根本就抵挡不了蒙古军的抛石机和攻城锤。最后，他决定带领全部人马出城迎敌。

蒙古人在距离利格尼茨不远的瓦尔斯塔特荒原等候亨利二世的到来。当亨利二世来到瓦尔斯塔特荒原看到蒙古人后，他把队伍列成了 4 个中队。他亲自指挥第四中队。第四中队由最精锐最精良的德国条顿骑士团和法国圣殿骑士团组成。这两个骑士团都名列“欧洲三大骑士团”，战斗力极为凶悍。

欧洲的骑兵大多是重骑兵，人和马都被厚厚的铠甲包裹着，甚至连眼睛也完全防护了起来。在欧洲战场上，拿着长矛和大刀的欧洲重骑兵往往担任着冲锋陷阵的任务。他们最先向敌军冲击过去，几乎没有任何人能够抵挡。当他们将敌人的阵营撞得乱七八糟的时候，后面的步兵则会紧跟着冲上去，斩杀那些被撞倒在地的士兵。

蒙古人的骑兵根本不穿盔甲，他们只用钢盔护住自己的头部，用羊皮袄子加牛皮坎肩保护自己的身体。蒙古骑兵的射箭技术高超，经常与敌人拉开距离，进行远距离射杀，较少采用近距离肉搏战的作战方式。

在战场上，蒙古军跟着令旗进行相关行动，而欧洲军队则用喊叫来指挥军队。

亨利二世布置完毕之后，命令第一中队向蒙古军冲杀过去。还没有交手，蒙古士兵就四散开去。但散开后的蒙古士兵很快就包围了亨利二世的第一中队，向他们射箭。第一中队很快退回波兰军的阵地。

亨利二世又命令第二中队和第三中队进攻。蒙古军立刻开始后撤。亨利二世十分高兴，命令加紧进攻，追击蒙古军。

正在这时，蒙古军之中突然冲出了一队人马，用波兰语大声叫喊："快跑啊！快跑啊！"紧张追击之中的波兰军听到这么一声喊，赶紧后撤。

亨利二世见第二中队和第三中队上了蒙古人的当，便率领自己的第四中队冲了上去。

数千欧洲重骑兵挟着巨大的冲击力闯进了蒙古阵营。速不台父子率领的蒙古骑兵根本就抵挡不住欧洲重骑兵的强劲冲击。蒙古骑兵开始败退。波兰骑兵则加紧追击。当亨利二世看到蒙古统帅拜答儿的大旗也开始退却时，他认为蒙古军已经战败，于是下令全军进行追击。波兰骑兵得令，立刻猛追蒙古骑兵。

让亨利二世没有想到的是，波兰军再次中了蒙古军的圈套。被追击的蒙古军迂回到波兰骑兵两侧和后面，然后突然合围。蒙古军用浓烟将波兰军的骑兵和步兵完全隔离开来后，将波兰步兵也包围了起来。蒙古骑兵向着包围圈之中的欧洲重骑兵射击，箭矢漫天。笨重的欧洲重骑兵无法迅速转向，沦为任人宰杀的羔羊。虽然蒙古骑兵的箭矢无法穿透欧洲重骑兵的盔甲，但能射中他们的胯下之马。俗话说，射人先射马，擒贼先擒王。马倒了，欧洲重骑兵失去了支撑的坐骑，栽倒在地，自相践踏，乱作一团，只能束手待毙。

亨利二世死命波兰军杀出重围时，被一名蒙古士兵一矛刺中。弯刀一闪，摔倒在地的亨利二世的头颅被砍下了。最终，在蒙古军的冲锋下，西里西亚大公亨利二世率领的军队全军覆没。

莱格尼察之战后第二天，率领军队前来支援的捷克国王维亚切斯拉夫见到战场上的惨状，立即率军退回捷克边境，加强防守。而蒙古军又开始进攻捷克。

蒙古军轻而易举地越过捷克边境，占领了奥帕瓦地区。随后，蒙古军进入捷克中部地区摩拉维亚。一切抵抗之敌都被蒙古人消灭在进军途中。

捷克国王命令他手下的部将雅罗斯拉夫率领 500 骑兵和 5000 步兵固守奥洛莫乌茨，并严禁其出城作战。但是，将在外君命有所不受，雅罗斯拉夫擅自率领敢死队直攻蒙古军的军营，向着蒙古主帅拜答儿的中军大帐勇猛杀去。

蒙古人没有想到捷克人有胆量敢主动进攻他们，因此一时被杀得有些惊慌失措。在雅罗斯拉夫的率领下，敢死队成功地冲进了蒙古军主帅拜答儿的大帐，杀死了蒙古北路军统帅拜答儿。但是，很快蜂拥而来的蒙古骑兵将雅罗斯拉夫的敢死队砍成了肉泥。

蒙古军在奥洛莫乌茨城下举行了隆重的火葬仪式，将拜答儿和战死的蒙古士兵放在巨大的篝火上火葬。之后，失去了主帅的蒙古军前往匈牙利和拔都率领的蒙古主力军会合。捷克至此才逃过一劫。

依附于俄罗斯的钦察人没有了立足之地，首领忽滩率领 20 万钦察人来到匈牙利边境，请求匈牙利国王贝拉四世收留他们。忽滩告诉贝拉四世，全体钦察人都愿意皈依基督教，而且 4 万钦察军也愿意听从他调遣。匈牙利国王贝拉四世十分高兴地答应了忽滩的请求。

当拔都听说匈牙利国王收留钦察人后，立即写信给贝拉四世，警告他不准接纳钦察人。贝拉四世断然拒绝。

面对蒙古人的军事威胁，骄傲自大的贝拉四世决定奋起反抗。他派遣一个钦差拿着一柄染血宝剑到全国各地号召所有的诸侯贵族们起兵勤王。在匈牙利的传统中，染血宝剑意味着国家正面临着空前的灾难。但是，匈牙利人却并没有响应贝拉四世的号召，尤其是匈牙利贵族，依然沉浸在腐朽的生活之中。

原来，匈牙利国内矛盾重重。上层贵族和国王之间的利益争夺，下层农民和统治阶级之间的土地问题，都使匈牙利内部社会极不稳定。贝拉四世收容几十万钦察人引起了匈牙利人的反感。在民间，匈牙利人和钦察人摩擦不断。

此外，匈牙利的外部形势也不是很好。它与邻居奥地利结怨，和其他欧洲国家甚至教皇的关系很淡薄。这都导致贝拉四世内外交困。

在一次军事会议上，匈牙利人和钦察人激化的矛盾爆发了。匈牙利贵族认为钦察人招来了蒙古军，只有把他们赶出去才能阻止蒙古军的侵略。但钦察人首领忽滩说，全体钦察人愿意和匈牙利人一起抵抗蒙古军进攻。正在这时，一个年轻的匈牙利军官当着贝拉四世的面抽出长剑刺向忽滩。忽滩最终被几个匈牙利贵族乱剑砍死。

宫廷中的仇杀迅速蔓延到整个匈牙利社会。忽滩的家人全部被杀死。钦察人也遭到匈牙利军进攻。钦察人被迫向保加利亚逃去。

当匈牙利内部一片混乱的时候，蒙古军已经做好了进攻他们的准备。窝阔台拉拢奥地利国王孤立匈牙利。贝拉四世的处境一时变得十分危险。他派代内什带领部队到匈牙利东部边境喀尔巴阡山脉，在山上建筑堡垒，准备堵住蒙古军进攻。

1241 年 3 月，蒙古军击溃了代内什的部队，越过了喀尔巴阡山脉，进入一望无际的中欧平原。

代内什逃回匈牙利首都布达佩斯，向贝拉四世报告蒙古军已经打进来的消息。贝拉四世惊恐不已。他迅速集结各地的队伍到布达佩斯，组成统一的军队，积极备战。但是，蒙古军的前锋部队已经抵达布达佩斯城下。

位于多瑙河上的布达佩斯，被美丽的多瑙河一分为二，河西叫作布达，河东叫作佩斯。布达和佩斯相对，各自有石头筑成的城墙和深深的护城河。有两座吊桥是进城的唯一通道。蒙古军兵临河东的佩斯城下时，贝拉四世却倚仗着宽阔的多瑙河，不以为然。河东城池坚固的佩斯城也让贝拉四世很放心。

贝拉四世要求军队不要主动出击。但带兵助战的大主教玉果麟却擅自率领军队向蒙古军进攻。蒙古军一触即溃，向着城东的野地里逃跑。玉果麟大喜过望，迅速追击。

蒙古骑兵跑进一片水草丛生的沼泽地，匈牙利骑兵也跟了进去。结果，匈牙利骑兵却深陷沼泽之中。蒙古骑兵用弓箭射杀了重装的匈牙利骑兵。玉果麟最后只带着 3 个人回了城。

这时，匈牙利各地的 8 万人马陆续进入布达佩斯。贝拉四世的心这才安定下来。见自己兵强马壮，贝拉四世雄心顿起，便领兵出城和蒙古军交战。

贝拉四世一出城，便向蒙古军主动进攻。蒙古军被打得措手不及，损失了很多士兵。拔都被迫引兵东退。

贝拉四世挥军乘胜追击。蒙古士兵立刻开始溃散。正在这危急时刻，老将速不台率军杀到。拔都大喜，这才整顿兵马往回掩杀。

贝拉四世见蒙古援军到来，急忙收兵回城。拔都并不追赶。

1241 年 4 月，贝拉四世看到蒙古军开始撤离，便率领 7 万大军出城追击。他一直追到了离布达佩斯 160 千米外的萨约河和蒂萨河交汇处的莫希草原。

两军隔着萨约河对峙。匈牙利军在河西，蒙古军在河东，河中间有一座石桥，被匈牙利人牢牢占据。贝拉四世用战车把自己的营地围绕起来。

拔都决定趁夜晚之时分 3 路进攻匈牙利人。他亲自率领军队进攻石桥，老将速不台从下游进攻，其他人从上游涉水进攻。拔都在石桥边安置了 7 架抛石机，同时又安排了大量的弓箭手。

拂晓之时，一切准备就绪的蒙古人开始了3路进攻。萨约河石桥边的蒙古军最先发难，将桥头上的匈牙利士兵射倒了一大片。蒙古军的抛石机投出的石块也砸死了不少匈牙利将士。

匈牙利将士虽然遭到了重大伤亡，但是仍然拼死抵抗，杀退了蒙古军数次进攻。但是，蒙古军越来越多，守卫石桥的匈牙利将士渐渐抵挡不住，只好向大部队求援。援兵还没有来到，守桥部队便撑不住了，开始向大部队的方向撤退。

蒙古军的中路部队冲过了石桥，和北路的蒙古军会合，将匈牙利的大部队包围起来。匈牙利人在他们的营帐之外用战车围了起来。

蒙古军攻不进去，便向那些战车射去了不少火箭。战车着火引燃了帐篷。匈牙利军的大营立刻变成一片火海。战车包围中的匈牙利人无处可躲，很多人都被活活烧死，而冲到外面来的，则被蒙古军射死。匈牙利7万人马死去大半。

贝拉四世在手下的簇拥下杀出重围，落荒而逃。从蒙古军的包围中逃出来的匈牙利将士疯狂地往布达佩斯方向逃遁，蒙古军则在他们后面追杀。最终，蒙古军冲进了布达佩斯城，占领了这个多瑙河畔的美丽城市。

蒙古人成为匈牙利的统治者。他们在匈牙利各地派遣了官吏，建立了正式的管理机构。同时，拔都派兵继续追杀贝拉四世。贝拉四世被逼无奈，逃到了海上，四处漂泊。

1241年12月，蒙古大汗窝阔台去世。第二年9月，拔都率军离开匈牙利，于1243年冬天回到伏尔加河下游。

蒙古军撤走后，匈牙利人再次回到自己的家乡。贝拉四世也回来了。他用高价买来种子，让农民耕种，同时修筑城堡和战壕，以防备蒙古军进攻。但是，蒙古军没有再来。1270年，65岁的贝拉四世去世。

窝阔台大汗死后，贵由成为蒙古大汗。贵由死后，曾经横扫欧洲为蒙古

▲ 旭烈兀

旭烈兀（1217年～1265年），蒙古族人，成吉思汗之孙，拖雷之子，忽必烈、蒙哥和阿里不哥的兄弟，四人同为拖雷正妻所生。旭烈兀是伊利汗国的建立者，西南亚的征服者。作为成吉思汗的孙子，旭烈兀有着血统上的天然优势，而他的一次次辉煌战绩也证明了他无愧于杰出军事统帅的称号。尽管伊儿汗国延续时间不长，但它的出现完全改变了西亚历史的走向。旭烈兀在西亚的征服活动不但改变了该地区的政治版图，而且改变了该地区各宗教、教派的力量对比，牵连之广，遍及欧亚各地乃至非洲。伊儿汗国同元朝本部的联系远比蒙古其他三大汗国密切，丝绸之路畅通，中国的四大发明加快了西传的速度，而回回炮、阿拉伯数字、阿拉伯历法、行省制度等也传入中国。

国建立了不世功勋的拔都支持蒙哥继承汗位。蒙哥成为蒙古大汗。在坐稳了大汗之位后，蒙哥决心继承成吉思汗的遗志，进行领土扩张。他派弟弟忽必烈率军去征服南方（相对蒙古而言）的金朝、朝鲜和南宋，派另一个弟弟旭烈兀率军去征服西方的伊朗、伊拉克、叙利亚和埃及。

当时，里海南岸的木剌夷没有向蒙古国称臣。于是，蒙哥便派他弟弟旭烈兀率军去征服这个国家。旭烈兀率领的西征军总兵力达10万人。为了加强西征军的战斗力，蒙哥专门为旭烈兀从汉族中调来了一支火器部队。在这支1000人的火器部队中，有炮手、火焰放射手、弩手等，战斗力极为强悍。

1252年，按照蒙哥大汗的指示，旭烈兀派部将怯的不花率领12000人作为西征先头部队向西进发。

1253年10月，旭烈兀带领主力军正式动身西征。他的长子阿八哈随行。两年后，旭烈兀来到撒马尔罕。停留了一段时间之后，西征大军开始进入伊朗境内。旭烈兀向伊朗境内的各诸侯发出命令，要他们出兵前来协助自己西征。于是，伊朗、伊拉克、阿塞拜疆、格鲁吉亚等地的诸侯纷纷带领军队加入蒙古军的西征队伍。

1256 年，旭烈兀带领西征大军来到阿姆河。这一年 4 月，旭烈兀向木剌夷发动进攻。位于伊朗北部里海附近的木剌夷国境内大多是险峻的山区。木剌夷人在山中建筑寨堡作为自己的老巢。在山势陡峭的厄尔布尔士山脉中，分布着 350 多个木剌夷人建立的堡垒。这些堡垒易守难攻，一夫当关万夫莫开。其中，最著名的一个寨堡是阿剌模忒堡。

阿剌模忒堡是木剌夷人的统治中心，又被人们称为“鹰巢”。阿剌模忒堡地势险峻，依山作寨，凿石为室，堡中存有许多粮食以及美酒。木剌夷人还对城堡周围进行加固，并阻断溪水，在半山腰上种果树、粮食。因此，即使寨堡被围，木剌夷人仍然能够自给自足。

木剌夷国王名叫阿剌丁。他儿子忽儿沙想要尽快登上王位，便收买了阿剌丁的侍卫哈桑去刺杀阿剌丁。哈桑趁阿剌丁醉酒昏睡的时候，一刀杀死了他。

阿剌丁死后，忽儿沙继承了王位。不久，忽儿沙派人杀死了侍卫哈桑，诬陷哈桑是谋杀阿剌丁的主谋。就这样，忽儿沙巩固了他在木剌夷的王位。

旭烈兀率军进入木剌夷国之后，一路强攻猛打，但同时他也招降了一些木剌夷的堡主。看到时机成熟，旭烈兀开始率军步步紧逼忽儿沙所在的城堡。但是，旭烈兀突然生了一场病，从而推迟了蒙古军的进攻。

旭烈兀不得不原地休息。他派阔阔和乞忒不花率军去攻打木剌夷国的其他领地。旭烈兀这是要先扫除周边势力，再集中全力进攻忽儿沙的老巢。蒙古军用了一个星期时间便占领了木剌夷的周边地区。

接着，他们便开始进攻木剌夷的城堡。他们首先攻打沙黑里思丹城。抛石机向城中抛去了无数的石头，蒙古军趁势进攻，一举攻克了沙黑里思丹城。木剌夷人感到惊恐，就连忽儿沙身边的人也感到命运叵测。他们劝忽儿沙投降蒙古人。

忽儿沙见人心浮动，内心也准备放弃抵抗，但是想想又有所不甘。无计可施下，他只好派人去旭烈兀的大营，表示臣服投降。但是，旭烈兀并不相信他的话。他让忽儿沙毁掉寨堡，带上军队亲自到他的大营投降。忽儿沙毁掉了 5 座没有储备和军队的寨堡大门和城墙。之后，他派人对旭烈兀说："我还有一些事情需要处理，请求推迟 1 年投降。"

旭烈兀大怒，决定向忽儿沙发起总攻。他派出 3 路大军向木剌夷腹地挺进。忽儿沙知道后，马上派遣他的宰相去见旭烈兀，表示自己愿意投降，但请求旭烈兀保全他们的阿剌模忒堡和柳木别雪儿堡，并再次请求延迟 1 年投降。他还派人通知吉尔迭苦黑和塔黑塔沙木两座堡垒投降。旭烈兀并不满意。他继续率领蒙古军向木剌夷腹地进击，同时派人要忽儿沙立刻投降。

忽儿沙无奈，便派遣他儿子和 300 名木剌夷人作为人质到旭烈兀的军营，同时答应拆毁所有寨堡。旭烈兀这才停止进攻，等待忽儿沙前来投降。

等到忽儿沙的人质都来到蒙古大营时，旭烈兀怀疑那个小孩儿不是忽儿沙的儿子，于是要求忽儿沙派遣他的兄弟前来。忽儿沙无奈，只好派遣他的兄弟失兰沙去往蒙古军营。而此时旭烈兀却已经命令蒙古军从四面八方向忽儿沙居住的麦门底斯堡发起了猛烈的进攻。无数的蒙古军将堡垒周围团团围住。

麦门底斯堡是忽儿沙的父亲阿剌丁所修建的一座最险峻的堡垒。它建在一座险峻的山峰上，峰顶有 3 股泉水，山腰有 1 条溪流，因此堡内水源充足。堡内有田地，可以种粮食，完全能自给自足。这可谓是易守难攻之地。

旭烈兀绕着堡垒走一圈，发现确实很难攻打。于是，他只好再次派出使者威胁忽儿沙："你 5 天之内还不来投降的话，那我们就要发动进攻了。"

忽儿沙收到了旭烈兀的警告后还是不肯投降。蒙古军决定进攻。他们用抛石机和弓箭对付麦门底斯堡的木剌夷人。许多木剌夷人被石头砸中，被箭矢射杀。木剌夷人也搬起石头，往山下砸，但没有对蒙古军造成伤害。

忽儿沙见蒙古人确实勇猛，便请求停止战争。他派人向旭烈兀表示他将马上出堡投降。旭烈兀同意了。

但是，第二天，忽儿沙又借故想要延迟。旭烈兀意识到忽儿沙根本就没有投降的诚意，于是命令蒙古军继续进攻。抛石机的石头再次如雨一般砸向忽儿沙的士兵。忽儿沙知道他根本无法对抗旭烈兀的蒙古军，于是派他的兄弟和手下官员带着丰厚的财物到蒙古军的大营准备投降。之后不久，忽儿沙在宰相的陪同下走出麦门底斯堡，正式向旭烈兀投降。

旭烈兀见到忽儿沙时，发现他只是一个不懂事的年轻人，便没有为难他。蒙古军冲进了麦门底斯堡，开始拆毁建筑。

在忽儿沙放弃抵抗的命令下，木剌夷人控制的一百多个寨堡都投降了。著名的阿剌模忒堡被蒙古军一把火烧得干干净净。柳木别雪儿和吉尔迭苦黑两个寨堡拒绝投降。其中，吉尔迭苦黑寨堡抵抗了整整 20 年才最终被攻克。

忽儿沙投降后，完全丧失了斗志，整日沉浸在声色犬马之中不能自拔。他知道他会被蒙古人杀死，因此他想痛痛快快地享受一番再死去。后来，旭烈兀将忽儿沙送到了蒙古。

消灭木剌夷之后，旭烈兀又准备进攻伊拉克。伊拉克当时是阿拉伯帝国的领土，位于世界上最大的半岛阿拉伯半岛上。阿拉伯半岛东临波斯湾，西靠红海，南边则是广阔的印度洋。

当时，阿拉伯帝国国王是哈里发穆斯塔辛。哈里发是阿拉伯语，意思是先知的代理人或继承人，是集宗教以及军政大权于一体的阿拉伯国家元首。哈里发穆斯塔辛平庸无能，纵情声色，对老百姓残酷剥削，国家一片混乱。他见手下的书记官爱伯努力发展自己的势力，力量越来越强大，便准备好了军队，以防万一。首都巴格达内的气氛十分紧张，居民人心惶惶。百姓们十分厌恶统治阶层争权夺利，因此决心起来推翻阿拉伯帝国。

看到这种形势，穆斯塔辛决定向书记官爱伯屈服，并将爱伯提升为职位仅次于哈里发的人物。这样一来，阿拉伯帝国内部的权力斗争才渐渐平息。但是，整个帝国已经处在十分危险的境地。

这时，蒙古西征军在主帅旭烈兀率领下来了。1257年9月，旭烈兀派使者指责穆斯塔辛没有派出援军支持蒙古军消灭木剌夷是一种背信弃义的行为，应该得到惩罚。穆斯塔辛毫不相让——他十分轻视旭烈兀，认为旭烈兀只是一个没有经验的年轻人。他还向旭烈兀炫耀他强大的力量，说可以从阿拉伯帝国境内召集无数的士兵，灭掉旭烈兀占领的伊朗。他奉劝旭烈兀赶紧回到伊朗，老老实实地待着。最后，他说："企图侵犯阿拉伯帝国的阿拔斯家族和世界之城巴格达的人，结局通常是十分悲惨的。"

旭烈兀接到穆斯塔辛的信后，十分气愤。他要率领蒙古军进入巴格达。面对旭烈兀的威胁，雄心万丈的穆斯塔辛立刻变得六神无主。他问宰相："现在，我们该怎么反击蒙古人？"宰相告诉穆斯塔辛："用1000头骆驼和1000匹阿拉伯马运载30万公斤珍宝，送给蒙古的旭烈兀王子，并真诚地向他请罪。"穆斯塔辛也没有办法，只好答应了宰相的建议，并让宰相去准备珍宝。

一向与宰相不和的书记官爱伯却说："宰相的建议完全是为了他自己，而遭殃的却是我们帝国。"穆斯塔辛听了爱伯的话，想了想，又改变了主意："阿拔斯家族不惧怕一切威胁。让蒙古军来吧！阿拉伯帝国将在我的带领下和他们决一死战。"

巴格达的守将速来蛮沙也极力主张抗争。他劝穆斯塔辛在蒙古军还没有将巴格达包围起来的情况下，赶紧从附近地区召集军队。

5个月后，附近的军人云集巴格达。很快，一支大军就形成了。当宰相向穆斯塔辛要钱发军饷的时候，穆斯塔辛却不愿意散财。没有军饷，召集来的军队很快就解散。宰相对穆斯塔辛完全绝望。他无计可施，也只好听天由命。

1257年1月，旭烈兀将蒙古西征军分为3路向阿拉伯帝国首都巴格达进军：留镇伊朗10年的蒙古将领拜住率军从西面进军巴格达，西征军先锋大将怯的不花率军从南面进攻巴格达，西征军主帅旭烈兀率领中军向巴格达进军。

穆斯塔辛派军队阻挡旭烈兀所部发起的进攻。阿拉伯帝国军的先锋书记官爱伯在与蒙古军的激战中被俘虏。旭烈兀没有杀爱伯。爱伯为感激他的不杀之恩，便将巴格达的布防情况全部告诉了旭烈兀。旭烈兀十分高兴，任命爱伯为蒙古先头侦察兵指挥官。

1258年1月，拜住率领大军渡过底格里斯河，向巴格达进军。阿拉伯帝国巴格达的军事统帅率领军队气势汹汹地出城，想要跟蒙古军决战。但是，蒙古军却躲了起来。

当发现阿拉伯军驻扎在一个地势低洼的地方时，熟悉巴格达周围地形的拜住十分高兴。拜住命令蒙古军在底格里斯河上游修筑堤坝拦住河水，然后再掘开堤坝，放开大水。汹涌的河水立刻涌向驻扎在低洼处的阿拉伯军。阿拉伯军猝不及防，迅速被淹没在水中。蒙古军适时冲上去，将在泥泞中打滚的阿拉伯官兵一一砍死。除了少数几个统帅逃回巴格达城以外，阿拉伯军全军覆没。

拜住率领大军汇合了怯的不花和旭烈兀两路大军，并将巴格达城团团围住。紧接着，蒙古军的抛石机抛出了无数的石块，砸向巴格达城楼。猛烈的攻势让巴格达城摇摇欲坠。恐惧让阿拉伯帝国哈里发穆斯塔辛放弃了自己的尊严。他派人出城求和。旭烈兀根本不理睬穆斯塔辛的使者。他将他们送回去，并继续攻城。

蒙古军从伊朗的山区运来石头，用抛石机将这些石头当作石炮，攻击巴格达城。巴格达城横跨底格里斯河两岸，城中的人可以坐船沿河逃跑。为了不让任何想要坐船逃跑的人逃出蒙古军的包围圈，旭烈兀命人在巴格达上下游架起两座浮桥，并准备了船，船上安装了石炮和火焰喷射器，岸上还部署了1万人的军队。这样一来，城中的巴格达人彻底绝望。

在蒙古军强攻之下，巴格达很快就陷落。哈里发穆斯塔辛再次派人给旭烈兀送来礼物，旭烈兀不予理睬。穆斯塔辛接连派出他的二儿子和大儿子。旭烈兀这才对穆斯塔辛的使者说：“让书记官和元帅来见我吧！”穆斯塔辛只好派出了他的文武大臣书记官和元帅出城去拜见旭烈兀。

旭烈兀接见了他们，让他们回去把部属带出来，和蒙古军一起去征伐叙利亚。结果，巴格达城内的军队被带出来后，蒙古军将他们分散混编到自己的各支军队中。

巴格达失去了军队，城中居民大乱，四处乱窜。城里的大臣请求旭烈兀饶恕巴格达的居民。但是，一个隐藏起来的巴格达士兵偷偷地用箭射中了蒙古大将的眼睛。旭烈兀十分生气，决定血洗巴格达城。巴格达的书记官和城防司令先后被蒙古人杀死。

穷途末路的穆斯塔辛带着他的3个儿子和巴格达城中的贵族出城，向旭烈兀正式投降。旭烈兀很亲切地召见了穆斯塔辛，让穆斯塔辛宣谕城中百姓放下武器出来投降。接着，蒙古军进城，砸开了哈里发穆斯塔辛的库房。旭烈兀将库房中的珍宝分给身边的人，然后又从库房中一处藏金洞中挖出了阿拔斯王朝500年的积蓄。

在一个傍晚，阿拉伯帝国末代哈里发穆斯塔辛和他长子被蒙古人处死。强大的阿拉伯帝国最终被蒙古人彻底消灭。

攻占巴格达后，旭烈兀率领军队回到了伊朗境内。他的下一个征服目标是叙利亚。当时的叙利亚领土比较大，包括了今天的叙利亚和巴勒斯坦地区。

叙利亚国王纳西尔胆小懦弱。蒙古西征军还没有开始进攻，他就赶紧称臣，并把他的儿子送到了旭烈兀那里作人质。但是，旭烈兀拒绝了纳西尔的称臣要求——他一定要亲手征服叙利亚。

1259年9月，旭烈兀兵分3路向叙利亚进发：大将怯的不花担任先锋，大将拜住统领右翼蒙古军，旭烈兀统率中军。在合列卜城，蒙古军和叙利亚军展开了第一次交锋。

蒙古军将合列卜城团团围住并在城堡四周筑起了木桩栅栏，以阻止城中百姓逃跑。而城中的叙利亚军仗着坚固的城池，积极应战。旭烈兀令人架起抛石机向城内发动进攻。城内的人则向蒙古军扔石头、射箭。

就这样，惨烈的战争持续了一个多月。蒙古军伤亡很大。许多蒙古将领都被射伤了。旭烈兀赶紧表扬他们，并赏赐了很多东西慰劳他们。最终，蒙古军攻克了合列卜城的一个城门，进入了这个城市。

之后，在旭烈兀的带领下，蒙古军渡过幼发拉底河，开始进攻叙利亚的北方重镇阿勒颇城。阿勒颇城是叙利亚的西北门户，阿勒颇省省会，为全国第二大城，距离首都大马士革 350 千米。阿勒颇城是中东最大的商业中心之一，是地中海通往阿拉伯半岛、伊朗等地的交通要站。叙利亚有 10 万军队把守在阿勒颇城。

阿勒颇古城堡城池坚固，雄伟壮观，耸立在城中心一座锥形的小山上。它的城墙高达四五米，周围是一条深 20 米、宽 30 米的壕沟。只有穿过一座方形塔楼和吊桥，才能到达城堡入口。要到达城墙的正门，则需要从城堡入口经过瞭望塔楼。城墙的入口处有 3 道大铁门。整个城堡占地 15 公顷，内有地下蓄水池、仓库、商店等，布局严密巧妙，独具匠心，令人惊叹。因此，阿勒颇城的王公图兰沙认为蒙古军极难攻克城堡。他凭险据守，坚决抵抗蒙古军入侵。

旭烈兀率领军队来到了阿勒颇城外。阿勒颇城守将见蒙古军来势凶猛，下令禁止出战。旭烈兀先是派人劝降，但是城中守军很快就拒绝。于是，他命人将 20 门弩炮推入阵地，对准阿勒颇城猛攻。

阿勒颇城很快被攻破。蒙古军进入城市，又花了整整一个月时间，才最终攻克了市中心的阿勒颇城城堡。

阿勒颇城失守让叙利亚人失去了抵抗的信心。整个叙利亚陷入了一片恐

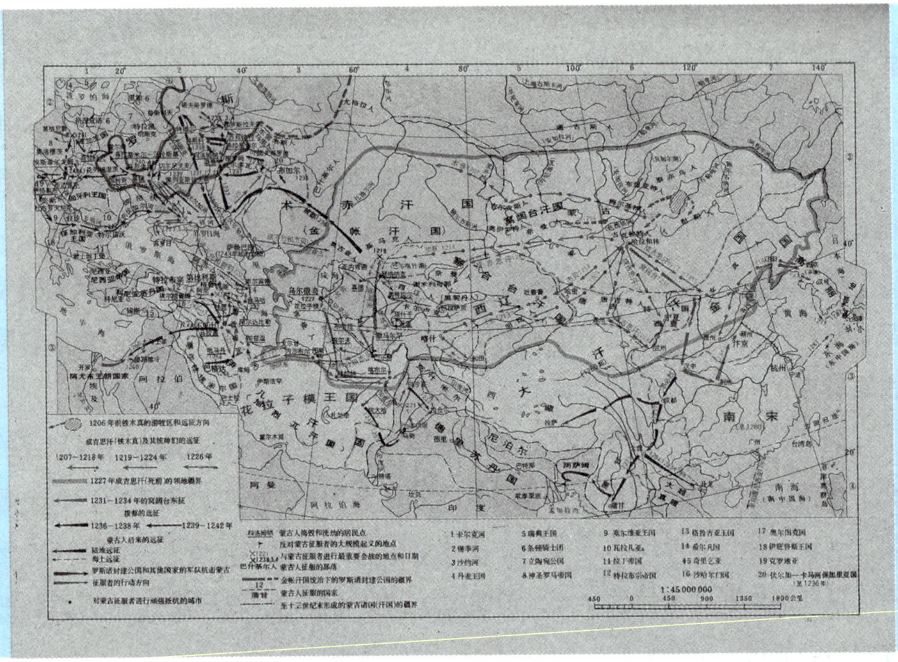

▲ 旭烈兀西征路线图

旭烈兀在攻破叙利亚国阿勒颇城后，乘势以大骑兵集团快速南下进攻叙利亚国都城大马士革。叙利亚纳昔儿王得知阿勒颇城失守后，急忙外逃。旭烈兀率军10余万攻克纳木鲁思城后，直趋大马士革。纳西尔离开大马士革后，城内更加慌乱，异密宰奴丁苏黎曼，即以宰奴哈菲齐之名召集诸绅士长开会，决定把城献给旭烈兀，以免流血。旭烈兀赐予锦袍，并命其为叙利亚的大断事官。当时，防守大马士革城有3万军队，尚未降服。3月21日夜，怯的不花的部队开始围攻，并以炮进行猛烈轰击。至4月6日，这3万军队投降。怯的不花的部队进入城区后，毁其戍楼过半，并将其一切战具全部销毁。从此，旭烈兀亦全部占领叙利亚。

慌之中。许多地方纷纷向旭烈兀投降。一些叙利亚的王公贵族也主动来到阿勒颇城表示归顺。

叙利亚国王纳西尔整日坐不安席。他赶紧派人到开罗向埃及人求救。但埃及人自顾不暇，根本无法援助叙利亚人。纳西尔召集宰相商议军机。由于意见不统一，纳西尔几乎被杀。

混乱之中，纳西尔带着妻儿子女和金银财宝逃到埃及去了。叙利亚首都大马士革乱作一团。城中的贵族确定放弃抵抗。他们带着礼物和城门钥匙向旭烈兀投降。

旭烈兀派先锋大将怯的不花前去接受投降。当时，驻守在大马士革内城的 3 万军队不肯投降。怯的不花下令军队对内城展开围攻，最终迫使内城的守军投降。

拥有 4000 多年历史的名城大马士革是世界上最古老的城市之一。它位于雄伟的克辛山脚下的一片平原上，坐落在巴拉达河两岸，阿瓦什河流经城郊。但是，它最终落入了蒙古军手中。

大马士革被蒙古人占领之后，整个叙利亚的抵抗也就结束。之后，怯的不花完成对叙利亚的征服。

蒙古军向南边的巴勒斯坦进发，一直打到了和埃及接壤的加沙地区。叙利亚国王纳西尔最终被怯的不花俘获。

正当蒙古军想要继续进攻埃及的时候，蒙古大汗蒙哥去世，使他们前进的脚步停了下来。蒙哥去世引起了忽必烈和阿里不哥的汗位之争。旭烈兀决定回去调解忽必烈和阿里不哥之间的矛盾。在临走之前，旭烈兀命令怯的不花率领 2 万人留在叙利亚。

旭烈兀在回伊朗之前，曾经派使者到埃及，向埃及国王忽都思发出警告。他让埃及归顺，否则的话，蒙古军将踏平埃及。

当时，统治埃及的是马穆鲁克王朝。埃及国王忽都思接到了旭烈兀的最后通牒后，召集手下的大将商议该如何对付蒙古军。大将乞木里认为，蒙古人言而无信，即使埃及投降他们，也最终逃不了被他们的弯刀砍下头颅的命运。忽都思说："对于蒙古军的威胁，我们有 3 种应对方式，要么战斗，要么和谈，要么逃跑。如果我们奋起反抗的话，埃及就不会遭到蒙古军的蹂躏；如果我们要是逃跑的话，只能逃到马格里布，但是要逃到那里，就必须穿越大沙漠，路途遥远；而跟蒙古军讲和的话，也不行，他们的许诺一点儿都不可靠。因此，反正是死路一条，就让我们一起作战，这样至少还有获胜的希望。”大将拜巴斯说：“不错，我们杀了蒙古使者，然后去迎战怯的不花。不论胜利或失败，我们都将受到埃及人的尊敬和怀念。”

商议已定，埃及国王忽都思向整个埃及发出了“圣战”的号召。埃及 12 万军队从北非和西亚征集而来，向巴勒斯坦地区前进，准备和怯的不花率领的蒙古军作战。

留守叙利亚的蒙古大将怯的不花得知埃及军将要前来进攻他的消息后，十分愤怒。他率领 2 万蒙古军向埃及进军。

1260 年 9 月，双方在巴勒斯坦地区阿音扎鲁特山谷相遇。忽都思率领埃及军向蒙古军的先头部队发起攻击，并将他们赶过了阿西河。怯的不花率领的 2 万蒙古军向忽都思的 10 万埃及军发起了猛烈的进攻。

埃及国王忽都思先派出少数人马和蒙古军交战，将蒙古军诱至埃及大军的伏击圈。埃及骑兵从四面八方向蒙古军包抄过去。怯的不花见蒙古军被埃及军包围，立刻命令蒙古军的 2 个万人队以亚美尼亚铁甲骑兵为先锋，向埃及军薄弱的右翼阵营突击。怯的不花亲自率领 1 个万人队向埃及军的左翼阵营猛扑过来。

漫天箭矢射向冲锋中的蒙古军，许多蒙古将士跌倒尘埃。但是，更多的蒙古士兵还是不顾一切地往前冲击。埃及士兵心惊胆战，浑身发抖。蒙古骑兵很快就冲到埃及军的跟前。亚美尼亚铁骑突进了埃及大军的阵营；蒙古轻骑兵紧随其后，飞快地放箭；蒙古重骑兵则挥舞马刀猛力劈砍。

在蒙古军如狼似虎的猛冲之下，埃及军的阵营开始后退。立马高处的埃及国王忽都思看到他的大军已经接近崩溃，心底一阵绝望。

忽都思将头盔猛地摔到了地上，一人一马，挥舞着大马士革弯刀，冲进了蒙古军阵之中。他一阵大力砍杀，十几个蒙古士兵立刻丧命。英雄的国王唤起了埃及骑兵的勇气。埃及军的士气顿时高涨起来，战斗力狂飙突进。他们疯狂地大叫着，冲进了蒙古军的骑兵队里，展开了激烈的搏杀。

双方从早晨厮杀到中午，人数占劣势的蒙古军渐渐地有些扛不住。一些蒙古人开始逃跑。但是，怯的不花和身边的亲兵却仍在竭力死战。最终，埃及军俘虏了怯的不花。阿音扎鲁特之战，最终以埃及军的胜利告终。

忽都思杀死了蒙古大将怯的不花。之后，埃及军胜利开进了叙利亚首都大马士革。不久，忽都思被他的手下大将拜巴斯暗杀。拜巴斯成为埃及王朝的新国王。

旭烈兀趁着埃及内乱，派了一支6000人的蒙古军再次出征叙利亚，攻克了阿勒颇和哈马。

1260年12月，埃及军在霍姆斯打败了蒙古军。蒙古军被迫撤退。由于旭烈兀和金帐汗国、察合台汗国的矛盾，他没有精力对付埃及。埃及人在叙利亚得以站稳脚跟。

后来，埃及军和蒙古军在西亚地区又进行了数次战争。

1277年，拜巴斯率领埃及军进攻旭烈兀的伊利汗国。在阿布鲁斯坦，埃及军和蒙古驻军展开激战。蒙古军战败。阿八哈亲征方才击退了埃及军。

1281年，阿八哈派弟弟忙哥帖木儿率军进攻叙利亚。忙哥帖木儿率军与8万埃及军在霍姆斯展开会战。6000蒙古人死于此役。

不久，两军又展开决战。蒙古军大败，又一次回到了幼发拉底河以东地区。

1299年，伊利汗国的合赞汗率领9万骑兵入侵叙利亚。蒙古军在霍姆斯与埃及的2万骑兵交战。蒙古军获得胜利。埃及国王逃回开罗。叙利亚的霍姆斯和大马士革纷纷投降蒙古军。

1301年，合赞汗决定第三次出征叙利亚。在大马士革附近的苏法尔草原上，蒙古军与埃及国王纳绥尔率领的埃及军展开鏖战。结果，蒙古军失败。

1312年，伊利汗国大汗完者都派遣一支小规模的蒙古军尝试进攻叙利亚，结果无功而返。之后，蒙古军再也没有越过幼发拉底河。

1322 年，伊利汗国与埃及王朝签订休战条约。幼发拉底河最终成为埃及和伊利汗国的分界线。自此，两国之间开始正常的商业和贸易往来。前后持续近百年的蒙古西征宣告结束。

滑铁卢战役

在拿破仑·波拿巴率领57万法国远征军攻打俄罗斯惨败后，英国、普鲁士、奥地利等国看到法兰西第一帝国元气大伤，就迅速组成第六次反法联盟，企图趁火打劫，一举消灭拿破仑。

在莱比锡战役中，拿破仑的军队被两倍于己的敌军击溃，不得不败退莱茵河一带，而反法联军已将战线推进到法国本土。

在1814年，拿破仑率领10万军队和35万反法联军作战，取得了一系列局部胜利，然而，此时法国已经衰弱不堪，加上反法联军军事实力的强大，反法联军最终在3月底攻占了巴黎。

拿破仑被迫宣布退位，被放逐到他的领地厄尔巴岛上。波旁王朝复辟。

参加反法同盟的国家在维也纳举行会议，商讨如何处置后拿破仑时代的法国。不过，他们都沉浸在胜利的喜悦之中，纵情欢乐。结果，在交际舞会、调情嬉笑、玩弄权术和互相争吵之中，一个消息像一枚炮弹嗖嗖地飞来：拿破仑这头被困的雄狮从厄尔巴岛的牢笼中闯出来了。紧接着，其他的信使也骑着马飞奔而来：拿破仑占领了里昂；他赶走了法国国王；军队又都狂热地举着旗帜投奔到他那一边；他回到了巴黎；他住进了杜伊勒里王宫。

拿破仑的消息为何让他们如何害怕呢？原来，拿破仑于1804年建立法兰西第一帝国，自任皇帝，称拿破仑一世。他在行政、司法、军事、财政等方面实行了一系列改革，建立了中央集权的资产阶级国家。他多次击溃反法联军，侵略并占领了欧洲大陆许多国家，破坏和动摇了整个欧洲的封建秩序和专制制度。在欧洲被占领国人民的反抗和欧洲封建势力的联合打击下，法兰西第一帝国于1814年覆灭，拿破仑下台，被放逐到厄尔巴岛。这些在维也纳会议期间纵情声色的人就是欧洲封建势力的代表人物，就是反法同盟成员国的领导人物。拿破仑瞬间恢复实力，意味着他们此前打败拿破仑的努力白费了，意味着他们依然面临着拿破仑这个巨大的威胁。

好像被一只利爪攫住，那些刚刚还在互相抱怨和争吵的大臣们又都聚集在一起，急急忙忙抽调出一支英国军队、一支普鲁士军队、一支奥地利军队、一支俄国军队组成了反法联军。他们现在要再次联合起来，要彻底击败“拿破仑这个叛逆者”。欧洲“合法的皇帝和国王们”从未这样惊恐万状过。

英国元帅威灵顿（1769年—1852年）率领反法联盟军英军从北边向法国进军；普鲁士元帅布吕歇尔（1742年—1819年）出任反法联盟军普鲁士军总司令，统率普鲁士军作为威灵顿的增援部队，从另一方向向法国前进；奥地利元帅施瓦尔岑贝格率领反法联盟军奥地利军在莱茵河畔整装待发；作为反法联盟军后备军的俄国军团正带着全部辎重缓慢地穿过德国，准备向法国挺进。

拿破仑一下子就看出了这种致命的危险。他知道：在这些“猎犬”集结成群前绝不能袖手等待，他必须在普鲁士人、英国人、奥地利人、俄国人联合成为一支欧洲盟军以前将他们分而攻之，各个击破；他必须行动迅速，主动攻击敌人。

6月15日凌晨3点，拿破仑大军的先头部队越过边界进入比利时。16日，他们在林尼与普鲁士军遭遇，并将普鲁士军击败。这是拿破仑“这头雄狮”闯出牢笼之后的第一次猛击。这一击非常厉害，然而却不致命——被击败而并未被消灭的普鲁士军向比利时首都布鲁塞尔撤退，实力并未受到实质性的损伤。遗憾的是，拿破仑没有时间和精力对普鲁士军发起再次攻击。因为拿破仑要忙着向威灵顿率领的英军发起进攻。

拿破仑深深意识到形势危急。他不允许自己喘息，也不允许对方喘息，因为每拖延一天，就意味着给对方增添力量。他当前最大的敌人已经不是已经被击溃的普鲁士军，而是一步步逼近的英军。

17日，拿破仑率领法军到达四臂村高地前。威灵顿这个头脑冷静、意志坚强的对手已在高地上筑好工事，严阵以待。拿破仑的一切部署也从未有像这一天那样细致周到，他的军令也从未有像这一天那样清楚明白。他不仅反复斟酌了进攻方案，而且也充分估计到自己面临的各种危险，即布吕歇尔率领的普鲁士军仅仅是被击败而并未被消灭。他抽调出一部分部队去跟踪追击普鲁士军，以阻止他们与英军会合。

拿破仑把这支追击部队交给了格鲁希统率。拿破仑也知道，格鲁希既不是气吞山河的英雄，也不是运筹帷幄的谋士，他只不过是一个老实可靠、循规蹈矩的人。但是，拿破仑手下有丰富作战经验的将领一半已在黄泉之下，剩下几位已对这种没完没了的风餐露宿的戎马生活十分厌倦，正怏怏不乐地待在自己的庄园里。战争迫不及待地爆发，将领却严重缺乏，出于无奈的拿破仑不得不对能力平平的格鲁希委以重任。

6月17日11点，拿破仑第一次把独立指挥权交给格鲁希。拿破仑的命令是清楚的：当他亲自率军向英军进攻时，格鲁希务必率领交给他的三分之一兵力去追击溃败的普鲁士军；同时，他必须始终和主力部队保持联系，随时做好投入决战的准备。

格鲁希踌躇地接受了这项命令。他不习惯独立行事。他只是看到皇帝（拿破仑）的天才目光，感到心里踏实，不假思索地应承下来。使他放心的是，大本营就在附近，只需3小时急行军，他率领的部队便可和拿破仑的部队会合。

战役打响以前，拿破仑又一次骑着自己的白色坐骑沿着前线从头至尾检阅一番。在呼啸的寒风里，旗手们举起战旗，骑兵们英武地挥动战刀，步兵们用刺刀尖挑起自己的熊皮军帽，向拿破仑致意。所有的战鼓狂热地敲响，所有的军号都对着自己的统帅快乐地吹出清亮的号音。

11点，比预定时间晚了两小时，炮手们接到命令：用榴弹炮轰击山头上身穿红衣的英国士兵。

接着，内伊这位“雄中之杰”率领步兵发起了冲锋。决定拿破仑命运的时刻开始了。从11点至13点，法军师团向高地进攻。他们一度占领了村庄和阵地，但又被击退下来，继而又发起进攻。在空旷、泥泞的山坡上，已覆盖着1万多具尸体。可是，除了大量消耗以外，法军什么目的也没有达到。

双方的军队都疲惫不堪，双方的统帅都焦虑不安。双方统帅都明白：谁先得到增援，谁就是这场战争的胜利者。英军统帅威灵顿等待着布吕歇尔率

▲ 滑铁卢战役场景

滑铁卢战役是1815年6月18日英国和荷兰联合普鲁士王国与法兰西第一帝国在布鲁塞尔南部滑铁卢进行的一次战役。这是拿破仑战争中的最后一次战役，也是军事史上最著名的战役之一。这场战役中，威灵顿和布吕歇尔指挥的英普联军击败了拿破仑指挥的法军，标志着拿破仑帝国的彻底覆灭。滑铁卢战役后，反法联军很快攻占巴黎。拿破仑被放逐到大西洋中的圣赫勒拿岛，6年后死去。

领普鲁士军前来增援；法军统帅拿破仑盼望着格鲁希迅速击败普鲁士军，转而回来增援他，一起打败英军。

格鲁希并未意识到拿破仑的命运掌握在他手中。他只是遵照命令于6月17日晚间出发，按预计方向去追击普鲁士军。但是，敌人始终没有出现，被击溃的普鲁士军撤退的踪迹也始终没有找到。他率领着一支法军在漫无目标地寻找着消失的普鲁士军。

正当格鲁希在一户农民家里急急忙忙进早餐时，他脚底下的地面突然微微震动起来。所有人都在悉心细听。从远处一再传来沉闷的、渐渐消失的声音——这是大炮的声音，是远处炮兵正在开炮的声音，不过并不太远，距离此地至多只有3小时的路程。

几个军官用印第安人的姿势伏在地上，试图进一步听清方向。从远处传来的沉闷回声依然不停地隆隆滚来。格鲁希征求意见。副司令热拉尔急切地要求："立即向开炮的方向前进！"第二个发言的军官也赞同说："赶紧向开炮的方向转移，要快！"所有人都毫不怀疑拿破仑率领的法军已经向英军发起攻击了——一次重大的战役已经开始。可是，格鲁希却拿不定主意。

他习惯于唯命是从，上司叫他做什么他就做什么，绝对服从，从不怀疑。他胆小怕事地死抱着写在纸上的条文——拿破仑的命令：追击撤退的普鲁士军。热拉尔见他如此犹豫不决，便激动起来，急匆匆地说："赶快向开炮的地方前进！"

这位副司令当着20名军官和平民的面提出这样的要求，说话的口气简直像是在下命令而不是在请求。这使格鲁希非常不快。格鲁希用更为严厉和生硬的语气说，在皇帝撤回成命以前，他决不偏离他的责任。军官们绝望了，隆隆的大炮声却在这时不祥地沉默下来。

热拉尔只能尽最后的努力。他恳切地请求：至少能让他率领自己的一师部队和若干骑兵到那战场上去。他说他能保证及时赶到。

格鲁希考虑了一下。他只考虑了1秒钟。然而，格鲁希考虑的这1秒钟却决定了他自己的命运、拿破仑的命运和世界的命运。如果格鲁希在这刹那间有勇气、有魄力、不拘泥于皇帝的命令，而是相信自己、相信显而易见的信号，那么法国也就得救了。可惜，这个毫无主见的家伙只会始终听命于写在纸上的条文而从不会听从命运的召唤。格鲁希使劲地摇了摇手。他说把这样一支小部队再分散兵力是不负责任的——他的任务是追击普鲁士军，而不是其他。军官们闷闷不乐地沉默了，在他周围鸦雀无声。决定性的1秒钟就在这一片静默之中消逝了，它一去不复返，以后无论用怎样的言辞和行动都无法弥补。

格鲁希率领部队继续往前走。不久，格鲁希自己也不安起来。随着时间一小时一小时地过去，他越来越没有把握，因为令人奇怪的是普鲁士军始终没有出现。情报人员报告了种种可疑的迹象，说明普鲁士军在撤退过程中已分几路转移到了正在激战的战场。如果这时候格鲁希赶紧率领队伍去增援拿破仑，还是来得及的。但他只是怀着越来越不安的心情，依然等待着消息，等待着拿破仑要他返回的命令。可是，没有消息来。只有低沉的隆隆炮声震颤着大地，而且炮声越来越远。

13点时，拿破仑指挥法军发起的4次进攻虽然被击退下来，但英军主阵地的防线也出现了空隙。拿破仑正准备发起一次决定性的攻击。他加强了对英军阵地的炮击。在炮火的硝烟像屏幕似的挡住山头以前，拿破仑向战场最后看了一遍。

这时，他发现东北方向有一股黑魆魆的人群迎面奔来，像是从树林里窜出来的。一支新的部队！所有望远镜都立刻对准着这个方向。难道是格鲁希大胆地违背命令，奇迹般地及时赶到了？这时，一个被带上来的俘虏报告说，那是布吕歇尔的前卫部队，是普鲁士军。

此刻，拿破仑第一次预感到那支被击溃的普鲁士军为了抢先与英军会合，已摆脱了格鲁希所部的追击；而他却用了三分之一的兵力在空地上做毫无用处、失去目标的运动。他立即给格鲁希写了一封信，命令格鲁希不惜一切代价赶紧向他靠拢，并阻止普鲁士军向威灵顿指挥的英军集结靠拢。

整个下午，拿破仑指挥法军向威灵顿指挥的英军高地发起了一次又一次的冲锋。战斗一次比一次残酷，投入的步兵一次比一次多。他们几次冲进被炮弹炸毁的村庄又几次被击退出来，随后又擎着飘扬的旗帜向着已被击散的方阵蜂拥而上。但是，威灵顿依旧岿然不动，法军的进攻没有丝毫进展。

格鲁希那边却始终没有消息来。当拿破仑看到普鲁士军的前卫正在渐渐逼近时，他心神不安地喃喃低语："格鲁希在哪里？他究竟待在什么地方？"

在这一刻，内伊把全部骑兵投入了战斗。于是，1 万名殊死一战的盔甲骑兵和步骑兵踩烂了英军的方阵，砍死了英军的炮手，冲破了英军的几道防线。虽然他们自己再次被迫撤退，但英军的战斗力已濒于殆尽。山头上像箍桶似的严密防线开始松散了。当受到重大伤亡的法军骑兵被炮火击退下来时，拿破仑的最后预备队——老近卫军正步履艰难地向山头进攻。欧洲的命运全系在能否攻占这一山头上。

自上午以来，双方的 400 门大炮不停地轰击着。前线响彻骑兵队向开火的对方阵地冲杀的铁蹄声，从四面八方传来的咚咚战鼓声震耳欲聋，整个平原都在颤动！但是，在双方的山头上，双方的统帅似乎都听不见这嘈杂的人声。他们都在倾听着更为微弱的声音。两只表在双方的统帅手中像小鸟的心脏似的在滴答滴答地响。

对双方的统帅来讲，这轻轻的钟表声超过所有震天的吼叫声。拿破仑和威灵顿各自拿着自己的计时器，数着每一小时，每一分钟，计算着还有多少时间，最后决定性的增援部队就该到达了。

威灵顿知道，布吕歇尔率领的普鲁士军就在附近。拿破仑则希望格鲁希也在附近。现在，双方都已没有后备部队。谁的增援部队先到，谁就会赢得这次战役的最终胜利。两位统帅都在用望远镜观察着树林边缘。

普鲁士军的先头部队像一阵烟似的在树林边缘出现。这是一些被格鲁希追击的散兵，还是被追击的普鲁士军主力？拿破仑和威灵顿都非常想弄清楚这个疑问。此刻，英军只能做最后的抵抗了，法军也已精疲力竭。这个疑问的最终答案将会直接决定着双方的胜负。

普鲁士军的侧翼响起了枪击声。难道发生了遭遇战？只听见轻火器的声音！拿破仑深深地吸了一口气。“格鲁希终于来了！”拿破仑以为他的侧翼已有了保护，于是集中最后剩下的全部兵力，向英军的主阵地再次发起了攻击。这主阵地就是布鲁塞尔的门闩，必须将它摧毁；这主阵地就是欧洲的大门，必须将它冲破。

然而，刚才那一阵枪声仅仅是一场误会。这场误会的遭遇战很快就停止。随后，普鲁士军的大批人马毫无阻挡地、浩浩荡荡地从树林里穿出来。拿破仑此刻才明白，迎面而来的根本不是格鲁希率领的法军，而是布吕歇尔率领的普鲁士军。

这一消息飞快地在拿破仑的部队中传开。法军开始退却，但还有一定的秩序。威灵顿却抓住这一关键时刻，骑着马，走到坚守住的山头前沿，脱下帽子在头上向着退却的敌人挥动。英军士兵立刻明白这一预示着胜利的手势。所有剩下的英军官兵一下子全都跃身而起，向着溃退的敌人冲去。

与此同时，普鲁士骑兵也从侧面向仓皇逃窜、疲于奔命的法军冲杀过去。只听得一片惊恐的尖叫声：“各自逃命吧！”仅仅几分钟的时间，这支有着赫赫军威的军队就变成一股被人驱赶的抱头鼠窜、惊慌失措的人流。它卷走了一切，也卷走了拿破仑本人。

一直到半夜，在一家低矮的乡村客店里，满身污垢、头昏目眩的拿破仑才疲倦地躺坐在扶手软椅上。这时，他已不再是个皇帝。他的帝国、他的皇朝、他的命运全完了。

到了第二天，只有一个人还丝毫不知滑铁卢发生的事，尽管他离这个决定命运的地方只有 4 小时的路程。他就是格鲁希。格鲁希还一直死抱着那道追击普鲁士军的命令。奇怪的是，他始终没有找到普鲁士军。这使他心中忐忑不安。

近处传来的炮声越来越响，好像它们在大声呼救似的。大地震颤着，每一炮都像是打进他的心里。人人都已明白这绝不是什么小小的遭遇战，而是一次巨大的战役，一次决定性的战役已经打响。格鲁希骑着马在他的军官们中间惶惶惑惑地行走。军官们都避免同他商谈，因为他们先前的建议完全被他置之不理。

当他们在瓦弗附近遇到一支孤立的普鲁士军——布吕歇尔的后卫部队时，他们以为挽救的机会到了，于是发狂似的向普鲁士军的防御工事冲去。随着黑夜降临，格鲁希的部队攻占了村庄，但他们似乎感到，对这支小小的后卫部队所取得的胜利已不再有任何意义。因为在那边的战场上突然变得一片寂静。

此时，格鲁希才收到那张拿破仑写的要他到滑铁卢紧急增援的便条。滑铁卢一仗想必是一次决定性的战役。可是，谁赢得了这次巨大战役的胜利呢？

格鲁希的部队又等了整整一夜，完全是白等！从滑铁卢那边再也没有消息来。好像这支伟大的军队已经将他们遗忘。他们毫无意义地站立在伸手不见五指的黑夜中，周围空空荡荡。清晨，他们拆除营地，继续行军。他们个个累得要死，并且早已意识到，他们的一切行军和运动完全是漫无目的的。

10 点时，总参谋部的一个军官骑着马奔驰而来。他们把他扶下马，向他提出一大堆问题，可是他却满脸惊慌的神色，两鬓头发湿漉漉的，由于过度紧张，全身颤抖着……

听完了他的令人沮丧颓唐甚至使人瘫痪的报告，格鲁希面色苍白，全身颤抖，用军刀支撑着自己的身体。他知道殉难成仁的时刻来临了。他决心承担起力不从心的任务以弥补自己的全部过失。

错过了那 1 秒钟的格鲁希在现在这一小时内又表现出了军人的全部力量——可惜太晚了！当他恢复了自信而不再拘泥于成文的命令之后，他的全部崇高美德——审慎、干练、周密、责任心，都表现得清清楚楚。他虽然被

5 倍于自己的敌军包围却能率领部队突围归来，而不损失一兵一卒，不丢失一门大炮——堪称卓绝的指挥。

他要去拯救法兰西，去解救拿破仑帝国的最后一支军队。可是，当他回到那里时，拿破仑已经不在了。他来得太晚了！永远是太晚了！

那关键的 1 秒钟就是这样进行了可怕的报复。在尘世的生活中，这样的一瞬间是很少降临的。当它无意之中降临到一个人身上时，他却不知如何利用它。在命运降临的伟大瞬间，市民的一切美德——小心、顺从、勤勉、谨慎，都无济于事。命运鄙视地把畏首畏尾的人拒之门外。命运——这世上的另一位神，只愿意用热烈的双臂把勇敢者高高举起，送上英雄们的天堂。

6 月 22 日，拿破仑一世第二次被迫退位，被囚禁在圣赫勒拿岛上，直到 1821 年郁郁而终。拿破仑第二次执政总共只有 100 天左右，历史上称为“百日王朝”。

拿破仑自以为有雄才大略，攻无不克，却没有想到在滑铁卢一役中被打得一败涂地。滑铁卢战役在历史上传为笑柄。滑铁卢一词从此也成了失败的同义词。导致这场战争失败的关键性人物就是格鲁希。

马恩河战役

在1914年8月份中，德国最高统帅部已习惯于几乎时时刻刻收到捷报了。8月间，德军分别打了4仗，所谓边境之战卷入了差不多350万部队；不超过10天就结束了，德军沉重地打击了协约国的主力部队。

与此同时，法国第1集团军和第2集团军急于收复他们失去的省份，于8月14日越过边界，进入阿尔萨斯－洛林，结果却被赶了回去。

法军总司令霞飞设想，部队不多的德军不能在卢森堡之西前进，所以法国第3集团军、第4集团军和第5集团军奉命于8月22日经由阿登森林前进。法国统帅部深信，德军将避开困难的阿登地形；结果就没有想到要为全面战斗进行侦察或任何其他准备工作。一份给所有指挥官的命令说："在8月22日，预料不会有什么严重的对抗行动……哪里遭遇敌人就在哪里打击他们。"进攻学派的策略仍然支配着法军的战术。

法军总司令霞飞以为，德军不过18个师；而他们法国的实际兵力，连同组成由比利时进入法国的第4集团军和第5集团军，总共25个师。法军比德军要整整多7个师的兵力。

不像法军那样，德军的先锋部队对阿登森林进行了侦察，并在主力德军进入森林时布置了哨兵。侦察告诫他们，法军正在迫近。

在一次侧翼进攻中，德军攻击了毫不怀疑的法军，迫使他们在第二天赶快退却。

8月22日至23日，在蒙斯之战中，亚历山大·冯·克卢克指挥的德国第 1 集团军除了击退赶向这个地区支援比利时人的法军外，还击退了英国远征军。在桑布尔河，法国第 5 集团军被德国第 2 集团军和第 3 集团军击溃。最激烈的战斗集中在 4 天之内，即从 8 月 20 日到 8 月 23 日。10 天内，法军的伤亡人数共达 30 万——这是格朗梅松的年轻军官追随者们所遭受到的最

▲毛 奇

赫尔穆斯·约翰内斯·毛奇（1848 年—1916 年），德国大将，老毛奇之侄，又称小毛奇。他出生于一个典型的普鲁士容克贵族家庭，从小受到狂热的军国主义思想的熏染。他 1880 年任老毛奇副官。1891 年起，他先后任德皇威廉二世侍从武官、王牌师师长、德军军需总监等职。1906 年，他任德军总参谋长。他声称自己一生的工作都是为了准备发动世界性的战争。58 岁的小毛奇一当上德军总参谋长便加紧了战争准备。在制定德军新的作战计划时，他基本上继承了其前任施利芬的方案。1914 年 8 月 1 日，德皇正式颁发总动员令，启动“施利芬·小毛奇计划”。第一次世界大战初期，西线德军以右翼为主攻方向，越过德比边境，先后占领列日要塞、比利时首都布鲁塞尔和那慕尔要塞，直逼法比边境。8 月 21 ~ 25 日，德法两军主力在法国边境地区展开激烈战斗，结果德军取胜，法军主力被迫全线撤退。

大损失。

与此同时，德军正在南向马恩河和巴黎前进，打击他们路上遇到的任何协约国部队。8月26日，亚历山大·冯·克卢克指挥的德国第1集团军在勒卡托之战中突袭英国远征军，迫使它进入疲惫的后卫战。

3天后，德国统帅部从科布伦次迁往卢森堡。当德国的列车滚滚向西时，德国皇帝的副官冯·米勒注意到他们的皇帝“……因流血而狂喜”，高兴地指着“六英尺（约1.8米）高的尸堆”。

在确信胜利的情况下，无论毛奇也好，他的幕僚也好，都未考虑到协约国撤到准备好的阵地的可能性；他们认为法军和英军都已最后被打败了。间谍的报告表明，虽然平民都离开巴黎，部队却开到了，但毛奇没有把这个情报转送给两位关键性的陆军将领，即德国第1集团军指挥官亚历山大·冯·克卢克和第2集团军指挥官卡尔·冯·比洛。

由于德国最高统帅部和其军队之间距离拉长，无线电通讯变得更加杂乱。在战争的那些早期日子里，德国最高统帅部限用1架粗制的、不用电线的（后来的无线电）接收机；德国第1集团军则限用1架发报机。结果，只能拍发最紧急的电讯。野战电话系统也并不发挥较多作用。它不是为长距离通讯设计的，而且破坏活动和事故损坏造成通讯不断的混乱。不久，德国第1集团军指挥官亚历山大·冯·克卢克不得不自己做出决定，但无法告诉毛奇他正在干什么。

退却中的法军不但能利用缩短距离的野战通讯设备，还能利用他们的民用电话系统。

在法国的防务中，巴黎长期以来起着战略作用。所有主要铁路线都集中和通过这一政治文化中心，它由14座内层炮台和25座外层炮台环绕保护着。但在法军被迫退到桑布尔河以前，法国人很少想到要保卫巴黎。4个师和1个本土军旅（每师都有两个骑兵中队），1个独立骑兵旅和6个炮群（72门大炮），组成了巴黎驻防部队。尽管这些部队不久就增加了1倍，驻防部队要成功地抵抗亚历山大·冯·克卢克指挥的德国第1集团军攻击，在指挥上是不良的，在训练和装备上也是不够的。

陆军部长阿道夫·梅西米于8月25日命令霞飞派遣“一支至少有3个军的军队……到巴黎的掘壕野营去保证防卫……如果我们的军队被迫退却的话”。梅西米对实际情况的不了解也许是由于霞飞习惯上对政府隐瞒不利消息。第二天，军事危机尖锐化了，驱使政府进入近乎惊慌失措的境地，但放弃首都的建议遭到拒绝，因为巴黎的陷落将预示着法国崩溃。梅西米不满巴黎军事长官奥古斯坦·米歇尔的工作，用约瑟夫·加利埃尼来替换他——此举是法国的一大幸事。

霞飞拒不执行梅西米派遣3个军的命令，坚决主张他需要每一个士兵来阻止德军前进。他答应派遣军队，但只有在巴黎立即受到威胁的时候。同时，他下令莫里斯·萨拉伊从凡尔登撤退，只是由于梅西米坚决反对这一建议，才使法国免于灾难。

到了8月31日，法国政府计划迁往波尔多，让首都处于军事区域。这座城市的防务仍交给加利埃尼，但现在他归霞飞指挥。梅西米由亚历山大·米尔朗取代，他提出需要更多部队的迫切要求，只是激起了霞飞如下的回答：“德军不是几天时间到得了巴黎的。”

法军总司令那种海龟似的镇定自若，使那些感到在战斗最激烈时刻需要迅速做出决定的人怒不可遏。虽然形势到了紧要关头，霞飞却继续每天至少要吃两顿美餐，并且为了晚上入睡不受干扰，他保持他的晚上22点正就要休息的习惯。很少有一位将军敢于拿任何消息来打搅他。即使当德国人于1916年发动凡尔登战役，传送消息的信使也被简短地告知霞飞已经就寝，不能惊醒他。

霞飞还避免接电话。他的命令是由副官通过电话发布的，副官也接听所有打来的电话，这样给他以思考的机会。有时一位重要的部长要他亲自接电话，他也设法推托。除了听以外，他既不回答，也不评论。事实上，他几乎从不表示任何态度。他对任何正式备忘录，也显出同样不信任，像是一个狡猾的乡巴佬多疑地拒绝在任何书面上签字。据一位同时代人回忆，霞飞的即刻反应是“把它里面翻到外面，检查每一个细节，常常唯恐落入陷阱或圈套”。

当陆军部情报首脑卡朗瑟于1915年初谒见霞飞，为极端需要重炮兵，想得到他的同意，这位总司令和蔼地聆听着，偶尔点点他的大脑袋。受到鼓励的卡朗瑟继续诉说许多事实和数字。但很快，越来越感到茫然不知所措的卡朗瑟意识到他是在独白——霞飞一言不发。霞飞最后像慈父般地轻轻拍一下这个已经筋疲力尽的情报军官，示意要他离去，含糊地评论说：“你总是喜欢你们的炮。那好极了。”

加利埃尼是另一种人——一位富有想象力的战略家。他的无限精力使人看不出他已经65岁和衰退的健康。他对这座一半已经荒废的城市发表了一份值得纪念的声明：“共和国政府的成员已经离开巴黎，去给国防以新的推动。我受命保卫巴黎和抵抗入侵者。这个责任我将贯彻到底。”后来，加利埃尼又自言自语地说：“政府已经迁往波尔多，留我一个人在这里同居民一起。他们直到现在还受了骗人的公报的欺骗。”

几小时内，一小支由士兵组成的队伍开始构筑堑壕和路障，并增援周围的炮台。回顾1870年巴黎围城时，饥民吃动物园里的动物和家里供玩赏的动物。加利埃尼在这个城市的体育场跑道上和公园里，养满了牛、绵羊、猪、山羊和马。乘机牟利是被坚决制止的，因为他说：“不但有必要使巴黎不缺食物，而且还应吃到和现在同样的面包。”酒的供应置于严格监督之下。对可能资敌的任何机器或设备，都做出了迁移的安排。不但在埃菲尔铁塔下面，而且在横跨塞纳河、瓦兹河和马恩河的80座桥梁下面都埋藏了炸药。

但是，加利埃尼本人并不满足于仅仅防守巴黎。一位飞行员在9月3日晚些时候回来报告说，德军正在改变他们的进军路线。第二天清晨，空中侦察和骑兵侦察都证实，德国人的确修改了他们从正面攻击巴黎的计划，已经转向首都郊外的东南郊。对地图的简短研究显示，德军的新路线提供了一个侧翼攻击的大好机会。他喊道："我不敢相信有这样的事情，这太好了，使人不敢信以为真。"

当 5 个德国集团军逼近巴黎时，同德国最高统帅部时断时续的无线电联系突然中断了。

除一起前进的德国第 1 集团军和第 2 集团军外，没有一个指挥官能准确地知道其他集团军的方位。现在，毛奇的改变施利芬计划不得不开始付出代价了。原来计划的这个战略是故意削弱德军的左翼，引诱法军右翼从筑垒的堑壕出击，然后转而受到绕着轴线旋转过来的德军右翼从背后的攻击。但面对法国堡垒系统的在左翼的德军将领，劝说毛奇加强他的队伍——这一违反施利芬计划的改变，却使法国士兵安全地守在他们的地下据点里。毛奇还抽调了两个军（4 个师）到东线去对付俄国人，从而削弱了他的右翼。

因为，入侵是一个庞大的突然袭击的车轮运动，最外层的部队（克卢克指挥的德国第 1 集团军和比洛指挥的德国第 2 集团军）必须竭尽全力，较快和较猛地冲向前去，才能和内层的部队相呼应。缺乏作战情报的克卢克只有一个模糊的概念，即他在什么地方同协约国军队对峙。他完全不知道法国第 6 集团军正在迫近他的右侧翼，却接受比洛的建议，由他们实行联合向内旋转的扫荡，以袭击法国第 5 集团军。当克卢克和比洛向巴黎的前面和东面前进，而不是在巴黎的后面和西面前进时，施利芬计划又被进一步歪曲。这次调动还缩短了德军的右翼 96 千米。

与此同时，加利埃尼于 9 月 3 日派了一个使者去见霞飞，告诉他这个有利形势，并争取他同意反攻。他刚从巴黎西南约 192 千米的奥布河畔巴尔回来。加利埃尼对霞飞及早做出决定的能力感到绝望。他本人乘车驶往英国人驻防的默伦，希望赢得他们的支持。

英国指挥官约翰·弗伦奇不在指挥部。连他的参谋长也不在。接着，那里出现了异乎寻常的情景：对他们这 1 个月的败绩感到焦躁和苦恼的英国参谋人员，鲁莽地告诉他们的不速之客说，如果英国稍微知道法国人在军事上的无能，它决意不会参战。恼火的英国人们没有心绪做出有鉴别力的判断，而加利埃尼的外貌又不像军事人员——他从一副夹鼻眼镜斜眼看人，在他争辩着想争取英国人支持时，眼镜不牢靠地颤动着。当参谋人员注视着他不整洁的制服、蓬松的小胡子、黑纽扣的长筒靴和黄色的护腿时，怀疑的态度增加了。后来，一位英国将军评论说："英国军官是决不会同这样一个丑角式人物谈话的。"

不久，弗伦奇的参谋长阿奇博尔德·默里回来了，但表示对加利埃尼攻击德军右侧翼的计划"十分讨厌"，并告诉他，在约翰·弗伦奇不在的情况下，无论如何不能做出决定。

加利埃尼徒劳地等候英国指挥官回来，浪费了宝贵的3个小时。他离开时，除了过后再打电话来的诺言外，一无所获，而过后再来电话这句话等于承认英国人将在第二天继续退却。

这个决定一部分是由于霞飞打电报给英国指挥官。他写道："在目前形势下，我的意图是退到塞纳河后面。如果德军继续朝着东南偏南方向运动……也许你会同意，即你们的行动可能以运用于马恩河和塞纳河之间这条河的右岸为最有效。"既然打电报的人不能理解采取果断行动的需要，也就不能完全挑剔英国人把他们同德国人分隔开来了。

9月4日一早，加利埃尼的电报就被放在霞飞面前。霞飞在批准莫努里指挥法国第6集团军去攻打德军之前，等待了4小时。为了某些莫测高深的原因，这位总司令坚持在马恩河之南进攻。在那天傍晚，他得知弗朗歇·德斯佩雷指挥的法国第5集团军准备参加这一攻势，可以在9月6日早晨开始积极的战斗，但霞飞除了吃一顿长时间的悠闲晚餐外，既不做出决定，也不发布命令。

9月5日正午，当克卢克指挥的德国第1集团军经过巴黎东面，可以望见埃菲尔铁塔时，他的右后方侧翼受到莫努里指挥的法国第6集团军先锋部队的袭击。英国人在南面隔得太远，不能立即形成威胁，所以克卢克调了两个军去加强挣扎着想抵挡法军的那些德军。法国一支单薄的骑兵屏护部队被用来接防面对英军 32 千米宽的缺口。莫努里要求增援。

这一要求启发加利埃尼组织了战史上第一支摩托化纵队，即马恩出租汽车队。准备战斗的法军第 7 师刚刚到达巴黎，但没有通向前线的铁路运输可用，甚至用急行军的速度赶到那里也太迟了。加利埃尼想出了办法，发布命令征用“所有机动车，包括出租汽车在内”。在巴黎各个地区，警察停住了出租汽车，命令乘客下车。他们征用了大约 700 辆汽车。整个夜间，两汽缸出租汽车辘辘驶往前线。它们只走了两个来回就输送了整个师。

德军立即感到对他们后侧翼的压力加剧。如果加利埃尼再得到他几天前迫切要求的两个军的支援，那么马恩以南的德军可能全部被包围起来。遗憾的是，那两个军只是零零星星地开到巴黎。

虽然克卢克全神贯注地指挥德国第 1 集团军去击退莫努里指挥的法国第 6 集团军，南面 32 千米宽的缺口使弗朗歇·德斯佩雷得以指挥法国第 5 集团军的士兵打击比洛指挥的德国第 2 集团军暴露的侧翼。那时，克卢克得悉英军正在迫近莫努里和德斯佩雷之间缺口的中心，这是使他计划退却的一个信号。因为英军指挥官弗伦奇和他的部队将于 9 月 9 日到达。

统率在东面面对法军的德国第 6 集团军的鲁普雷希特皇子无法援助进攻马恩的德军。法国土尔和厄比纳尔炮台威力强大的大炮，在法国第 1 集团军和第 2 集团军支援下，打死了来自巴伐利亚的德国第 6 集团军大部分，迫使鲁普雷希特皇子于 9 月 8 日通知德国最高统帅部，他的军队不能再前进了。

面对凡尔登东北萨拉伊指挥的法国第 3 集团军，德国皇储的遭遇也并不好些。从凡尔登炮台发射的势不可挡的炮火，迫使鲁普雷希特皇子指挥的德国第 5 集团军停止前进。其他两个德国集团军，即维滕贝格统率的第 4 集团军和马克斯·冯·豪森统率的第 3 集团军在圣贡沼泽地带遭到德朗格尔·德卡里指挥的法国第 4 集团军和费迪南·福煦指挥的法国第 9 集团军痛击。

这种战斗很多是令人发愣的一系列残酷的散兵战——双方军队在小村庄里打进打出，受惊的居民发现他们已被交叉火力截住。德军不能得到他们十分需要的胜利，于9月8日拂晓，对福煦指挥的法国第9集团军发起了大规模的白刃战。法军至少有1个军被迫退却，但法国炮兵坚固的密集队伍使德军的尸体在战场上堆积如山。

▲ 马恩河战役中法国官兵的生活场景

马恩河战役又名马恩河奇迹，是第一次世界大战西部战线的一次战役。这场战役发生在1914年9月5日至12日。此次会战以德军失败告终。英法联军在200千米的战线上推进60千米，伤亡26.3万人，德军损失22万人。此役双方均有失误：毛奇远离战场，对前线战况不明、指挥不当，各集团军缺乏协同，导致速胜计划破产；英法联军行动迟缓，坐失战机，使德军保存了实力。

随后没有多久，德军就从马恩地区开始撤退。到了9月11日下午，德军普遍的和持续的撤退，直到德军到达埃纳河北岸事先选好的阵地为止。

事后统计，德军在沿着320千米前线与协约国军队无数凶猛的、短促的、混乱的冲突和战斗中伤亡人数大约为25万。协约国方也差不多。其中，在战斗期间和88千米的退却中，德国因被俘获而造成的损失，共达15000人和40门大炮。不过，德军退得井井有条，成功地击退了协约国的追兵，避免了德军在马恩溃散。

德军成功撤退后，德军的士气依然良好，但德国最高统帅部却深感绝望。因为这一场没有取胜的大战粉碎了“德军不可战胜”的神话；同时，它也使毛奇丢失了前程。

毛奇对这次大战要负很大责任。德国皇帝威廉的自负也遭到挫伤。由于毛奇保证鲁普雷希特皇子指挥的巴伐利亚人组成的德国第6集团军将攻占南锡，威廉带着一队衣着灿烂、头戴华美盔帽、身上穿有浮雕胸甲的白色和金黄色制服的胸甲骑兵，等待举行他的入城仪式。但是，法国炮兵用致命的准确性扫射着每一次进攻的潮涌般的德军，以致毛奇也被这种屠杀吓呆了。

9月11日，毛奇下令鲁普雷希特皇子指挥的德国第6集团军停止这种自杀性冲锋。南锡依然未被攻克。

毛奇对于使他的君王失望感到心情沉重。第二天，他写信给他的妻子：“形势大坏。巴黎东面的战斗对我们不利……战争开始时给我们的巨大希望已经粉碎……我们最后将在两线作战中疲于奔命！这同我们这个战役的辉煌开端真是天差地别！现在，这是个痛苦的幻灭，我们必须为这场浩劫付出代价。”

德国参谋军官鲍尔记下了一场难忘的情景：“绝望的惊慌严重地支配着全军，或者更正确地说，支配着较大部分领导人。看来……最高统帅部惊慌得最厉害。毛奇完全垮了。他坐在那里，苍白的面孔凝视着地图，对一切感觉都无反应，成为一个绝望的人。冯·施泰因（毛奇的副手）确曾说过，‘我们一定不要慌乱’，但他又不挑起担子来。他本人已经没有信心，他讲话中流露出他的感情，‘我们讲不出事情会发展到什么地步。’”

因在马恩之战中失利，毛奇被免去德国最高指挥官之职。据冯·比洛说：“后来，毛奇流着泪向我诉说，那时（1914 年 9 月）他的健康已经受损伤，以致感到这些日子的苦恼是‘难以形容’的。皇帝……突然解除毛奇的指挥权，把此职给了他的陆军大臣冯·法尔肯海因。这件事情暂时得保密，以免震惊全国。这就是为什么已成为傀儡的毛奇为了粉饰表面每天不得不参加讨论战略的原因，在那里，没有人征询他的意见或把他当作一回事。他不得不坐在他从前的对手、现在是他的继任人旁边，一言不发。后来，他告诉我：‘但丁的地狱容纳不了我被迫在那时遭受的这些痛苦。’”

如果约翰·弗伦奇听从加利埃尼立即采取联合行动的建议，马恩之战将会以德国人的惨败而告终。西里尔·福尔斯在所著《大战》中写道：“大部分英国历史学家，尽力把英国远征军前进的故事写得尽可能好些。事实上这次前进是爬行。主要的责备毫无疑问必须落在约翰·弗伦奇头上，看来他从未感到他实际上是在进入一个空隙，而且也从未要他的部队猛进。还有一件毫无疑问的事是，在法英部队中，有着某种小心谨慎，有时蜕化为懦怯。”“指挥官们不相信潮流已经转向，老是猜疑他们是否正在走进一个庞大的伏击圈内。不管怎样，从 9 月 7 日到 9 日，英国步兵一天前进的速度只有 12.8 千米左右，如果速度再加快一半，只要有 19.2 千米，就足以切断克卢克指挥的 3 个军同其余德国队伍的联系，并在莫努里正在进攻他们正面的同时使英军得以从背后攻击他们。”

6 个星期的战争造成法军令人痛苦的损失。战争开始时，法国军队有超过 125 万人。到 9 月中，法军死伤或被俘的有 60 万人。这对一个在人力上比较贫乏的国家来说，是一个令人瘫痪的打击。到年底，法军的伤亡人数增加到 75 万。

凡尔登战役

1915年行将结束时，中欧强国指望未来的一年是有希望的一年。奥匈帝国和德国的联军同他们的新盟国保加利亚一起，压倒了巴尔干半岛的塞尔维亚军，迫使其残部在希腊寻求庇护。俄国沙皇尼古拉的军队败北后仍然晕头转向。战场形势容许德军把将近50万军队调往西线——现在，德国可以放手驱动它的力量来对付法国在防守上的战术据点而不致危及另外地方的阵地了。

德国参谋总长法尔肯海因于1915年圣诞节前夜起草了一份致德国皇帝的备忘录，提出了军事上可供选择的办法。他选择英国作为主要敌人，但是除了进行潜艇战外，入侵是距离太远了。他断言“英国在大陆上的主要武器是法国、俄国和意大利的军队”，不过他主张把俄国和意大利排除在外，集中攻击法国，因为他认为“法国在军事上的努力差不多已经到了尽头。如果能使它的人民清楚地懂得，就军事意义而论，他们已经再没有什么可以指望的，破裂点就会到来，英国手中最好的武器就会被打落了”。

法尔肯海因并不认为大规模突破是必要的。他打算选择一个在情感上被奉为神圣的地区“使法国把血流尽”，“为了保持这个地区，法国将不得不投入他们所有的每一个人”。贝耳福和凡尔登是符合他目标规定的两个地方，但他赞成后者。

凡尔登是个约有14000人的沉沉欲睡的法国省属城镇，由一个凸入德国防线的大规模堡垒综合体保卫着。如果法国选择这里发动攻势的话，凡尔登还令人不安地接近（19.2 千米）德国的主要铁路系统。法尔肯海因还计算到，凡尔登是巴黎的西北入口，离巴黎 216 千米。

这个战役的代号是“处决地”行动计划，预定 1916 年 2 月 21 日开始。

为了得到德国皇帝同意，法尔肯海因建议，派皇储指挥的德国第 5 集团军领先进攻——他自马恩河战役以来就已经面向凡尔登了。法尔肯海因没有把备忘录原文给皇储或他的参谋长施密特・冯・克诺贝尔斯多夫看，而是给他们一份一般命令，要求“向凡尔登方向，进攻默兹地区”。皇储把这个命令认作他的目标是攻占凡尔登，而这却恰恰是法尔肯海因所不要的。如果堡垒在猛攻之下陷落了，他的“使法国把血流尽”的伟大战略就不能实现了。

增援军从德军中久经沙场的部队抽调。3 个军于 1916 年 1 月转给皇储指挥。在休养营地作短暂休息后，勃兰登堡第 3 军开到了。到 2 月中，有 13 个师部署在阿尔贡、香巴尼和洛林中间或周围的突出部，在一块 50 平方千米左右的防区集中了令人惊愕的大量兵力。虽然皇储持有名义上的指挥权，关键性的决定却是 80 岁的陆军元帅戈特利布・冯・黑泽勒和克诺贝尔斯多夫做出的。整个战役的中心战略依然由法尔肯海因制定。

德国为这个庞大攻势所做的准备，先是惊人地把大炮从俄国、巴尔干半岛和克虏伯工厂等处集中起来。排列在进攻现场周围的还有 542 个掷雷器。连同翼侧的武器，有 1400 多门大炮排列在不到 12 千米长的战线上！在这些大炮中间，有 13 门震天动地的 420 毫米口径的攻城榴弹炮。

特别凶恶的是掷雷器，它发射装有 45 千克高爆炸药和金属碎片的榴霰弹。掷雷器发射时，可以看到雷在一个高高的弓形物上一个连一个滚动着，但看到这种前兆往往为时已晚。爆炸摧毁了整段整段的堑壕系统。

另一种可怕武器是 130 毫米口径的“小口径高速炮”，它以步枪子弹的速度发射 132 毫米口径的榴霰弹，使法军来不及觉察到就丧了命。德军并不满足于这些武器会实现其预期效果，还采用了喷火器。

围绕凡尔登所进行的精心准备并不是没有引起注意，但法国情报军官提供的攻势已在眼前的警讯被霞飞所忽视——他全神贯注于即将来到的索姆战役。在列日和那慕尔要塞被大贝尔塔炮攻陷之后，霞飞认为凡尔登堡垒在军事作用上已无用处。他下令将凡尔登的4000多门炮撤离炮台，其中至

▲ 凡尔登战役中到处是伤亡的官兵

凡尔登战役是第一次世界大战中破坏性最大，时间最长的战役，战事从1916年2月21日延续到12月19日，德法两国投入100多个师兵力，军队死亡超过25万人，50多万人受伤。伤亡人数仅次于索姆河战役，被称为“凡尔登绞肉机”。1916年，德意志帝国决定把进攻重点再次转向西线，力图打败法国。德军统帅部选择法国的凡尔登要塞作为进攻目标。凡尔登是协约国军防线的突出部，对德军深入法国、比利时有很大威胁，它又是通往巴黎的强固据点和法军阵线的枢纽。凡尔登此役是典型的阵地战、消耗战，双方伤亡近100万人。

少 2300 门是大口径火炮。直到 1916 年 1 月，凡尔登的大炮还从炮塔上拆下来用于另外的地方。法国指挥部不去支持凡尔登，使它成为法国最坚强的要塞，反而是实际上拆除了它的全部防卫措施，这对德军进攻来说无疑是个好消息。

由于对凡尔登是否不可战胜有相互矛盾的报告，法国政府于 1915 年 7 月派了一个陆军委员会去现场调查。指挥凡尔登防区四周东线集团军群的奥古斯特·迪巴伊向陆军委员会代表团断言，堡垒系统的防卫是充分的。另一位证人凡尔登军事长官库唐索提供了相反的证明。不过，他因此而被无礼地免职。

1915 年底，南锡议员和卓越的军事分析家埃米尔·德里昂所写的一份报告被送到当时担任陆军部长的加利埃尼手中。报告强调凡尔登的堡垒体系迫切需要更多的炮、人力和补给，甚至包括有刺铁丝网在内。陆军委员会另一个代表团去访问凡尔登，进行了调查研究。一份给加利埃尼肯定了的报告被送往霞飞那里，请他提出意见。霞飞以罕见的愤怒斥责说："在我统率下的军人，越级把有关执行我命令的怨言或抗议送到政府面前……蓄意深切地扰乱陆军的纪律精神……"在保卫凡尔登最初时刻，埃米尔·德里昂英勇殉职。

1916 年 2 月 21 日清晨，天气奇寒。7 点 15 分，沿着 10 千米长的前线，隐蔽的德国炮群以每小时 10 万发的速度把炮弹射进凡尔登的堡垒综合体。有 200 多万发炮弹密密麻麻地落在以凡尔登、布拉邦特和奥尔内的村庄为界 22 千米左右的三角形地区中，将法军的前沿堑壕都炸光了。

经过 12 小时轰击后，德国搜索部队在黑暗里匍匐前进，以试探法国的抵抗力。

到 2 月 23 日夜间，德军没有什么新成就。尽管数量上的优势在火炮方面是 7 ∶ 1，军队数量方面是 3 ∶ 1，他们只前进了 3 千米，俘获了不过 3000 人。

第二天，他们攻破了法国的主要防线，俘获了 1 万人，65 门大炮和大量机枪。与此同时，大量的德国火炮轮轮相接，在他们的步兵部队之前，射出连续不断的滚滚炮弹，夷平了堑壕，炸毁了碉堡，并把森林炸成碎片。

由于进攻的猛烈和零下的气温，法军的士气麻木了。法国从阿尔及利亚征集的轻步兵，即习惯于阿尔及利亚炎热气候的坚强殖民地居民，在 -15℃ 时变得脆弱不堪。2 月 24 日清晨，1 个营的法国轻步兵冻僵到不省人事，当时指挥的法国少校也倒下了。于是，由 1 个上尉担任指挥，这个营的轻步兵不理睬他，背转身来就逃。直到一小队机枪在他们背后开火，这个营的士气才告“恢复”。

法国参谋总长诺埃尔·德卡斯特尔诺对这种越来越深的危机感到吃惊，直接对霞飞加以干预，任命亨利·贝当为凡尔登保卫战的指挥官，来制止这个严重危险。亨利·贝当于 2 月 25 日就新职。

同天，杜奥蒙被攻占。杜奥蒙炮台失陷给了士气沮丧的法军一个沉重打击——用贝当的话来说，杜奥蒙是“整个凡尔登防御系统的希望之所寄”。至于其他炮台，霞飞把守军减到不到 24 个中年炮手操纵一座炮塔，还有 1 个管理人。

在杜奥蒙炮台的斜甲板——围绕着 7.2 米宽干壕河的陡斜坡——前掘壕固守的 1 个轻步兵师在连续的炮击下已经溃散。勃兰登堡军的一支 9 人巡逻队，在风雪交加和硝烟弥漫中，跋涉到已被放弃和放下来的吊桥处。其他士兵也跟进，直到有 300 个感到惊愕的德军在这座炮台的坑道里徘徊。未发一弹，他们就攻占了这座强大的杜奥蒙堡垒——但是，它却经受过 12 万发德国炮弹。

德国政府号召用它掌握的所有夸张词汇，宣扬“靠强攻”占领了杜奥蒙炮台——这是德国皇帝亲眼看见的一个功勋。当一个搞错了的电话报告使德方误称沃炮台于 3 月 9 日陷落（它直到 6 月 7 日才被攻占）时，事情变得更怪诞了。兴高采烈的德国皇帝把德意志帝国最高勋章“功勋”章颁给用电话报告消息的师指挥官及其并未攻占沃炮台的部下。

没有补给，保卫杜奥蒙堡垒是不可能的。除一条6米宽，从凡尔登到西南约56千米巴勒杜克城的次要公路外，德国大炮把所有的路都切断了。沿这条公路有一条单向窄轨铁路，为和平时期的守军运输补给，但现在是远远不够的了。公路旁开辟了采石场，几千名士兵和成群平民一起工作，用铁镐和铁锹拓宽和铺砌路面。

与此同时，贝当把前线分成若干防区，以分配重炮、枪弹和其他补给。每24小时有6000辆卡车可以通过这条公路——平均每14秒钟有1辆卡车通过，因此此路有“圣路”之称。有50多万部队和17万头供拖曳之用的牲畜沿着圣路运往前线——这应该归功于贝当在后勤工作上的革新。

经过几天的暂时平静后，德国第5集团军于3月5日在另一个地方，即在默兹河的西（左）岸重新进攻。贝当欢迎德军这一战术上的失策，因为那条防线是由他最新开到和补给最好的部队防守。现在，陷入默兹河对岸翼侧大炮阵地的凶猛交叉炮火射击下的德军不得不沿着河的东岸延长他们的战线了。

在控制西岸，被称为“死人”的陡岸周围血战中，双方都遭受了可怕的生命损失。密集的高爆炮弹使大地震撼，把人体、装备和瓦砾像谷壳那样飞掷到天空。爆炸的热浪把积雪都融化了，在弹穴里灌满了水，许多伤兵就淹死在里面。眼睛失明和血肉模糊的人摸索着到洞穴里图个安全，就倒在他们的同伴身上，把他们淋得浑身是血。

一个法国炮手无意中击中了有45万多颗大口径炮弹的德国兵工厂，引起了这次大战中最大的一次爆炸。这批为法军所不知的弹药被隐藏在斯潘库尔森林里，但不小心地装上了引信。

到4月初，整个防区的德军的每1门381毫米口径和419毫米口径的大炮都被法国炮兵摧毁。法国军事分析家和历史家帕拉断定，在最后击败入侵者中，这两件事情起了决定性的作用。

贝当于5月1日离开凡尔登去指挥中央集团军群，由罗贝尔·尼韦尔接替——他在他的部队中灌输坚决进攻的思想观念。后来，在敌人被止住在凡尔登后，尼韦尔的口号“他们不得通过”成为这个国家的战斗口号。德国继续取得轻微的但意义深长的胜利，直到夏季为止，那时协约国的索姆河攻势使法尔肯海因改变他派遣人力和物资的方向。从那时候起，既没有新到的师也没有大量弹药运往凡尔登。

法国于 10 月 24 日用 17 万军队、700 多门火炮和 150 架飞机进行大规模反击，夺回了杜奥蒙炮台。这是夏尔·芒让和尼韦尔的胜利。从那时起，德军不断地被一码一码打回去。到 12 月 18 日，筋疲力尽的德军把凡尔登丢给了法军。

在 10 个月残杀中，双方军队发射了 4000 多万颗炮弹，加上难以数计的成百万子弹。在连续不断的炮击、喷火器、毒气和白刃战的步兵冲锋不能撼动防守者时，德国工兵在法国阵地下面挖洞，爆炸了威力很大的爆破地雷，炸成了许多有 10 层楼深的坑。

法国死亡、负伤、被俘和失踪的伤亡人数，合计在 55 万人以上。德国在类似的伤亡中损失了 45 万人以上。

到仲夏，德国皇帝已很明白，法尔肯海因的战术也使德国把血流尽。法尔肯海因于 8 月 28 日被迫辞职，毫无保全面子的托词。前一天，令德国大为惊奇的是，罗马尼亚加入了协约国，因为法尔肯海因曾断言，这个国家在 9 月中收获庄稼前是不会参战的。这是个难得的机会，把降级的法尔肯海因推到罗马尼亚战线的集团军指挥官职位上。兴登堡接替他担任参谋总长，任命鲁登道夫为他的第 1 陆军军需兵司令——这个职位相等于他的副手。

索姆河战役

1916 年 7 月，就在德军和法军在凡尔登城下的浴血厮杀进入白热化时，巴黎西北的索姆河两岸又燃起了战火。英军和法军向德军发动了大规模进攻。这就是持续 4 个月之久的惨烈程度甚于凡尔登战役的索姆河战役。

在索姆河发动大规模攻势是协约国预定的 1916 年发动战略进攻计划的一部分。

1915 年 12 月，在法国的尚蒂伊镇，法军总司令霞飞就与英军司令海格商定，由法国 3 个集团军和英国 2 个集团军在索姆河两岸实施大规模战略进攻，力争打破西线的僵局，为日后转入运动战创造条件。他们还商定，实施索姆河战役的主力由法军承担。

霞飞和海格最初制订索姆河战役计划，其目标是彻底突破德军的防线，争取在西线取得决定性胜利。但他们没想到，德军也有相似的企图，而且动作更快。所不同的是，德军的突破点选在凡尔登。

德军突如其来的进攻打乱了英法联军的部署，大量法军预备队被用到了凡尔登方向。惨重的伤亡和德军一天紧似一天的进攻使法军疲于奔命，根本无法进行索姆河战役的准备。

在这种情况下，霞飞和海格不得不对原定的索姆河战役计划进行修改——他们将原计划中的突破正面由 70 千米缩小为 40 千米，参战兵力由 64 个师减少到 39 个，其中法军的兵力减少了 64%，突破地段压缩为 15 千米。

他们最后确定的进攻阵容是：英国方面由英军第 3 集团军、第 4 集团军参战，共 25 个步兵师；法国方面由法军第 6 集团军参加，共 14 个步兵师。战役的主要突击力量也由法军改为英军第 4 集团军担任，其所辖的 5 个军成一线展开，主要任务是突破德军在索姆河以北的第 4 集团军和第 6 集团军的防御，预备队由 2 个步兵师和 3 个骑兵师组成；法军共分两个梯队，其主要任务是沿索姆河以南向东突破，然后向北协助英军第 4 集团军行进，向康布雷方向发展。战役总预备队是英国的两个军和法军第 10 集团军（辖 4 个军）。这样，在将要发起的索姆河战役中唱主角的就是英国远征军及其附属国加拿大远征军。

霞飞和海格之所以没有放弃索姆河战役计划，一方面是协约国想通过这次战役打破西线的僵局，更主要的是德军在凡尔登方向的进攻给法军造成了相当大的压力，法国已在此倾注了几乎全部力量。因此，英法联军必须在其他方面打出去，以进攻来牵制德军，才能减轻凡尔登的压力，转危为安。所以，原定索姆河战役目标在战前也就改为实施反攻，部分地减轻对凡尔登的压力，但霞飞和海格把反攻的地点选在索姆河，就如同德国的法金汉一样，都没有充分估计到敌方防御的强度，结果，他们都犯了“用鸡蛋碰石头”的错误，——索姆河战役也成为一场无法达到预期目的、空前规模的消耗战。

德军在索姆河防线最前沿的是第 2 集团军。自从西线陷入堑壕战僵局以来，在这一方向上没有爆发过大规模的战斗，因此德军有两年多的充裕时间加强防御。他们精心选择地形，构筑了一整套比较完整的防御体系。

德军第 2 集团军的防御体系由 3 个阵地组成。第 1 阵地深约 1000 米，包括 3 条堑壕以及支撑点、交通壕和混凝土掩蔽部。第 2 阵地在第 1 阵地后 3 千米 ~ 4 千米，有 2 条堑壕和支撑点。第 1 阵地和第 2 阵地之间有一个中间阵地。第 2 阵地后面 3 千米处是第 3 阵地。整个防御体系纵深 7 千米 ~ 8 千米。

德军还构筑了深达 12 米的地下坑道网，其地下工事的出入口都隐蔽在村庄和附近的树林中，难以被敌人发现。德军的整个阵地从低到高修筑在山坡上，对英军和法军的行动一览无余。工事内配备完善，有野战厨房、洗衣房、战地医院等，并储备了丰富的弹药和食品。坑道网内采用电灯照明，由专用的柴油发电机提供电力。电灯在当时是不多见的奢侈品，在平民中尚未普遍使用。

英军指挥官海格爵士在给英军统帅部的电文中指出："德国人已不辞劳苦地把这些防御工事变成坚不可摧的堡垒。"

设防的村庄，石灰岩下深深的地下掩蔽部，纵横交错的铁桩和带刺铁丝网组成的障碍、地下室、地下单人掩体和通道，这一切使索姆河地段成为

▲ 索姆河战役

索姆河战役是第一次世界大战中规模最大的一次会战，时间发生在1916年7月1日到11月18日间。它是第一次世界大战中最惨烈的阵地战，人类历史上第一次把坦克投入实战中。索姆河战役也是第一次世界大战中典型的、双方伤亡皆极为惨重的阵地战。从双方所投入的兵力、兵器方面来看，都是本次大战中最大的战役。英军投入作战有54个师，法军32个师，德军为67个师。英法联军伤亡79.4万人，未能突破敌方防御，仅推进5千米～12千米。德军损失53.8万人，虽然失去240平方千米的壕沟阵地，却成功拦截了协约国的战略目标。但进攻方在西南战线的胜利仍使得战局的主导权逐渐从德国移向协约国一方。

“世界上最坚固和最完备的防御工事”之一。

在德军防御阵地对面，英法军秘密地进行了 5 个多月的战役准备。他们的进攻出发阵地虽然也非常坚固，但与德军相比，英法军的阵地处于缺水无人之地，地形不利，尤其不利于进攻。但英军和法军仍积极地进行了大规模的周密准备。

在进攻地带，他们从后方到前线铺设了 250 千米长的铁路和 500 千米的窄轨铁路，并修建了 6 个机场 150 个混凝土场地，还构筑了堑壕、交通壕、掩蔽工事和躲避炮兵火力的掩蔽部、各种仓库。为了获得充足的水源，他们还挖掘了 2000 口小井。在物资准备上，他们集中了开战以来的最大力量——集中了约 840 余万发炮弹、3500 门火炮及 300 多架飞机。这样，英军和法军在每千米突破正面上，平均兵力和兵器的密度达到了 1 个步兵师和近 90 门火炮。

除此之外，英军和法军对预定参战的师还进行了一系列专门的野营训练，模拟德军防御演练突击的方法，采取在炮火射击的配合下，步兵对防御阵地进行了逐步攻击、向前推进的协调作战，还练习了与航空兵的协同动作。在武器装备方面，轻机枪、枪榴弹筒等新式武器已装备到了团、旅、师。总之，英军和法军为保证战役成功，在突破地带对德国形成绝对优势，其中，步兵为德军的 3.6 倍，炮兵为 1.7 倍，航空兵将近为 2 倍。

在进攻开始前半个月，英军和法军一切进攻准备就绪，任务按 3 个进攻阶段做了严格划分，规定了协同动作的严格体系。法军总司令霞飞在检查了英军和法军的战役准备后，充满了信心。他认为，凭借这样的兵力兵器，英军和法军一定能一举突破德军的防御阵地，顺利完成整个战役任务。

但是，德军在他们的阵地上早就掌握了有关英军和法军构筑进攻出发阵地的情报。当法军向他们的前沿阵地移动时，德军在望远镜中看得一清二楚。他们差不多掌握了英军和法军开始进攻的日子，因此早就做好了准备。

双方都怀着紧张的心情等待着那一天到来。

1916年6月24日，索姆河两岸雷鸣般的炮声打破了清晨的宁静。英军和法军隐蔽的炮兵群对德军阵地开始开战以来最大规模的炮击。空前猛烈的炮火使德军阵地顿时陷入一片硝烟和火海之中，地动山摇，不时有德军的掩体和障碍物飞上天空。在德军阵地上空，英军和法军的校射飞机不停地盘旋，给地面炮兵指示目标，纠正弹着点；同时，战斗侦察机则不时地向德军阵地扔下炸弹，而后俯冲扫射。

德军表面的阵地上早已空无一人，因为在这样猛烈的炮击下，没有人能够幸免，即使没有被密如雨织的炮弹直接炸死，也早已被此起彼伏的剧烈爆炸震死。

此刻，德军士兵早已钻入深深的地下工事，安全地躲避着倾泻而下的炮弹。担负侦察和监视的德军则利用潜望镜在工事里观察英军和法军动向。

炮击持续了整整一周。在这期间，英军和法军还向德军阵地不定期地发射化学炮弹。

他们认为持续这么长时间的炮火准备应该是效果显著的。6月30日夜晚，炮击到了最后阶段，也达到了最高潮，准备投入进攻的英军和法军士兵都爬出堑壕，感叹地观看着战争史上的奇景——德军阵地上炮弹爆炸的闪光多如繁星，与夜空中的星星连成了一片。

炮击早已把德军阵地上的铁丝网炸得七零八落，大部分掩体已不复存在，堑壕和第1阵地的交通壕被夷为平地，德军第2集团军的观察和通信配系被摧毁，许多炮兵连失去了战斗力。

7月1日清晨，炮击终于停止了。初升的太阳照耀着硝烟渐渐散去的战场，经历了一周炮击的德军阵地上死一般地寂静。谁都知道，这是大战前的平静，是拼死厮杀即将开始的信号。

早晨7点30分，英军阵地上突然响起了刺耳的军哨声。随后，英军士兵爬出战壕，开始向德军阵地前进。就在这时，英军和法军的炮兵开始了冲击前最猛烈的炮火掩护。德军阵地立刻又被弹雨所覆盖。

但是，德军已从潜望镜中发现了英军和法军的动向，士兵们全部蹲在坑道口，准备占领表面阵地。英军和法军的炮火向后一延伸，德军立刻从地下工事中倾巢而出。他们把沉重的机枪全都搬上阵地，迅速地挖好掩体，把黑洞洞的枪口指向阵地前的开阔地带，居高临下地准备射击。

英军士兵越来越近了。他们排成长长的横列，每个人背着多达 220 发子弹，两颗炸弹。许多士兵还带有野战电话设备、铁镐、铁锹和通信鸽的箱子。每人负重达 30 千克，因此行动十分缓慢。他们在手执传统鞭子的军官率领下，分几个波次实施攻击。每个波次的士兵几乎都是肩并肩排成整齐的队列，斜举着步枪，步履缓慢地向德军阵地前进。

当他们逼近德军正面的堑壕时，德军的炮火齐射。德国步兵凭借坚固的防御工事，等英军士兵进入射程之内，重机枪才一齐开火，密集的子弹像一把锋利的大镰刀，顷刻间就把英军“像割麦子一样成群地扫倒”，其结果不亚于一场大屠杀。

在第一天进攻中，英军有 6 万人阵亡、受伤、被俘或失踪。这是英军战争史上最糟糕的一天。

在索姆河以北主要方向上，尽管英国第 4 集团军的两个军占领了德军防御前沿第 1 阵地，但其余 3 个军和第 3 集团军第 7 军的攻击却被击退，并遭到重大伤亡。

在索姆河以南方向上，法军取得了一定进展。法军异常猛烈的炮火压倒了德军，步兵趁机发动突然进攻——在德军士兵还没有从掩蔽部爬出来之前，法国士兵就到达德军阵地前沿。仅两小时战斗，法军第 2 军就占领了德国第 1 阵地及支撑点。

7 月 2 日，英军司令海格见左翼受阻，无法前进，便决定对攻击计划做出修改。

海格把主攻方向暂时限制在右翼第 4 集团军进攻正面翼侧的第 13 军、第 15 军和第 3 军的方向上，其余的第 10 军和第 8 军离开右翼调到预备队，担任消极防御任务，以便集中兵力在更窄的地段上达成突破。

经过两天血战，英军第 4 集团军占领了弗里库尔村，并向中间阵地继续突击。

法军的进展情况稍好些。法军第 6 集团军进攻的方向恰好是德军防御薄弱的地段。德军在战前没有预料到法军会在这里进攻，因此防御力量很弱。

7 月 3 日，法军第 6 集团军以猛烈的突击一举突破了德军第 17 军的防御阵地，并使德军造成严重伤亡。不久，德军第 17 军重新纠集力量，组织了多次反冲击，但在法军强大的火力面前，不仅没有夺回阵地，反而伤亡更加惨重，无力再战。

德军统帅部为避免第 17 军全军覆灭，急忙调第 2 集团军的预备队接替防御，将第 17 军撤回到第 3 阵地休整补充。

但是，德军第 17 军后撤得非常匆忙，使德军预备队来不及迅速占领全部防御阵地。结果，一些阵地和支撑点无人防守。这就使德军防御正面上出现一个缺口和许多间隙地，给了法军可乘之机。

7 月 4 日，法军第 35 军先遣分队发现这一情况后，立即出动，未经交战就占领了无人防守的巴尔勒。

这时，另一些部队也准备向索姆河前进，想乘机出击以扩大战果。但是，法军第 6 集团军司令法约尔却不同意这样做。他的理由是：根据法国北方集团军群司令福煦的“逐步行动”理论，要夺取新阵地，必须使已占领地区得到巩固，第二梯队已接替战斗，同时以有力的炮火准备做好保障时，才能继续进行攻击。结果，法军按照这一僵硬的教条，准备出击的部队不得不撤回原阵地，重新进行准备，结果耽误了整整两天两夜的时间。

在战场上，战机稍纵即逝。就在法军按照“逐步行动”理论进行进攻准备的时候，德军第 2 集团军已发现了自己的严重漏洞。他们暗自庆幸法军没有连续进攻，并赶忙从统帅部要来了 5 个精锐师。这些师以大部分兵力接替第 17 军的防御，并填补上了一切空隙，重新组织了防御体系，堵住了缺口。

法军丧失的这次战机给整个战局带来了不利影响。

7月5日，准备就绪的法军重新开始进攻，但没想到德军已在这里投入了生力军。法军的进攻遇到了前所未有的激烈抵抗，伤亡惨重，进攻一次次受挫，无法完成预订的计划。

法军由于受到“逐步进攻”理论和分地区进攻规划的束缚，部队的主动性和灵活性得不到充分发挥，因而一直未能取得理想的战果。而英军第4集团军因作为主攻力量连续攻击，损失巨大，开战仅10天就伤亡近10万人，不得不暂时停止进攻。

此时，德军统帅部也意识到了英军和法军在索姆河进行的攻击规模是空前的，其目的和企图也许绝不仅仅是牵制凡尔登方向的德军，如果掉以轻心，也许会造成整个战线崩溃。因此，德军迅速抽调兵力加强第2集团军的力量——整个集团军增加到3个军，即预备队第14军、第6军和第9军，步兵师由8个增加到21个。此外，还有27个重炮连，15个轻炮连，30架飞机。

从7月9日开始，英法军又恢复了进攻，但这时德军已大大加强了兵力，使得双方的兵力对比从英军和法军占2.8倍的优势下降到只占1.6倍。这对于处在进攻一方的英军和法军来说，已算不上什么优势。因此，虽然英军和法军士兵冒死冲锋，但依然进展缓慢，双方很快进入胶着状态。

更严重的是，英军和法军在战斗指挥上又极不协调，双方的作战方针完全不一致，因此仗就更难打了。英军指挥官海格为了能在主要突击方向取得纵深突破，要求法军给予积极协助，要求法军将第6集团军的力量重心移到索姆河以北。但法军指挥官却我行我素，根本不理睬英军的要求，继续指挥该部在索姆河以南进行离心方向的进攻。

英军和法军未能集中力量捏成拳头，势必严重影响战斗进程。结果，到7月17日，英军仅前进4千米，法军推进了7千米。

经过近半个月的战斗，无情的事实证明英军和法军想迅速突破德军防线是不可能的，协约国原先设想的计划在德军顽强的防御面前失败了。因此，英军司令海格与法国将领及部下商议："我们协约国方面，无论在人力还是物力上都占有优势，如今德军已放松了在凡尔登方向的进攻，因此我主张下一步我们应该采取消耗战的方针，以连续不断的小规模进攻来削弱德军的力量，逐步改变我们和德军的力量对比，然后在9月份再发动大规模进攻，我相信，到那时我们的进攻将会奏效。"法国方面由于凡尔登压力的减小，也同意了这项新的作战方针。

于是，一场增加兵力兵器的特殊竞赛代替了大规模的战役进攻。从这时起，英军和法军先后投入的兵力达51个师，飞机由300架增加到500架；德军方面的兵力也达到31个师，飞机从104架增加到299架。

整个8月，英军和法军采取了分散兵力全面出击的战术，希望最大限度地消耗德军的兵力，达到局部改善态势、扩大突破口的目的。德军则采取集群战术针锋相对，以弹坑和掩体作依托，用机枪对付英军和法军的散兵队形，结果使英军和法军遭到巨大损失。英军和法军不但分散攻击遭到损失，消耗战的战术也未获成功，而且在战役进展方面也无多大战果。

截至8月底，英军和法军在两个多月的进攻中，以伤亡近30万人的代价才向前推进了3千米～8千米。德军的伤亡是20万人。

为守住索姆河防线，德军在这段时间的战斗中消耗了约600列车弹药。同时，德军为加强索姆河方向的防御不得不完全放弃了在凡尔登城下进攻，把索姆河方向的德军增加到40个师。

9月初，英军和法军在争吵声中达成了关于合同攻击的计划。法军按计划加强了右翼力量，扩大了左翼战线。这样，索姆河战役的规模日益扩大。

9月3日，英军和法军的1900余门火炮又开始向德军猛烈轰击。一场新的攻击又开始了。

还未等炮击的硝烟散尽，天空中又传来机群的嗡嗡声——英军和法军派出了强大的空中力量支援进攻。这些飞机不停地向德军阵地轰炸、扫射，摧毁在炮火准备中幸存的德军工事和炮兵阵地。

与此同时，英军和法军的 4 个集团军（法军占 26 个师、英军占 32 个师）的兵力从所有战线上实施了大规模联合攻击，其主要突击方向集中在右翼的英国第 4 集团军攻击地带内。

战斗异常激烈。德军阵地上、堑壕线和带刺的铁丝网都被摧毁无遗，地面上炮弹坑密密麻麻，死尸遍地都是，恶臭熏天。双方围绕一些要点反复争夺，许多阵地都易手多次。

德军的机枪和铁丝网发挥了巨大作用，英军和法军每前进一步都要付出极大的代价。但尽管如此，英军和法军仍以每昼夜推进 150 米 ~ 200 米的速度，渐渐地已深入德军防御纵深 2 千米 ~ 4 千米，个别地段上甚至接近了德军的第 3 阵地。

就在这关键时刻，天不作美，一连多日下起了暴雨，加上大雾，炮兵无法得到航空侦察和帮助，泥泞的道路也使重炮无法向前转移。但英军和法军并未放弃进攻的企图，他们打算以一种新式武器来加快战役的进程。

9 月 15 日清晨，在索姆河畔的费莱尔—库尔杰莱提战场上，大雾笼罩，硝烟弥漫，德军的士兵们正静静地躲在堑壕里，等待着英军和法军发动新的进攻。猛烈的炮火准备过后，德军士兵麻木地爬出掩蔽部，把各种机枪搬上阵地，准备迎击英军和法军即将开始的步兵冲锋。这样的日子已经持续了两个多月了，英军和法军已经在德军阵地前留下了无数的尸体。

7 点 30 分左右，远方地平线上突然出现了十几个运动着的“黑点”。这些“黑点”绝不是德军早已熟悉的散兵线。它们渐渐接近了，德军士兵们依稀听到了一种奇怪的轰鸣声，其间还隐约夹杂着钢铁的撞击声。

不久，德军士兵已经可以看清，那是一个个黑色的“钢铁怪物”，奇怪的轰鸣声和钢铁的撞击声越来越大，大地也在不断地颤动。

望着这些从未见过的“钢铁怪物”，德军士兵们被惊呆了。在慌乱中，他们操起机枪和步枪，向这些怪物猛烈射击，但是往日威力巨大的机枪子弹不是被弹回来，就是从这些怪物身上滑落下去。“钢铁怪物”似乎毫不在意地向前隆隆怒吼着开进，履带铿锵作响。它们在泥泞的弹坑间如履平地般驶过，压倒了曾阻挡过无数步兵的铁丝网，越过了堑壕，将德军的工事碾压得支离破碎。

与此同时，它们用机枪和火炮猛烈射击，像秋风扫落叶一样，打得德军尸横遍野。德军士兵在这突如其来的“钢铁怪物”面前，其抵抗意志顷刻间就彻底崩溃。他们纷纷扔下枪支，掉头向后四散奔逃。

他们不知道这种令人生畏的新式武器就是后来称雄战场的“陆战之王”——坦克。

坦克的出现，既是当时突破步兵无法克服的堑壕和铁丝网的需要所牵引，也是当时技术发展所提供可能性的必然产物。因为自从西线陷入堑壕战僵局后，防御一方，特别是德国人在作战中广泛运用了机枪、速射炮等大杀伤力武器，并与铁丝网、堑壕等防御手段相结合，使阵地防御战术日趋完善，防御明显强于进攻。进攻方似乎除了依靠强大的炮火外，没有任何突破防线的方法。英国人在对德军的阵地战中伤亡惨重，因此早在上一年，英国人就在处心积虑地想发明一种能突破堑壕体系的攻击型武器——这种武器要既能轻松地突破堑壕和铁丝网，又能挡住密集的机枪子弹，还要有强大的火力。坦克就是在这种情况下应运而生的。

1915 年，英国人恩斯特·斯文顿和他的同事戴利·琼斯向英国陆军部提出了研制坦克这种新式武器的建议，但是遭到陆军部拒绝。他们这一设想也是受到了大战初期在法国活动的一支海军装甲车辆特遣队的启发。但就在这个计划面临夭折的时候，时任英国海军大臣丘吉尔对这个计划表示出浓厚兴趣，并大力支持。

1915 年 2 月，富有远见卓识的丘吉尔打破常规，在英国海军部内部秘密成立“陆地战舰委员会”，在斯文顿和琼斯的具体指导下，负责研制一种装备有武器并具有装甲防护的“陆地战舰”，期望它能打破堑壕战的僵局。

1915 年 8 月，世界上第一辆坦克在英国诞生，它虽然只是一辆样车，名字叫“小游民”，但它的问世却代表着武器发展史上的一个里程碑。斯文顿在看到样车后，觉得它像一个大箱子，就随便给它起名为“水柜”，其英文发音译成中文就是坦克。也许斯文顿起这个名字是出于保密的需要，但从此坦克一词在战争史上不胫而走。

不久，英国制造出了第一种用于实战的坦克，定型投产后命名为“马克Ⅰ”式坦克。这种坦克的整个车体轮廓呈菱形，从远处看去，像一个巨大的蝌蚪，圆圆的身体后面还拖着一条长“尾巴”，即两个导向轮。两个大型的履带架装在车体两侧，车体上设有旋转的炮塔，采用外圈式履带，在每个履带架的外侧，装有一个突出的炮座，上面装有火炮和机枪。

“马克Ⅰ”式坦克还很不完善，技术装备差，而且非常笨重。其战斗全重为 27.4 吨～28.4 吨，车体长达 8.1 米，宽 4.1 米，高 2.5 米，每小时速度仅为 6 千米，最大行程 15 千米，储油量约可供行驶 6 小时。

车内有 8 个乘员，其中半数为驾驶员，其工作条件极差。车体内没有减震装置，乘员室周围是非悬挂的履带，在行驶中，乘员们要忍受巨大的颠簸。车内噪声极大，根本无法进行正常的对话，乘员之间只能通过敲打发动的机壳和手势来传递信号。车内与外界的联系，则是依靠放信鸽来实现。车内烟雾弥漫，温度高达 70℃。

到 1916 年 8 月，英国共生产出 49 辆“马克Ⅰ”式坦克。这还是在海军大臣丘吉尔的支持下非法建造的，坦克内的驾驶人员也大都未经训练。此时，索姆河战役正在激烈进行，英军前线司令海格在得知这一秘密武器后，不顾许多人的反对，命令它们参加战斗，因为英军的损失已到了不可忍受的地步。

由于坦克的机械性能不佳，参战的 49 辆“马克Ⅰ”式坦克在从集结地域出发到达冲击出发阵地的过程中，有 17 辆由于机械故障在中途抛锚，到达冲击出发阵地的只有 32 辆；在开始冲击后，又有 5 辆“马克Ⅰ”式坦克陷入泥沼之中不能动弹，另外9辆“马克Ⅰ”式坦克机件损坏不能参战，所以最后实际冲击到达德军前沿阵地的，只有18辆“马克Ⅰ”式坦克。

英军将仅剩的18辆“马克Ⅰ”式坦克分为两队，其中以9辆“马克Ⅰ”式坦克在步兵之前引导冲击，负责扫除德军阵地前的铁丝网等障碍物，突破德军的堑壕线；另外9辆“马克Ⅰ”式坦克伴随步兵前进，负责以火力压制堑壕内的德军，直接支援步兵作战。

但是，初次参战的18辆“马克Ⅰ”式坦克显示了惊人的威力。这一天，英国以21个步兵师的兵力，在坦克的支援下，在10千米宽的正面上分散攻击，5小时内向前推了4千米～5千米——这个战果以往要耗费几千吨炮弹，牺牲几万人才能取得。

英军未受多大伤亡就占领了德军放弃的掩体，缴获了德军丢弃的机枪和火炮。其中，有一辆“马克Ⅰ”式坦克未放一枪就攻占了一座村庄；另有一辆“马克Ⅰ”式坦克夺取了一条堑壕，并俘虏了300多名德军士兵。

虽然“马克Ⅰ”式坦克的参战取得了一定效果，为英军的进攻增添了声势，但未能帮助英军彻底突破德军的防线，因为在宽大的进攻正面上仅仅使用了18辆“马克Ⅰ”式坦克，效果太有限。

经过一天的战斗，英军参战的18辆“马克Ⅰ”式坦克也已经有10辆损坏，再也无法支援战斗。

9月25日，英军和法军在索姆河以北18千米的正面战场上再次发动新的总攻。在这次攻击中，英军又使用了13辆“马克Ⅰ”式坦克助战。

但是，由于德军统帅部及时总结对坦克作战的经验，并命令前线部队利用一切手段摧毁坦克，粉碎英军和法军的进攻，所以当英军的“马克Ⅰ”式坦克再次出现在德军前沿时，德军士兵已不再恐惧。他们利用机枪和小口径炮以及手榴弹等武器，向英军的“马克Ⅰ”式坦克展开进攻。结果，英军“马克Ⅰ”式坦克有9辆不是陷在弹坑里就是被德军击毁，只有4辆“马克Ⅰ”式坦克与步兵一起，占领了德军第一线掩体，控制了索姆河和昂克尔河之间高地的防线。

经过整整 1 个月激战，英军在横跨索姆河的德军战线上，从佩罗纳到博蒙特一段打进了纵深为 8 千米的楔子或称突出部，但仍未达到突破德军防御并转入运动战的预期目的。

德军在这一时期则加强了防御体系，兵力不断增加，并采取了一系列强大的反冲击，也阻击了英军和法军的进攻。

当时已近深秋，看来在入冬前完成对德军防线的突破是不可能的。但英军和法军的高级将领仍抱一线希望——他们决定再打下去，做最后的尝试。

10 月，英军和法军集中力量，对有限的目标重点攻击，其结果却是得不偿失的，不但损失巨大，而且几乎毫无战果。

到了 11 月份，英军又投入 3 辆“马克 I”式坦克，在昂克尔河第三次使用“马克 I”式坦克。但这时天气恶劣，滂沱大雨不断，被炮火破坏的地面变成一片片沼泽，“马克 I”式坦克连生存都困难，进行战斗简直是不可能的。英军的这次攻击仍旧是徒劳的。几辆“马克 I”式坦克陷在泥里不能自拔，只有以火力支援步兵攻击。

到 11 月中旬，气候的限制使战斗已无法进行。双方的物资也已近枯竭，无以为继。

据统计，几个月的战斗，英军的损失总数已达到破天荒的 42 万人，法国达到 20 余万人，而德军阵亡、负伤、被俘和失踪的总数已达到 65 万人。时任德军总参谋长鲁登道夫曾回忆说：“军队已经战斗到停顿不前，现在完全筋疲力尽了。”直到这时，索姆河战役才不得不宣告结束。

索姆河战役持续 4 个月之久，它连同凡尔登战役，成为 1916 年西线乃至整个第一次世界大战中规模最大的战役之一。而且，这两个战役互相联系，互相牵制。就像凡尔登战役中的德军一样，英军和法军作为进攻的一方，没有达到自己的进攻目的。德军以凡尔登战役牵制了英军和法军在索姆河战役的力量，而英军和法军则以索姆河战役牵制了德军在凡尔登战役中的力量。

由于战术的教条和堑壕阵地防线在当时无法克服的缘故，这两个战役最后都成为消耗战，特别是索姆河战役。英军在这次战役中投入了 55 个师，法军投入 32 个师，花了巨大代价才从德军手里夺回 180 平方千米土地。

索姆河战役结束后，英国和法国 1916 年在西线损失达 120 万人，德国损失达到 80 万人。但索姆河战役显示了协约国在军事和经济方面的优势，从协约国与德国的经济潜力和兵员后备力量的对比来看，协约国的损失显然是值得的。

相反，由于英军和法军在索姆河战役中牵制了德军力量，使德国发动的凡尔登战役以失败而告终，大大影响了德军的士气。德国损失的大量精锐部队无法补充，这对德军以后的行动产生了巨大影响。